A B

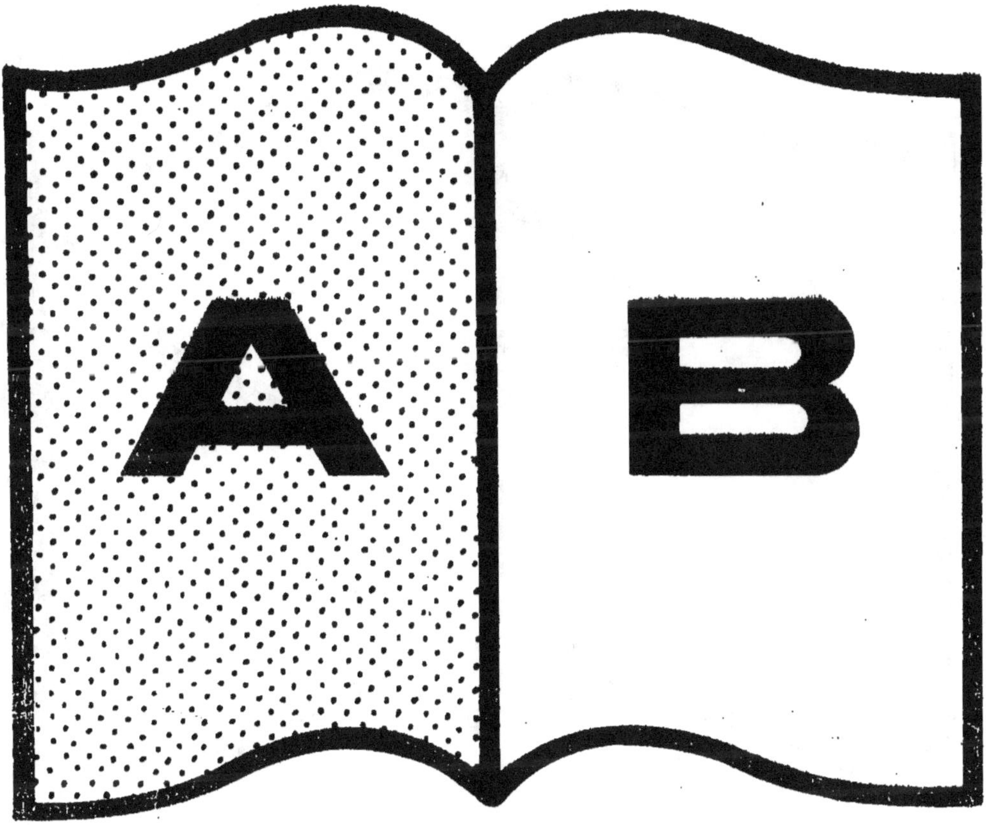

Contraste insuffisant

NF Z 43-120-14

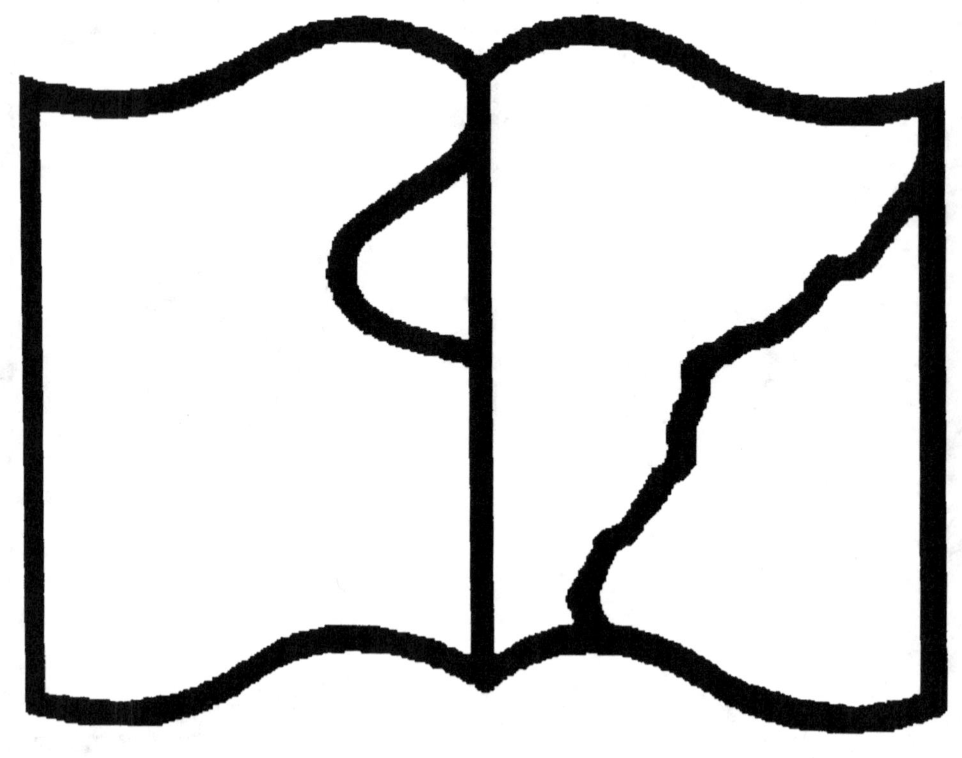

LE BARON
DES ADRETS

ÉPISODE

DU COMMENCEMENT DES GUERRES DE RELIGION

DU XVIe SIÈCLE

PAR

THEOPHILE MENARD

TOURS

A[D] MAME ET Cie, IMPRIMEURS-LIBRAIRES

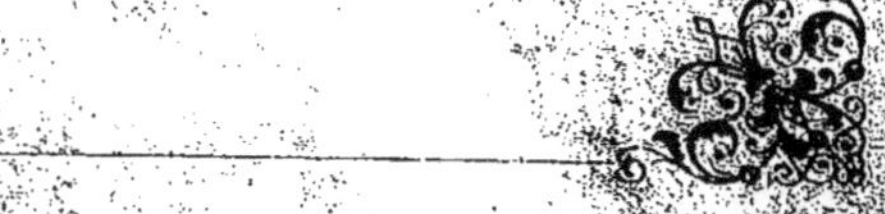

LE BARON

DES ADRETS

LE BARON

DES ADRETS

« Et vous, Montbrun, est-ce que vous ne vous proposez pas de faire comme vos camarades? »

LE BARON
DES ADRETS

ÉPISODE

DU COMMENCEMENT DES GUERRES DE RELIGION

DU XVIe SIÈCLE

PAR

THÉOPHILE MÉNARD

DEUXIÈME ÉDITION

TOURS

ALFRED MAME ET FILS, ÉDITEURS

M DCCC LXVI

1866

LE BARON

DES ADRETS

CHAPITRE I

LE PRÉ-AUX-CLERCS

Les fêtes qu'on devait célébrer à Paris à l'occasion de la paix de Cateau-Cambrésis et du double mariage stipulé dans les conditions du traité [1], avaient attiré dans la capitale, vers la fin de mai et les premiers jours de juin 1559, un nombre considérable de gentilshommes accourus de toutes les provinces du royaume.

Tous, cependant, ne venaient pas pour se réjouir et prendre part aux plaisirs de la cour; car cette paix était

[1] Voir à la fin du volume les *Éclaircissements historiques*, note A.

loin d'exciter la joie publique, et, en dehors de l'allégresse officielle, il régnait partout une agitation fiévreuse, et une sorte d'exaltation mêlée d'épouvante. C'était le calme troublé par les signes précurseurs de l'orage.

Les partisans des nouvelles doctrines de Luther et de Calvin regardaient cette paix comme le signal de la persécution prête à éclater contre eux. « Maintenant, disaient-ils, que les Guises, devenus tout-puissants par le mariage de leur nièce, Marie Stuart, avec le Dauphin, ne seront plus occupés de guerres extérieures, ils tourneront contre nous tous leurs efforts; c'est à nous d'aviser et de nous unir pour prévenir les dangers qui nous menacent. »

Et dans cette pensée, de tous les points de la France les ministres du nouveau culte et leurs principaux adhérents, appartenant pour la plupart à la noblesse et à la bourgeoisie, se rendirent à Paris, et se réunirent, du 26 mai au 29, en assemblée générale dans le faubourg Saint-Germain, non loin du Pré-aux-Clercs. Ils avaient choisi cet emplacement pour tenir leur premier synode, — nom qu'ils donnèrent à cette réunion, — parce que le faubourg Saint-Germain, que l'on commençait à bâtir hors de la ville, offrait plusieurs retraites sûres à la mystérieuse assemblée; puis le Pré-aux-Clercs était devenu depuis quelque temps le rendez-vous d'un grand nombre d'adeptes de la religion prétendue réformée, surtout de ceux qu'elle avait parmi les étudiants de l'université, et qui n'en étaient pas les partisans les moins zélés ni les moins turbulents. Des rixes sanglantes avaient souvent éclaté entre ces derniers et les serviteurs des abbayes de Saint-Victor et de Saint-Germain-des-Prés; mais l'autorité n'avait que faiblement réprimé ces excès, et la promenade du Pré-aux-Clercs n'en était devenue que plus à la mode parmi les Parisiens. Les *huguenots*, — nom que l'on commençait à donner aux soi-disant réformés, — s'y rendaient quelquefois au nombre de trois à quatre mille, et chantaient en chœur les psaumes de Marot, sur les belles mélodies de Guillaume Franc, mises en parties par Goudimel. La foule étonnée écoutait en silence cette harmonie nouvelle, et l'attention publique, entièrement distraite par ce spectacle bruyant mais en apparence inoffensif, ne se doutait guère qu'à deux pas de là était réunie une assemblée beaucoup moins nombreuse, beaucoup moins bruyante, mais bien autrement menaçante pour la paix publique. En effet, dans ce soi-disant synode national de France, tenu avec une audace et un secret inouïs, au moment même où le parlement délibérait sur le sort des novateurs, on rédigeait une confession de foi et un règlement de discipline ecclésiastique pour assurer l'unité dans le schisme. C'était l'organisation de la révolte non-seulement contre l'autorité de l'Église, mais contre l'autorité royale; c'était le code d'une grande république religieuse et civile, incompatible avec l'unité catholique et avec le gouvernement monarchique qui gouvernait la France. Jusque-là l'hérésie nouvelle n'avait eu dans le royaume qu'une existence isolée et précaire; ses membres étaient disséminés dans toutes les provinces, sans liens, sans cohésion entre eux; maintenant elle allait former un corps régulier, fortement organisé, ayant à sa tête une assemblée délibérante pour diriger ses mouvements, et ayant, pour lui servir de bras, une armée nombreuse et dévouée, commandée par des chefs habiles et puissants.

Le noyau, ou, si l'on veut, un échantillon de cette armée, se trouvait là, sous la main, dans cette foule de chanteurs du Pré-aux-Clercs, qui, tout en couvrant de leurs voix retentissantes le bruit des délibérations du synode, faisaient le guet, l'épée au côté, pour en assurer la tranquillité, prêts à dégaîner au besoin, pour le défendre en cas d'attaque. Quant aux chefs, ils s'étaient aussi montrés. Antoine de Bourbon, roi de Navarre, Jeanne d'Albret, sa femme, le prince de Condé, l'amiral de Coligny,— tous huguenots au fond du cœur, mais jusque-là très-réservés dans l'expression de leurs sentiments, — étaient venus avec une suite nombreuse, sous prétexte d'entendre ces chants harmonieux, mais en réalité pour passer en revue leur petite armée.

Les protestants, — nom que l'on donnait également aux calvinistes, quoique dans l'origine il ne se fût appliqué qu'aux luthériens, — n'étaient pas les seuls à gémir de la paix honteuse de Cateau-Cambrésis. Les officiers de l'armée, et les hommes qu'on appelait *politiques*, partageaient, quoique par des motifs différents, le mécontentement des huguenots. Pour avoir une idée de la nature des plaintes que proféraient les uns et les autres, nous allons transporter un instant nos lecteurs au Pré-aux-Clercs, et les faire assister à la conversation de quelques gentilshommes attablés sous la tonnelle d'un des principaux cabarets de cette promenade. Faisons remarquer, en passant, que certains cabarets étaient pour cette époque ce que sont aujourd'hui nos somptueux cafés-restaurants des boulevards ou des Champs-Élysées, et que le cabaret de la Pomme-de-Pin, où nous allons nous introduire, était un des mieux fréquentés du Pré-aux-Clercs.

Trois personnages étaient assis à une même table et causaient avec une certaine animation. L'un d'eux, le plus âgé, et qui touchait au moins à la cinquantaine, était vêtu comme les riches bourgeois du temps. Les deux autres, beaucoup plus jeunes, et qui paraissaient à peine âgés de vingt-huit à trente ans, appartenaient évidemment à l'armée. L'ensemble de leur costume, le feutre retroussé garni d'une plume, la longue épée attachée à leur flanc gauche, les éperons dorés qui résonnaient aux talons de leurs bottes, et plus encore leur physionomie martiale, indiquaient leur profession, où ils devaient occuper un certain grade. L'un d'eux était d'une taille au-dessus de la moyenne. Ses larges épaules, son torse herculéen, ses bras nerveux, ses cheveux roux et crépus et sa barbe épaisse, annonçaient une grande force musculaire; ses traits hâlés par le soleil étaient durs et même repoussants; ses yeux gris lançaient habituellement des éclairs sinistres, et rarement un sourire venait éclaircir cette physionomie sombre et sévère jusqu'à la rudesse. Il parlait peu; sa voix forte et retentissante, sans doute par l'habitude du commandement, ne faisait entendre que des paroles brèves et des phrases sentencieuses, entremêlées de fréquents jurons.

Son compagnon offrait avec lui un contraste frappant. Quoiqu'il fût à peu près de même âge, il paraissait beaucoup plus jeune; à peine lui eût-on donné vingt à vingt-deux ans. Il était petit, mais bien proportionné dans sa taille; ses cheveux, d'un noir d'ébène, faisaient ressortir la blancheur mate de son teint; son menton était rasé, et une fine moustache noire ombrageait sa lèvre supérieure; ses yeux noirs et vifs, sa physionomie mobile et animée, révélaient une nature impressionnable, plutôt portée à la gaieté qu'à la tristesse, au plaisir qu'aux affaires sérieuses. Bien différent de son compagnon taciturne, il parlait sans cesse; son langage fortement coloré empruntait à un accent provençal très-prononcé un caractère pittoresque, qui n'était dépourvu ni de grâce ni d'originalité.

Au moment où nous écoutons leur conversation, c'est ce dernier qui s'adresse en ces termes au vieux bourgeois assis auprès des deux officiers: « Ainsi donc, monsieur du Tilleroy, vous êtes certain que cette satanée paix est sérieuse et définitive, et que nous n'aurons plus désormais maille à partir avec personne?

— Pour longtemps, du moins; telle est mon opinion, répondit gravement M. du Tilleroy.

— Mais, troun-de-l'air! qu'allons-nous devenir, nous autres gens de guerre? Comment, à notre âge, on va nous laisser nous rouiller à ne rien faire, comme une vieille armure dont on n'a plus besoin, ou comme ces navires démâtés qui pourrissent dans le port de Marseille? Ah!... on nous enverra peut-être planter des choux et cultiver nos terres; c'est une belle chose pour ceux qui en ont; mais n'en a pas qui veut, et tout le monde n'est pas riche comme mon camarade que voilà, le capitaine de Montbrun, ou comme notre commandant le baron des Adrets; moi, pauvre cadet de Provence, je n'ai que la cape et l'épée, et si je suis obligé de mettre celle-ci dans le fourreau, du diable si je sais comment je ferai pour vivre, et pourtant j'en ai bonne envie de vivre, et surtout de mener joyeuse vie. Si du moins le roi nous payait ce qu'il nous doit pour nos dernières campagnes d'Italie, cela me remettrait un peu à flot; je pourrais conserver seulement quarante à cinquante hommes d'élite de ma compagnie, et avec ces lurons-là je n'hésiterais pas à tenter des aventures, à me mettre au service de quelque puissance qui fasse la guerre, fût-ce le Grand Turc ou la république de Venise.

— Capitaine de Mouvans, dit l'autre officier en fronçant les sourcils et en lançant à son compagnon un regard sévère, je ne comprends pas que l'âge ne vous donne pas plus d'aplomb et de sérieux dans le caractère. En vérité, si je ne vous avais vu à l'œuvre et si je ne connaissais depuis longtemps votre courage à toute épreuve, je vous prendrais pour un de ces fanfarons qui ne sont braves qu'en paroles. »

Cette espèce de mercuriale faisait sans doute allusion à quelque récit de ses exploits, fait auparavant par de Mouvans dans sa conversation avec M. du Tilleroy; car dans ce que nous venons de citer nous ne voyons pas ce qui aurait pu motiver cette observation. Celui à qui elle s'adressait ne parut nullement s'en émouvoir, et riposta sur-le-champ : « Eh! bagasse! capitaine Montbrun, vous en parlez bien à votre aise, vous qui êtes brave froidement, et qui ne vous échauffez jamais ni en parlant ni en combattant. Moi, c'est différent : je suis du pays des troubadours, et comme eux j'aime à chanter sur ma lyre, ou simplement avec ma bouche les prouesses accomplies par ma main. Mais ce n'est pas de cela qu'il s'agit pour le moment, et je disais que, si le roi ne me payait pas ce qu'il me doit, je serais terriblement embarrassé.

— Rassurez-vous, capitaine de Mouvans, reprit M. du Tilleroy, vous serez payé, et avant peu de temps. M. le maréchal de Brissac, fidèle à son noble caractère, a pris l'engagement de solder de ses propres fonds une partie des dettes contractées pour le gouvernement en Italie, et que le roi, depuis le traité de Cateau-Cambrésis, refuse d'acquitter. Moi-même je suis dépositaire, en ma qualité de notaire royal, de la somme qu'il destine à cet objet, et qui dans l'origine devait avoir un tout autre emploi[1]. Parmi les créanciers qu'il veut désintéresser, figurent en première ligne ses compagnons d'armes, et notamment vous, monsieur de Mouvans, monsieur de Montbrun, et votre commandant le baron des Adrets.

— Moi, je ne réclame rien, dit de sa voix la plus grave le sire de Montbrun, et je pense que notre colonel, le baron des Adrets[2], ne demandera, en fait de

[1] « Le maréchal de Brissac paya de ses propres deniers des dettes contractées pour le gouvernement en Italie, et que le roi, depuis le traité de Cateau-Cambrésis, refusait d'acquitter. Ces fonds, il les prit sur une dot réservée pour sa fille qu'il allait marier, s'imposa pendant une année les privations les plus pénibles, après ce délai fit célébrer un mariage qu'il avait si honorablement différé. » — Lacretelle, *Histoire des guerres de religion.* — *Mémoire de Boivin du Villars.* — *Manuscrits de Béthune.* — *Actes de Ribiers.*

[2] François de Beaumont, baron des Adrets, de l'ancienne maison de Beaumont en Dauphiné, était né dans cette province, au château de la Frette, en 1513. Étant entré dans une compagnie de volontaires du Dauphiné, il fit, dès l'âge de quinze ans, son apprentissage de la guerre en Italie, et il en avait à peine dix-neuf lorsqu'il fut reçu dans la première compagnie des cent gentilshommes ordinaires de l'hôtel du roi François Ier, formée de la première noblesse du royaume. Après la mort de ce prince, lorsque la guerre se ralluma en Allemagne et en Italie, le maréchal de Brissac, général de l'armée de Piémont, lui fit donner le titre de *colonel des légions de Dauphiné, de Provence, de Lyonnais et d'Auvergne.* C'est par ce titre, qui équivalait à celui de lieutenant général, que le désigneront souvent les lieutenants qui servaient sous ses ordres, tels que Montbrun, Mouvans, Blacons, Condorcet, etc. Ces deux derniers, que nous appelons ses écuyers, étaient en réalité ses aides de camp.

dédommagement et d'indemnité, que la permission de combattre en champ clos le sire d'Ailly de Pecquigny, l'ancien gouverneur de Moncalvo, qui par sa félonie ou sa couardise a livré sans résistance cette place aux Espagnols, et qui a voulu rejeter sur notre négligence à garder le poste que nous occupions les résultats de son infâme trahison. Pour moi, la seule chose que je demande pour me dédommanger des pertes que j'ai éprouvées dans cette guerre, est l'honneur de servir de second au baron des Adrets, dans le duel qu'il va avoir avec ce d'Ailly.

— Et moi aussi, je réclame le même honneur, s'écria le capitaine de Mouvans, quoique mes moyens ne me permettent pas, comme à vous, capitaine Montbrun, de faire la remise des sommes qui me sont dues pour mes frais de campagne.

— J'ai entendu parler de cette affaire, reprit le notaire, et je sais que le baron doit présenter une requête au roi à l'effet d'obtenir la permission de prouver par le duel judiciaire la vérité de l'accusation qu'il porte contre Pecquigny; mais je doute qu'il obtienne l'autorisation qu'il sollicite.

— Et pourquoi ne l'obtiendrait-il pas? répliqua vivement le capitaine Mouvans. N'est-ce pas conforme aux anciennes lois de la chevalerie et du royaume?

et d'ailleurs, un duel semblable n'a-t-il pas été autorisé par le roi lui-même au commencement de son règne, et pour une cause bien plus futile que celle qui fait agir aujourd'hui le baron des Adrets?

— C'est vrai; mais c'est précisément parce que le roi, dit-on, s'est toujours repenti d'avoir permis le duel de Jarnac et de la Châtaigneraie, que depuis cette époque il n'a plus voulu accorder de semblables autorisations, et qu'il prétend, non sans raison à mon avis, que le duel judiciaire doit être aboli comme contraire à la justice et surtout à la religion [1].

— C'est un singulier scrupule qui prend là à Sa Majesté, observa Montbrun. Le duel judiciaire a été de temps immémorial en usage dans la chevalerie. Toujours on a réglé par les armes les différends que la justice humaine ne pouvait terminer; cela s'appelait s'en remettre à la justice de Dieu.

— Montbrun a raison, appuya Mouvans; et d'ailleurs, est-ce que les guerres que se font entre eux les souverains ne sont pas de véritables duels judiciaires? Seulement, au lieu de se battre l'un contre l'autre, ils alignent de chaque côté vingt mille, cinquante mille ou même cent mille hommes qui se battent

[1] Voir la note B aux *Éclaircissements historiques*, où se trouvent les détails du combat judiciaire entre Jarnac et la Châtaigneraie.

pour eux à qui mieux mieux, prennent d'assaut et saccagent des villes, ravagent des provinces entières, et cela s'appelle de glorieux triomphes; et l'on chante des *Te Deum* pour remercier Dieu de la victoire qu'il a accordée au bon droit. Puisque cela est admis entre princes, pourquoi ne permettrait-on pas à deux guerriers de soutenir l'un contre l'autre leur cause personnelle, avec les mêmes armes dont ils viennent de se servir pour soutenir la cause de leur souverain? Cela me paraît tout aussi raisonnable et surtout beaucoup moins coûteux.

— Vous soulevez une grave question, monsieur de Mouvans, répondit en souriant le notaire du Tilleroy; mais ce n'est ni le lieu ni le moment de la traiter. Je vous dirai seulement que votre comparaison des duels entre particuliers et des guerres entre souverains n'est pas exacte. Il y a toujours une autorité pour juger ou apaiser les différends entre les sujets d'un même État, tandis qu'il n'y a d'autre autorité que celle de Dieu pour régler les contestations entre les rois; d'où il suit que les simples particuliers qui ont la prétention de vouloir terminer leurs différends par les armes au lieu de les faire régler par l'autorité établie, non-seulement manquent à l'obéissance qu'ils doivent aux lois de leur pays, mais, ce qui est plus sérieux, enfreignent la loi de Dieu, qui dit : « Tu ne tueras point. » Quant aux guerres de souverains à souverains, nous le répétons, ceux-ci n'en sont responsables que devant Dieu, dont l'autorité seule s'élève au-dessus de la leur. C'est à eux de n'entreprendre que des guerres justes et nécessaires. Cependant la guerre la plus juste, la plus nécessaire même, est toujours un fléau pour les peuples, et souvent un châtiment que Dieu fait tomber sur eux et sur les rois. Tenez, par exemple, nos guerres d'Italie, auxquelles vous avez pris tous deux une part si glorieuse, avaient pour cause la juste réclamation de droits appartenant légitimement à nos rois de la branche des Valois-Orléans. Ces guerres ont duré cinquante ans depuis Louis XII; la France y a versé la plus grande partie de ses trésors et le plus pur de son sang; eh bien! à quoi tant de sacrifices, de conquêtes mêlées de triomphes et de défaites, ont-ils abouti? A la paix de Cateau-Cambrésis, qui vient d'un trait de plume de nous enlever toutes ces conquêtes, et de nous faire abandonner près de deux cents places fortes que nous occupions encore.

— Ce n'est que trop vrai ce que vous dites là, monsieur du Tilleroy, reprit Mouvans; mais ce qui ne l'est pas moins, c'est que ceux qui ont signé une paix aussi désastreuse sont des traîtres envers la France et envers le roi; mais de ce que toutes ces places ont été cédées par le traité, cela n'empêche pas que l'abandon de Moncalvo par d'Ailly de Pecquigny, pendant que les hostilités duraient encore, ne soit un acte de trahison digne d'une punition exemplaire, que le baron des Adrets a le droit de provoquer et de lui infliger. Telle est mon opinion, que vos arguments de tout à l'heure n'ont pas modifiée; et telle est aussi, j'en suis convaincu, celle de mon brave et noble camarade de Montbrun. »

Celui-ci, sans proférer un mot, se contenta de faire un signe d'assentiment.

« Et j'ajouterai, poursuivit Mouvans, que c'est aussi l'opinion du maréchal de Brissac et de tout gentilhomme qui a du cœur et une épée.

— Je sais, reprit le notaire, que ces idées sont généralement répandues non-seulement parmi les hommes de guerre, mais encore dans toutes les autres classes de la société. Cependant, aux yeux du philosophe chrétien, elles n'en sont pas moins un préjugé funeste, que le temps, l'adoucissement des mœurs, et surtout l'observation plus rigoureuse des préceptes de la religion, finiront par détruire. En attendant, vous me permettrez de me réjouir toutes les fois que je verrai l'autorité prendre des mesures tendant à combattre et à affaiblir ce malheureux préjugé, jusqu'à ce qu'elle puisse le détruire entièrement.

— On voit bien, monsieur le tabellion, que vous êtes plus habitué à manier une plume qu'une épée, » grommela Montbrun entre ses dents.

Mouvans allait peut-être ajouter quelques mots piquants à la réflexion de son compagnon, quand son attention fut attirée par le trot d'un cheval qui s'approchait de l'endroit où se tenaient les trois interlocuteurs. « Ah! s'écria-t-il, voici le capitaine de Blacons qui nous arrive, la plume au vent et l'air affairé comme d'habitude.

— N'est-ce pas un des écuyers du baron des Adrets? demanda du Tilleroy.

— Oui, et probablement il nous apporte des nouvelles.

— Je m'étonne que le baron ne soit pas venu lui-même, puisqu'il nous avait fixé ce rendez-vous?

— Peut-être ne fait-il que le précéder de quelques minutes, à moins que des obstacles imprévus ne l'empêchent de venir. Dans tous les cas, nous allons savoir ce qui en est. »

Comme il achevait ces mots, le nouveau personnage, qui avait mis pied à terre et confié son cheval à un des garçons du cabaret, fit son entrée sous la tonnelle, en faisant un salut au notaire et en serrant la main aux deux officiers. C'était un jeune homme d'environ vingt-cinq ans, à la chevelure et à la barbe blondes, au teint coloré, à la physionomie vive et intelligente. « Eh bien? lui dit Mouvans, quelle nouvelle nous apportes-tu? Nous annonces-tu l'arrivée de M. le baron, que nous attendons depuis près d'une heure?

— Le baron ne viendra pas: il est en ce moment chez le maréchal de Brissac, et il m'envoie prier M. le notaire du Tilleroy de s'y rendre sur-le-champ, pour recevoir une déclaration que M. le maréchal doit lui faire relativement à l'affaire de d'Ailly de Pecquigny. Vous, capitaine de Montbrun, vous accompagnerez M. le notaire pour faire une déclaration de même nature, mais spécialement relative à la reddition de Moncalvo aux Espagnols.

— Et moi, je n'en suis pas? demanda aussitôt Mouvans.

— Toi, tu n'étais pas à l'affaire; ainsi tu n'as rien à déclarer.

— Sans doute; mais est-ce que je ne serai pas un des témoins du baron, comme il me l'a promis?

— On n'en est pas encore là; il paraît qu'on élève beaucoup de difficultés relativement à ce duel, et même bien des gens pensent qu'il n'aura pas lieu.

— Tiens! c'est ce que nous disait tout à l'heure M. du Tilleroy, et que nous ne voulions pas croire, Montbrun ni moi. C'est égal, je vais toujours partir avec vous; car je m'ennuierais seul ici, sans autre distraction que les chants de ces braillards qui finissent par me casser les oreilles.

— Tu n'aimes pas la musique, à ce qu'il paraît?

— Je l'aime beaucoup, au contraire; mais je n'appelle pas musique ces chants monotones et nasillards, et ces tentatives d'accords qui n'aboutissent qu'à une épouvantable cacophonie. Mon oreille, accoutumée aux joyeux accents de nos airs provençaux ou aux mélodies italiennes, est devenue difficile, et ne saurait se faire aux sons rauques des gosiers du Nord.

— C'est dommage que tu sois décidé à partir avec ces messieurs; car j'avais compté sur toi pour me tenir compagnie, et m'aider à vider une bouteille d'hypocras.

— Tu ne pars donc pas avec eux?

— Non; rien ne me presse de retourner auprès du colonel, et comme mon cheval est fatigué des courses qu'il fait depuis le matin, je ne suis pas fâché, pendant qu'il mangera l'avoine, de me rafraîchir un peu moi-même.

— Que ne le disais-tu plus tôt? jamais je n'ai refusé de rendre service à un ami, surtout quand il s'agit de l'aider à vider une bouteille; ainsi tu peux compter sur moi : je reste. »

Pendant ce colloque entre les deux amis, le notaire et Montbrun étaient montés à cheval, et, après un salut échangé entre les quatre personnages, ils s'étaient éloignés aussi vite que le permettait la foule des promeneurs qui encombraient le Pré-aux-Clercs.

CHAPITRE II

LES CHATEAUX EN ESPAGNE D'UN CADET DE PROVENCE

Dès qu'ils se trouvèrent seuls, Blacons dit à Mouvans : « Depuis quand le chant des psaumes en français t'inspire-t-il tant de répugnance ? Est-ce que tu serais retourné au papisme, par hasard ?

— Non pas, et n'ai nulle envie d'y retourner ; mais je n'ai pas besoin de manifester mes opinions devant ce bourgeois politique qu'on appelle du Tilleroy, ni devant Montbrun, ce féroce catholique, qui ne parle que d'égorger sa sœur depuis qu'il a entendu dire qu'elle avait embrassé la religion réformée ; aussi la pauvre fille, à ce que j'ai appris, dans la crainte de voir revenir son frère, a quitté le château de Montbrun et s'est enfuie à Genève, où elle s'est mise sous la protection de Calvin et de Théodore de Bèze. Le matamore n'en sait rien encore; mais quand il l'apprendra, il va entrer dans une fureur de taureau de la Camargue, et je ne répondrais pas que, s'il le pouvait, il ne levât une armée pour aller assiéger Genève. Mais toi et ton camarade Condorcet n'êtes-vous pas obligés aussi de dissimuler votre religion devant le baron des Adrets, qui me fait aussi l'effet d'être un papiste fieffé?

— C'est ce qui te trompe, mon cher Mouvans. Le baron des Adrets est catholique, sans doute, mais peu fervent et très-endurant quant à la religion des autres. Au fond, je le crois fort indifférent pour l'une et pour l'autre; s'il reste catholique, ce n'est pas par attachement pour cette religion, mais uniquement parce qu'il y a été élevé par ses parents. C'est la réponse que je lui ai entendu faire dernièrement à un de nos ministres qui essayait de le convertir. Pour nous, il nous laisse parfaitement libres, et ne s'inquiète pas de savoir si nous allons au prêche ou à la messe. A mon avis, il n'a pas d'autre religion que l'ambition et la vengeance. Par exemple, s'il était sûr qu'en changeant de culte il pût donner satisfaction à sa haine contre d'Ailly de Pecquigny, dès demain il se ferait calviniste, et, au besoin, mahométan.

— En attendant, il paraît que cette affaire ne marche pas et qu'il y a des bâtons dans les roues.

— Et de solides encore, je t'assure.

— Mais je croyais que le maréchal de Brissac était pour le baron ?

— Sans doute; mais cet intrigant de Pecquigny a su se procurer des protections qui valent bien celle du maréchal. Il s'est faufilé, je ne sais comment, dans la faveur des Guises, qui font en ce moment la pluie et le beau temps à la cour, de sorte que j'ai grand'peur que le baron n'échoue complétement.

— C'est ça qui le rendrait furieux ! il n'en faudrait peut-être pas davantage pour le faire entrer dans le parti protestant, rien qu'en haine des Guises.

— Cela pourrait bien arriver.

— En ce cas, je ne serais pas fâché qu'il eût le dessous dans cette circonstance. Sais-tu que cela ferait un fameux chef pour nous, si la guerre venait à éclater?

— Penses-tu donc que les choses en viendront au point de forcer les protestants à faire la guerre aux catholiques ?

— Certainement, si le gouvernement nous refuse le libre exercice de notre religion, et si les parlements continuent à nous condamner au bûcher comme hérétiques. Nous ferons alors ce que nos frères ont fait en Allemagne; il faudra bien qu'à la fin le roi très-chrétien cède comme a cédé l'Empereur; et Henri II n'est pas, que je sache, plus puissant que ne l'était Charles-Quint.

— Mais ce sera une guerre civile, la plus affreuse de toutes les guerres.

— Comment faire pour l'éviter? où trouver une autre issue pour sortir du traquenard où nous allons être pris? Et d'ailleurs, qu'a d'effrayant la guerre pour nous autres soldats qui n'avons pas d'autre métier que les armes, et dont l'avenir vient d'être brisé par cette maudite paix de Cateau-Cambrésis? Puisqu'on ne veut plus se servir de notre épée au dehors, il faut bien que nous l'employions au dedans, ne serait-ce que pour nous entretenir la main et ne pas nous engourdir dans l'oisiveté, sans compter que c'est le seul moyen pour nous de gagner richesses et dignités.

— Quel profit peux-tu espérer d'une guerre de cette nature? Tu le sais comme moi, l'argent est le nerf de la guerre, et c'est précisément ce nerf qui nous manquera. En supposant que nous venions à lever une armée, comment la solder, la nourrir, l'entretenir? Nous n'avons ni trésors, ni arsenaux, ni magasins. Il faudra donc rançonner et piller le pays? mais ce sera le moyen de soulever contre nous toutes les populations, et, au lieu des richesses et des dignités que tu rêves, de ne rencontrer que la misère et peut-être pis encore.

— Pauvre ami! pécaïre! fit Mouvans d'un air de compassion ironique, je te croyais plus malin que tu ne l'es. Et moi, si je te démontrais que sans rançonner, sans pressurer le peuple, nous aurons, quand nous voudrons, en notre pouvoir des trésors mieux fournis que ne l'est le trésor royal, des trésors capables non-seulement de solder une nombreuse armée, mais de nous enrichir tous, car ces trésors sont presque aussi inépuisables que les mines du Pérou et du Potosi; qu'en dirais-tu?

— Je dirais, mon cher, que pour un Provençal tu t'entends à merveille à faire des gasconnades.

— Des gasconnades, troun-de-l'air! Eh bien! ouvre l'œil et l'oreille, et tu me diras après si ce sont des gasconnades que je vais te faire voir et entendre. Montons d'abord sur ce banc. » Et, en disant ces mots, Mouvans prit la main de Blacons, et ils montèrent ensemble sur un banc qui régnait le long de la tonnelle. Alors notre Provençal écarta d'une main les feuilles de vigne qui garnissaient le treillage et empêchaient la vue de s'étendre au dehors, et, allongeant le bras dans la direction de l'est, il dit à son compagnon : « Que vois-tu là au bout!

— Je vois le clocher de l'abbaye de Saint-Germain-des-Prés.

— Et par ici? continua-t-il en lui indiquant le nord-est.

— J'aperçois les tours de Saint-Germain-l'Auxerrois.

— Et là-bas, bien loin en suivant la même direction?

— Je vois plusieurs clochers: Saint-Jacques-de-la-Boucherie, Saint-Méry, Saint-Leu, et un peu plus loin les tours de l'abbaye de Saint-Martin et de l'église Saint-Nicolas-des-Champs.

— Si nous étions sur un lieu plus élevé, je te ferais voir les tours de Notre-Dame, les clochers des riches abbayes de Sainte-Geneviève, de Saint-Victor et une foule d'autres.

— Je le sais; mais où en veux-tu venir avec tous ces clochers que tu me fais passer en revue?

— Un peu de patience, bagasse!... Dis-moi, mon bon, crois-tu qu'il n'y ait pas dans ces chapitres, dans ces abbayes, dans ces couvents, dans ces églises dont je viens de te parler, des vases d'or et d'argent, des reliquaires ornés de pierres précieuses, des croix, des lampes, des statues, des ostensoirs, tout cela d'or, d'argent ou de vermeil, etc. etc.; en un mot, des trésors suffisants pour recruter et solder une belle armée, et pour enrichir quelques honnêtes gentilshommes comme toi et moi?

— Décidément, mon cher Mouvans, tu es fou. Sans doute je conviens avec toi qu'il y a dans ces couvents et ces églises d'immenses richesses; mais comment veux-tu que nous nous en emparions? Nous comptons à peine dans cette immense cité de Paris sept à huit mille adhérents, dont il faut retrancher les femmes, les enfants, les vieillards, et il nous restera deux mille hommes au plus capables de porter les armes; nous avons contre nous le roi et son gouvernement, et cette populace parisienne qui nous hait, et qui, si on la déchaînait contre nous, suffirait à elle seule pour nous écraser; et c'est avec de si faibles moyens contre de si grands obstacles que tu prétends tenter un coup de main d'une telle audace? C'est de la folie, je te le répète.

— Certainement ce serait de la folie, si l'on songeait à exécuter un pareil coup de main; ce serait vouloir attaquer le taureau par les cornes, et je ne t'ai pas dit un mot d'un projet aussi insensé. Je n'ai voulu te parler des trésors renfermés dans les abbayes, les couvents et les églises de Paris, que pour te donner une idée des ressources inépuisables que nous trouverons dans les richesses appartenant au clergé catholique. Mais est-ce qu'il n'existe qu'à Paris de riches couvents, d'opulentes abbayes, des églises où depuis des siècles la superstition entasse des monceaux d'or et d'argent? La France en est couverte, et il n'est pas de province qui ne compte un ou plusieurs de ces sanctuaires plus opulents les uns que les autres. La plupart sont situés dans de petites villes, dans des bourgades, ou même sont complétement isolés: je citerai au hasard Cîteaux, Clairvaux, Cluny, Marmoutier, Fontevrault, la grande chartreuse dans notre pays, sans parler d'une foule de couvents d'hommes et de femmes répandus en mille endroits différents. C'est là que des coups de main seront aisés à exécuter, et qu'un petit nombre d'hommes résolus pourra s'emparer sans coup férir des plus riches trésors, et avec d'autant plus de facilité que, dans la plupart des localités où se trouvent ces couvents et ces abbayes, nous comptons un grand nombre de partisans, qui ne demanderont pas mieux que de nous aider au besoin. C'est donc par là qu'il faudra commencer la collecte de ce précieux butin nécessaire à l'entretien de notre armée. Quant à Paris, nous le laisserons de côté jusqu'à nouvel ordre; ce sera comme une réserve que nous saurons trouver plus tard quand les progrès de la réforme auront pénétré plus avant dans les hautes classes de la société, et surtout dans cette masse populaire encore fanatisée par ses prêtres et ses moines.

— Je commence à comprendre tes idées, et à croire qu'elles ne sont pas tout à fait impraticables; mais ne crains-tu pas que ce pillage des églises et des couvents ne soulève l'indignation d'une foule de personnes paisibles, non-seulement de celles qui crieront à la profanation des objets de leur antique vénération, mais de celles mêmes qui eussent été disposées à entrer dans notre parti, et qui ne verront plus dans les soldats de la réforme qu'un ramassis de pillards et de brigands?

— Mon Dieu! mon bon, que tu es ingénieux à te créer des chimères! D'abord, quand on veut une chose, il faut la vouloir entière et avec toutes ses conséquences ou ne pas s'en mêler. Or qu'est-ce que la réforme que nous voulons tous? N'est-ce pas l'abolition des abus introduits dans l'Église catholique et, comme le disent nos ministres, le retour au culte de la primitive Église et du pur Évangile? Pour arriver à ce but, nos docteurs ont aboli cinq sacrements sur sept; ils ont aboli la messe, le culte des images et des saints, les vêpres, les bénédictions, les processions et toutes ces cérémonies plutôt païennes que chrétiennes en usage parmi les catholiques; ils ont aboli la hiérarchie ecclésiastique; ils ne veulent plus de pape, plus d'évêques, d'abbés, de chapitres, de couvents et de monastères d'hommes ni de femmes. Tout cela est très-bien; mais une conséquence naturelle, forcée de ces réformes, c'est l'abolition d'un des plus grands abus qui se soient introduits dans l'Église, je veux parler des richesses immenses du clergé, tant séculier que régulier. Que nos docteurs, Calvin à leur tête, attaquent et renversent par leurs arguments les dogmes du catholicisme, c'est leur affaire; mais c'est à nous, soldats de la foi nouvelle, à renverser les idoles, à enlever des églises ces tableaux, ces statues, véritables objets d'un culte païen, et tous les vains ornements d'or et d'argent qui servent à ce culte. Qui pourrait trouver à redire que ces mêmes objets transformés servent à récompenser ceux qui auront contribué à détruire ces vains simulacres et les pratiques superstitieuses qui s'y rattachaient? De cette manière notre armée, sans être obligée de rançonner le peuple comme tu le craignais, sera entretenue aux frais de la superstition elle-même, et les honnêtes gens, les gens paisibles dont tu me parlais tout à l'heure, loin de regarder nos soldats comme des brigands et des pillards, les compareront aux Israélites allant fonder le culte du vrai Dieu sur les débris des idoles des Philistins et des Amalécites.

— Bravo! mon cher Mouvans, s'écria Blacons en riant, tu as manqué ta vocation, car tu aurais fait un excellent ministre prédicant; d'honneur, on dirait entendre Chandieu [1] lui-même.

— Eh! eh! cela te surprend, mon bon? Nous autres Provençaux, nous sommes tous comme ça; nous avons la parole aussi prompte que l'épée: c'est dans notre nature, qué!

— Je t'en fais mon compliment; j'ajouterai même que ta conclusion me plaît assez; seulement je crains bien que nous ne soyons pas de sitôt près de voir réaliser tes rêves, et de transformer en bonnes espèces sonnantes à notre usage les vases sacrés et les reliques des riches églises et des couvents.

— Plus tôt que tu ne le crois, mon bon; il y a là, à deux pas d'ici, une assemblée qui délibère en ce moment sur l'organisation à donner au parti protestant dans toute la France, et j'espère qu'elle fera bientôt parler d'elle.

— A la bonne heure! qu'ils en finissent donc de parler, d'écrire des traités, des arguments, des confessions de foi, qu'entre nous je ne lis guère et que je com-

[1] Célèbre ministre protestant de ce temps. C'est lui qui présidait le synode de 1559. Quelque temps auparavant, il avait été mis en prison sous l'accusation d'hérésie; le roi de Navarre, Antoine de Bourbon, réclama et obtint sa liberté sous prétexte que Chandieu appartenait à sa maison.

prends encore moins, et que l'on se décide enfin à agir.

— Eh! c'est ça, troun-de-l'air! tu parles d'or, mon bon, et cette fois nous sommes parfaitement d'accord. Est-ce que tu crois que je comprends quelque chose à leurs éternelles argumentations sur les dogmes de la prédestination, de la transsubstantiation ou de l'impanation? Tout ce que je vois dans le nouveau culte et qui m'en plaît le plus, c'est qu'on est dispensé d'aller à confesse, de jeûner, de faire maigre les jours d'abstinence, etc. Quant aux autres réformes, la plus importante à mes yeux est celle qui, comme je te l'ai dit, supprimera les biens du clergé catholique; je n'entends pas seulement celle qui dépouillera les églises et les couvents de leurs richesses mobilières, de leurs vases et de leurs ornements d'or et d'argent; ça c'est une vétille; mais je parle de la réforme bien autrement capitale qui confisquera tous les biens immeubles, terres, forêts, domaines, fermes, maisons, palais, appartenant à des églises, des couvents, des abbayes, des évêchés, etc.

— Bravissimo! mon cher; il paraît que l'appétit te vient en mangeant. C'est égal, j'approuve fort cette confiscation des domaines de l'Église; seulement je te demanderai au profit de qui elle aura lieu. Sera-ce au profit du nouveau clergé, des ministres du nouveau culte, comme cela est arrivé en Angleterre?

— Quésaco! mon bon, peux-tu bien avoir de pareilles idées? Si Henri VIII et sa fille Élisabeth qui règne aujourd'hui ont donné une partie des biens du clergé catholique d'Angleterre aux membres du nouveau clergé qu'ils ont établi, cela ne saurait nous servir d'exemple. La religion anglicane n'est qu'une demi-réforme, un protestantisme bâtard, ayant conservé la hiérarchie sacerdotale de l'Église catholique, avec ses évêques, ses archevêques et son pape qui est le roi: et quand le roi est une femme, comme aujourd'hui par exemple, le pape devient une papesse, ce qui, par parenthèse, est passablement drôle. Mais chez nous, c'est bien différent; nous voulons la réforme pure, radicale, telle que l'a établie Calvin à Genève, telle que la proclament les membres du synode national assemblé en ce moment même à Paris; c'est-à-dire qu'aucune de nos églises n'ait de suprématie sur une autre, que tous nos ministres soient égaux entre eux, et ne reconnaissent qu'un seul évêque qui est Jésus-Christ[1]. Or, — suis bien

1 « Nous croyons tous vrais pasteurs, en quelque lieu qu'ils soient, « avoir même autorité et égale puissance sous un seul chef et seul « universel évêque Jésus-Christ, et, pour cette cause, que nulle « église ne doit prétendre aucune domination sur l'autre. » Article 30 de la Confession de foi du synode de 1559, rapportée par Théodore de Bèze, dans son *Histoire ecclésiastique,* t. Ier.

mon raisonnement, je te prie, — cet évêque-là n'a pas besoin de biens temporels, et nos ministres, qui aspirent à marcher sur les traces des apôtres et des premiers disciples du Christ, se contenteront de la vie la plus simple et la plus frugale ; avec les revenus du moindre couvent on pourra entretenir tous les pasteurs d'une province. Quant aux frais du culte, ils sont, pour ainsi dire, réduits à zéro. Nos temples n'ont ni décorations, ni tableaux, ni statues, ni ornements d'or et d'argent ; une chaire tout unie et quelques bancs, voilà tout le mobilier ; point de lampes, point de cierges, point d'encens : en un mot, toute la simplicité des premiers chrétiens. Donc notre clergé n'a besoin, ni pour son entretien, ni pour les frais du culte, des richesses du clergé catholique, et naturellement ses biens devront être partagés, comme ils l'ont été en Allemagne, entre les princes, seigneurs et gentilshommes laïques qui auront aidé de leur puissance et de leur épée au triomphe de la réforme. Chacun en aura une part proportionnée à ses services, et moi qui te parle, j'espère bien que la mienne ne sera pas la moindre. J'ai déjà jeté les yeux sur certaine abbaye des environs d'Aix, où j'espère bien me tailler un joli petit fief, digne d'un cadet de Provence de bonne famille. La maison abbatiale me servira de château ; je logerai mes fermiers dans les bâtiments du couvent; il y a tout autour un beau domaine avec champs, prés, bois, cours d'eau magnifiques, gibier et poisson en abondance, un vrai morceau de roi, qué! Je t'invite, mon bon ami, à venir pêcher et chasser sur mes terres aussitôt que j'en serai mis en possession. Eh bien! qu'en dis-tu? comment trouves-tu mon raisonnement?

— Parfait, répondit Blacons en riant; ce qui me plaît surtout dans ce que tu appelles tes raisonnements, c'est que dans les conclusions tu ne t'oublies jamais.

— Eh! eh! bagasse! il faut un peu penser à soi, sans quoi les autres pourraient bien n'y pas songer; mais je me charge de me rappeler au souvenir de qui de droit en temps et lieu. D'ailleurs je ne fais que ce que font tous les autres, depuis le plus petit jusqu'au plus grand, depuis les simples gentilshommes comme nous jusqu'aux grands seigneurs et aux princes comme d'Andelot et Coligny, comme Condé et le roi de Navarre, qui tous ne veulent protéger ou embrasser la religion protestante que par intérêt ou par ambition. Les uns n'ont d'autre but que d'arriver au pouvoir et d'en chasser des rivaux qui l'occupent; les autres prétendent se soustraire à l'autorité que les rois, depuis Louis XI, font peser sur les seigneurs, et recouvrer, comme autrefois, l'exercice d'une puissance absolue sur leurs vassaux; tous enfin espèrent, à l'aide des troubles qu'occasionnera l'établissement de la nouvelle religion, gagner quelque chose en prenant part au mouvement, car c'est toujours quand l'eau est trouble que la pêche est le plus abondante.

— Oui, mais tous font peut-être comme toi des châteaux en Espagne, car ton beau château de Provence pourrait bien ne pas être autre chose.

— C'est possible; mais que veux-tu, mon bon, la vie après tout n'est qu'illusion et ne se nourrit que de chimères, comme a dit je ne sais plus quel ancien philosophe. Pour moi, je n'ai jamais été riche qu'en rêve; c'est pourquoi j'aime à rêver souvent, surtout quand mon esprit est excité par une petite pointe d'hypocras. Alors mes rêves sont dorés; je suis riche comme un Crésus, mon humeur est charmante; et quand mon songe s'évanouit, s'il m'ôte ma richesse imaginaire, il me laisse toujours ma bonne humeur. Allons, à ta santé, achevons notre bouteille, et allons savoir des nouvelles du baron des Adrets. »

CHAPITRE III

L'INSULTE ET LES PROJETS DE VENGEANCE

Près d'un mois s'était écoulé depuis le jour où nous avons mis en scène, comme exposition de ce récit, les principaux personnages qui doivent figurer dans cette histoire. Le 28 juin suivant, nous les retrouvons réunis non plus au Pré-aux-Clercs, mais dans la maison du notaire du Tilleroy, où le baron des Adrets avait pris son logement, comme d'habitude quand il venait à Paris; car le notaire et le baron étaient liés d'amitié depuis longues années. Cette fois un cinquième personnage est avec eux : c'est le baron des Adrets lui-même. Grand, maigre, osseux, cet homme est tout nerfs et tout muscles. Il a quarante-six ans, et paraît dans toute la force de l'âge viril. Son front découvert et élevé annonce l'intelligence et l'audace;

ses yeux noirs ont quelque chose de fascinateur, et quand il les fixe sur quelqu'un, il est difficile de supporter ce regard pénétrant, qui semble vouloir fouiller jusqu'au fond de votre âme. Sa figure bronzée ne pâlit ni ne rougit jamais, elle reste impassible aux diverses émotions qui l'agitent; son sourire amer, ses sourcils contractés, ses yeux animés d'un feu sombre révèlent seuls les passions qui bouillonnent dans son sein.

La scène à laquelle nous allons assister se passe dans une grande chambre qui servait de cabinet particulier au notaire. Celui-ci écrit à son bureau, et s'interrompt de temps en temps pour répondre aux questions du baron. Montbrun, plus sombre, plus taciturne encore que d'habitude, se tient près de la croisée, et ses regards distraits paraissent plus occupés à suivre le vol des hirondelles qu'à prendre part à ce qui se dit et se passe auprès de lui. Mouvans et Blacons, assis à côté l'un de l'autre dans un coin de la chambre, échangent parfois quelques paroles à voix basse. Le baron des Adrets, seul debout, se promène de long en large en froissant un papier qu'il tient dans sa main droite.

Un profond silence règne entre eux; il n'est interrompu que par le grincement de la plume du notaire sur le papier, par le bruit des bottes éperonnées du baron qui continue sa promenade, et par le gazouillement des hirondelles qui ont suspendu leur nid à la fenêtre.

Tout à coup le baron s'arrête, et, déployant le papier froissé qu'il tenait à la main, il le rapproche de ses yeux, le parcourt un instant en silence; puis il s'écrie : « Voilà donc à quoi ont abouti un mois de démarches et de sollicitations; voilà comment les rois font bonne justice des traîtres et des félons, et accueillent les justes réclamations de leurs fidèles et loyaux sujets! Écoutez, mes amis, cette pièce curieuse que vient de me remettre le prévôt des maréchaux de France. » A ces mots, le notaire posa sa plume, releva la tête et fixa ses regards sur le baron; Montbrun quitta la fenêtre, et se rapprocha de son chef pour mieux entendre; Mouvans et Blacons cessèrent leur conversation, et tous prêtèrent une oreille attentive à la lecture du message, qui était conçu en ces termes :

« Henri, deuxième du nom, par la grâce de Dieu « roi de France, à tous présents et à venir salut :

« Faisons savoir à qui il appartiendra, qu'après « avoir examiné attentivement en notre conseil la « plainte portée par le sire François de Beaumont, « baron des Adrets, colonel des légions de Dauphiné,

« de Provence, de Lyonnais et d'Auvergne, contre « le sire Antoine d'Ailly de Pecquigny, ancien gou- « verneur pour nous de la ville de Moncalvo en Pié- « mont; dans laquelle plainte ledit sire de Beaumont « accuse ledit sire d'Ailly de Pecquigny d'avoir, dans « le courant de janvier dernier, par couardise, félo- « nie et trahison, livré aux ennemis ladite place de « Moncalvo, dont il était gouverneur, tout en faisant « peser la responsabilité de ce fait sur le plaignant, « chargé alors de la garde d'un poste de cette ville;

« Ensemble la requête par laquelle ledit sire de « Beaumont nous demande de lui accorder l'autori- « sation de prouver l'accusation qu'il porte contre ledit « d'Ailly, par combat judiciaire en champ clos, selon « les anciennes lois du royaume et de la chevalerie;

« Attendu qu'il résulte de faits parvenus d'ailleurs « à notre connaissance, et qui ont pleinement éclairé « notre conscience, que ledit sire d'Ailly de Pecqui- « gny n'a remis la place de Moncalvo entre les mains « des Espagnols que par des motifs à nous pertinem- « ment connus, et qui ne sauraient en rien entacher « sa réputation de bravoure et de loyauté;

« Par ces motifs, avons déclaré et déclarons ledit « sire d'Ailly de Pecquigny relevé et pleinement dé- « chargé de l'accusation intentée contre lui, comme

« étant erronée et *mensongère.* » Le baron accentua ce dernier mot avec intention pour le faire remarquer à ses auditeurs, puis il continua :

« En conséquence, refusons formellement d'acquies-
« cer à la requête dudit sire de Beaumont, tendant à
« obtenir l'autorisation de combattre judiciairement
« en champ clos contre ledit sire d'Ailly de Pecquigny;
« disons la cause entre eux entièrement vidée et éteinte.

« Faisons défense expresse à l'un et à l'autre des
« deux adversaires de s'attaquer désormais à ce sujet,
« sous peine d'être poursuivis comme criminels de
« lèse-majesté, et punis comme tels.

« Fait en notre palais des Tournelles, le 26e jour
« de juin de l'an de grâce 1559, et de notre règne le
« treizième.

« Signé, HENRI. »

Un frémissement de colère et d'indignation parmi les trois jeunes gens suivit la lecture de ce document. Le vieux tabellion lui-même fit un mouvement de surprise, et sa figure, habituellement impassible, fut altérée par une légère grimace de mécontentement.

Des Adrets, après avoir observé l'impression produite sur ses auditeurs, leur dit avec un sourire sardonique : « Eh bien ! qu'en pensez-vous, Messieurs?

ne voilà-t-il pas un brevet honorable de bravoure et de loyauté octroyé dans toutes les formes à messire Antoine d'Ailly de Pecquigny? et ne sommes-nous pas tenus désormais de le regarder comme un modèle de courage et de loyauté, sous peine de nous rendre coupables de désobéissance et de trahison, et d'être au besoin poursuivis comme criminels de lèse-majesté? Hein! qu'en dites-vous?

— Infamie! exclama sourdement Montbrun.

— Le misérable! dit Blacons indigné, est-ce qu'il croit recouvrer son honneur avec un tel acte?

— Troun-de-l'air! s'écria Mouvans avec son sourire ironique, vous croyiez bonnement, Messieurs, que le bon Dieu seul pouvait faire des miracles, comme de rendre la vue aux aveugles, de redresser les bossus et de faire marcher droit les boiteux; eh bien, le roi Henri II vous prouve qu'il est tout aussi puissant que le bon Dieu, si plus ne passe, puisque d'un lâche il fait un brave, et d'un félon un homme d'honneur.

— Mon ami, dit gravement le notaire, vous deviez vous attendre à ce qui vous arrive; il y a longtemps que je vous avais prévenu.

— Parbleu! reprit le baron avec une colère à peine contenue et qui menaçait à chaque instant de faire explosion, je m'y attendais, sans doute, non pas seulement parce que toi, mon vieux et digne camarade, tu m'avais averti, mais par ce dont j'ai été témoin depuis près de six semaines dans cette cour corrompue. Oui, je m'y attendais; mais j'ai voulu poursuivre jusqu'au bout pour voir jusqu'où irait leur infamie; et j'ai poursuivi, malgré les obstacles de toute nature que j'ai rencontrés, malgré les insinuations perfides et les calomnies dont j'ai été l'objet, malgré les offres brillantes qu'on m'a faites si je voulais me désister; oui, je m'attendais bien qu'un lâche et un traître comme d'Ailly ne manquerait pas de trouver bon nombre de partisans au milieu d'une cour où pullulent ceux qui lui ressemblent; oui, je m'attendais que ma requête serait rejetée, je m'attendais même que d'Ailly serait réhabilité, peut-être même récompensé. Mais ce à quoi j'étais loin de m'attendre, c'est que dans ce même acte de soi-disant réhabilitation on verserait sur moi l'insulte et l'outrage, on m'accuserait, en un mot, *d'en avoir menti*... Et c'est à moi, baron des Adrets, qu'on ose faire un si sanglant affront! et l'on croit que je l'endurerai sans vengeance! Oh! non, non, ils ne me connaissent pas...; ils apprendront bientôt qui je suis...; j'y perdrai plutôt mon nom, ma fortune et ma vie; mais j'en jure par le ciel ou par l'enfer, je me vengerai!... »

En prononçant ces mots, sa voix était devenue rauque,

saccadée, stridente; ses traits s'étaient contractés, ses yeux lançaient de sombres éclairs, ses lèvres tremblaient, ses dents grinçaient, et des coins de sa bouche livide s'échappait une légère écume. Sa physionomie avait pris un aspect sinistre, effrayant, terrible. Un peintre l'eût pris pour modèle du démon de la colère et de la vengeance.

« Calmez-vous, mon ami, lui dit le notaire avec douceur, calmez-vous. Voyons, soyez un peu raisonnable, et causons paisiblement. » Ici, des Adrets, qui s'était toujours tenu debout, s'assit sur une chaise auprès de la table du notaire, posa son coude sur cette table et appuya sa tête sur sa main, dans l'attitude d'un homme qui s'apprête à écouter. Par un puissant effort de sa volonté, un calme apparent du moins avait rapidement succédé à son agitation de tout à l'heure. En le voyant dans cette disposition, le notaire continua : « J'admets que ces mots d'*erronée et* de *mensongère*, appliqués à l'accusation portée par vous contre d'Ailly, aient dû vous blesser; moi-même j'en ai été surpris d'abord et contrarié pour vous; mais en y réfléchissant un peu, il ne faut pas accorder à ces mots plus de valeur et de portée qu'ils n'en ont réellement, et qu'on n'a eu intention de leur en donner; ils se sont peut-être glissés dans la rédaction par la distraction de quelque scribe peu intelligent, habitué à employer dans son style de ces expressions redondantes et inutiles, sans y attacher aucune importance, comme cela nous arrive souvent à nous-mêmes dans les actes que nous recevons, et dans les transactions entre particuliers. Hélas! combien de fois un seul mot introduit dans un acte, par la négligence ou l'impéritie d'un notaire ou de son clerc, n'a-t-il pas causé des procès ruineux! Mais ici, à qui s'en prendre? Au scribe qui a rédigé l'arrêt? vous ne le connaissez pas. A celui qui l'a signé? C'est le roi, et vous n'avez pas, je pense, l'intention de vous révolter contre le roi pour un mot auquel il n'a probablement fait nulle attention. Contre qui donc dirigerez-vous votre vengeance? Contre votre adversaire, au risque de vous exposer à subir les terribles conséquences de votre désobéissance formelle aux ordres de votre souverain? Réfléchissez, mon ami, et...

— Mes réflexions sont toutes faites, interrompit des Adrets, et tu vas voir, mon vieux camarade, que ma conduite sera dictée par des motifs plus raisonnables que tu ne t'y attends de ma part. Et d'abord, je vous déclare bien formellement, à vous tous qui m'écoutez, que je ne songe plus à me battre contre d'Ailly, et je désire qu'aucun de mes compagnons d'armes ne donne suite à cette querelle. J'ai tiré de lui une satisfaction suffisante, par la flétrissure que je lui ai imprimée en présence du roi, des princes et de toute la cour. Quand un homme ainsi flagellé ne sait trouver d'autre moyen pour couvrir son déshonneur que de s'abriter derrière une ordonnance royale, il est jugé. Le seul sentiment qu'il inspire désormais, c'est le mépris. Il est devenu indigne de croiser le fer avec une homme d'honneur; et m'accordât-on à présent le duel judiciaire que j'ai sollicité avec tant d'instance, que je le refuserais à mon tour, à moins qu'un autre champion digne de moi ne prît sa place. Ainsi d'Ailly est maintenant hors de cause, comme vous dites vous autres gens de loi; mais j'ai un autre sujet de vengeance, et celui-là je ne l'abandonne pas si vite.

— Comment! s'écria le notaire avec surprise, serait-ce donc au roi, comme je le disais tout à l'heure, que vous songeriez à vous attaquer?

— Patience, mon ancien; encore une fois je suis plus raisonnable que tu ne le penses. Non, certes, je ne songe pas à m'adresser au roi; il est placé trop haut, quand même je le voudrais, pour que mes coups puissent l'atteindre, et d'ailleurs ce n'est pas de lui que j'ai réellement à me plaindre. Il a fait tout son possible pour m'adoucir son refus, et en ce moment-ci j'ai même à lui rendre grâces pour une faveur qu'il m'a accordée, que je ne dois qu'à lui seul et dont nous parlerons tout à l'heure. Mais Henri II a autour de lui des conseillers perfides, qui ont pris sur lui un ascendant irrésistible, qui veulent à tout prix assurer leur domination, qui soutiennent et protégent, afin de s'en faire des partisans, les hommes les plus infâmes, et qui cherchent à écraser les hommes de cœur qui leur résistent et qui se dressent contre leur pouvoir usurpé.

— Oh! mon Dieu, vous voulez parler des Guises? mais il y a presque autant de témérité à s'attaquer à eux qu'au roi, car ils sont presque aussi puissants.

— Leur puissance ne m'effraie pas; ils ne sont après tout que des princes étrangers, et quand je vois nos princes français, nos Bourbons, les plus proches parents des Valois, descendants comme eux de saint Louis, quand je les vois, dis-je, éloignés de la cour, écartés de toute influence par ces cadets de Lorraine, mon sang bout dans mes veines; je me dis qu'un tel état de choses ne peut durer, et certes je ne serai pas le dernier à travailler à sa chute.

— Vous m'effrayez, mon ami; vous vous attaquez là à forte partie. Les princes de la maison de Lorraine sont puissants, et il est toujours dangereux d'être leur ennemi. Je sais bien que dans votre affaire ils ont été tout à fait favorables au sire d'Ailly de Pecquigny; mais ils n'ont peut-être voulu que le sauver sans songer à vous nuire, et il faudrait y regarder à deux fois avant de vous déclarer leur ennemi, et de les braver en quelque sorte.

— Mais ce n'est plus à faire, dit en souriant des Adrets, qui avait repris tout son calme; tu ne sais donc pas que je les ai bravés, et presque autant insultés que leur protégé lui-même, et cela en présence aussi du roi, des deux reines, des princes et de toute la cour?

— Ah! que me dites-vous là! Comment! vous avez commis cette imprudence!

— Hélas! oui, mon vieux, je l'ai commise, et si c'était à recommencer, je la commettrais encore.

— Vous ne nous avez pas parlé de ce fait, mon colonel, dit Mouvans; contez-nous donc cet incident, s'il n'y a pas d'indiscrétion à le faire: cela doit être curieux.

— Je n'ai pas de secret pour vous, mes amis, et si je ne vous en ai pas parlé plus tôt, c'est que l'occasion ne s'en est pas présentée. Voici en deux mots la chose: c'était à l'audience même où je devais exposer mes griefs contre d'Ailly. Après avoir articulé et développé ma plainte, non pas avec l'éloquence et les précautions oratoires dont un avocat eût été capable en pareille circonstance, mais avec une franchise rude et toute militaire, je terminai ma petite harangue par ces mots : « Ce que je viens de déclarer devant Votre Majesté, je suis prêt à le soutenir par les armes en champ clos, et, pour gage de combat, voici mon gant. » Et je jetai mon gant au milieu de la salle. Pecquigny fit un pas comme pour le ramasser : « Arrêtez! lui cria le duc de Guise, vous n'avez pas le droit de ramasser ce gage de combat avant que Sa Majesté l'ait permis, comme le sire des Adrets n'avait pas le droit de le jeter sans en avoir obtenu la permission du roi. » Il prononça ces derniers mots en lançant sur moi un regard sévère; puis, m'adressant directement la parole, il me dit, avec le ton hautain que vous lui connaissez : « Baron des Adrets, ramassez vous-même votre gant. Sa Majesté, dont je connais les intentions, ne veut plus permettre ces sortes de combats judiciaires, où souvent le bon droit d'un innocent succombe sous les coups d'un adversaire plus fort ou plus adroit dans le maniement des armes. Le roi, de qui seul émane la justice, examinera votre affaire en son conseil, et vous fera connaître sa volonté en temps et lieu. »

« J'avais peine à me contenir, et j'allais répondre, quand le maréchal de Brissac, qui se trouvait près de moi, me fit un signe expressif pour m'engager à garder le silence et à ramasser mon gant. Je me tus; mais je laissai le gant à terre. Alors le cardinal de Lorraine prit la parole et prononça un petit discours doucereux, dans lequel il vantait les avantages de la paix et de la concorde entre les fidèles sujets du roi, qui devaient faire taire toute animosité personnelle au moment où l'on allait célébrer par des réjouissances publiques les bienfaits de la paix récemment conclue; rien n'était donc plus déplacé et plus inconvenant que de vouloir précisément choisir ce moment pour proposer un combat à outrance, qui viendrait ensanglanter ces fêtes et les joutes toutes pacifiques qu'on préparait. « Et d'ailleurs, ajouta-t-il en terminant, l'accusation n'a pas assez d'importance, — quand même le roi n'aurait pas l'intention d'abolir dans tous les cas ces sortes de combats, — pour être soutenue par de tels moyens et une telle solennité; au fond, la remise de Moncalvo entre les mains des Espagnols par le fait de d'Ailly, dans les circonstances où cette remise a eu lieu, n'établit nullement qu'il y ait eu trahison de sa part, et un combat judiciaire ne le prouverait pas davantage. »

« A ces mots, je ne fus plus maître de moi; malgré les signes pressants et les efforts énergiques du maréchal de Brissac, je m'écriai : « Je comprends que ceux qui ont signé l'abandon de cent quatre-vingt-dix places et forteresses en Italie ne considèrent pas la reddition d'une seule petite ville comme une trahison; mais, Monseigneur, que Votre Éminence nous permette, à nous autres soldats, d'être d'une opinion différente. »

« Le cardinal devint rouge comme sa barrette; il ne répondit rien, et se contenta de me lancer un regard plein de colère et de menaces. Je soutins fièrement ce regard, en fixant le mien sur lui avec une telle persistance, que je le forçai de baisser les yeux. Un silence d'étonnement et presque de stupeur s'était fait dans toute l'assemblée après mon apostrophe au cardinal. Pendant ce temps-là, le duc de Guise, qui était assis à côté de Henri II, lui dit quelques mots à voix basse; le roi, après l'avoir écouté, fit de la tête un signe d'assentiment, et prononça à haute voix ces paroles : « Baron des Adrets, relevez votre gant, je vous l'ordonne. » Et du doigt il indiquait l'endroit où mon gant gisait encore à terre. J'avais refusé d'écouter un pareil ordre émané de la bouche du duc de Guise; je ne pouvais désobéir au roi. Je fis deux pas, je repris lentement mon gage de combat, je saluai profondément le roi, en disant : « Sire, c'est pour vous obéir. — C'est bien, continua le roi. Maintenant retirez-vous; je vous ferai connaître dans quelques jours ma décision suprême sur votre affaire; d'ici là je vous défends toute attaque contre votre adversaire. »

« A ces mots, il se leva et rentra dans ses appartements avec le duc et le cardinal de Guise. Une partie des courtisans les suivit; les autres sortirent avec moi du palais. Ceux-ci m'entourèrent aussitôt, et me parlèrent de la scène qui venait d'avoir lieu. Les uns m'applaudirent, les autres me blâmèrent de la manière dont je m'étais conduit envers les Guises; tous furent d'accord pour déclarer que je venais de m'en faire des ennemis implacables. « Ma foi, tant pis, répondis-je, s'ils ne me pardonnent pas; moi, je ne suis pas non plus disposé à leur faire grâce. — Mais ils sont tout-puissants. — Tant mieux; en fait d'ennemis j'aime mieux avoir à combattre des géants que des nains. »

« Cependant, continua des Adrets, on s'occupa immédiatement au conseil de rédiger en forme d'ordonnance ou d'arrêt la décision prise par Sa Majesté; la minute en fut dictée par le premier secrétaire à son scribe. Elle était en tout conforme à la copie que je viens de vous lire, sauf que le cinquième paragraphe était ainsi conçu : « Par ces motifs, avons déclaré et « déclarons ledit sire d'Ailly de Pecquigny relevé et « pleinement déchargé de l'accusation intentée contre « lui. » Cela s'arrêtait là; mais le lendemain, à la lecture qui en fut faite en conseil, le duc de Guise proposa d'ajouter : « comme étant *fausse*. » Le maréchal de

Saint-André fit observer qu'une pareille expression serait par trop blessante pour moi; que dans un acte émané de l'autorité royale, et qui avait pour but d'apaiser une querelle élevée entre deux hommes de guerre, il ne fallait pas employer d'expression capable de blesser la juste susceptibilité de l'une des parties, et de donner lieu plus tard à de nouveaux conflits. Il proposa en conséquence de substituer le mot d'*erronée* à celui de *fausse;* de cette manière l'accusation, de ma part, serait présentée comme le résultat d'une erreur involontaire, ce qui ne compromettait en rien ma délicatesse ni ma moralité, et non comme le résultat d'un faux, qui donnerait à cette accusation un caractère odieux et criminel. Après une longue discussion, la rédaction proposée par le maréchal fut adoptée. J'en fus instruit dès le jour même par le maréchal de Brissac, qui le tenait du maréchal de Saint-André. Cependant la minute présentée à la signature du roi portait le mot de *mensongère* ajouté à celui d'*erronée*. Qui s'est permis cette addition? quand et comment a-t-elle été faite? Je l'ignore. Tout ce que je sais, c'est qu'elle ne s'est point glissée dans le texte par la distraction d'un copiste, comme tu le disais tout à l'heure, mon brave du Tilleroy; elle y a été bien et dûment insérée à dessein, et cela, j'en ai l'intime conviction, par le même personnage qui, n'ayant pu me donner authentiquement la qualification de faussaire, a voulu au moins se réserver la satisfaction de me donner le titre de menteur.

« J'ai été instruit de ce fait odieux lors de la transcription de l'ordonnance sur le registre du contrôle des maréchaux de France. J'ai réclamé aussitôt. Le maréchal de Brissac s'est encore interposé chaleureusement en ma faveur. Le roi a répondu qu'il ne voyait aucun inconvénient à la rectification demandée; que, du reste, elle ne lui paraissait pas avoir l'importance que j'y attachais; que, d'ailleurs, cette affaire n'avait ni à ses yeux ni aux yeux du public diminué en rien la considération dont je jouissais; que lui, en son particulier, me tenait toujours en grande estime, comme un de ses braves et loyaux serviteurs; qu'enfin, pour me donner une preuve de la considération qu'il me portait, son intention était de me nommer gouverneur de sa province de Dauphiné, à condition toutefois que je me soumettrais entièrement à la décision prise dans cette affaire de d'Ailly, et que je ne chercherais ni directement ni indirectement à renouveler cette querelle.

« Je fus touché, je l'avoue, de cette bonté du roi, et je voulus l'en remercier sur-le-champ. Le maréchal de Brissac m'introduisit auprès de Sa Majesté. Je lui exprimai vivement ma reconnaissance, en même temps que je l'assurai que désormais je me conformerais scrupuleusement à ses ordres relativement à d'Ailly : seulement je le suppliai de nouveau de vouloir bien faire supprimer de l'arrêt royal le mot qui m'avait justement blessé. Il me le promit, et ajouta, en me congédiant d'une manière on ne peut plus gracieuse, qu'immédiatement après les fêtes mon brevet de gouverneur me serait expédié.

« C'est hier à midi que cette entrevue a eu lieu, et aujourd'hui, à peu près à la même heure, j'ai reçu la notification de l'arrêt que je viens de vous lire, et cette copie authentique, et dûment certifiée, ne contient point la rectification promise par le roi. Je ne l'en accuse pas; je ne lui en veux pas, je le répète; mais, en relisant cette expression injurieuse, j'ai senti bouillonner dans mon sein tout ce qu'il peut renfermer de haine, de colère et de désir de vengeance contre ceux qui ont voulu m'infliger cet outrage. »

Ces derniers mots du baron firent peu d'impression sur les jeunes officiers. La nouvelle de sa nomination au gouvernement du Dauphiné les avait surpris agréablement, et, moins susceptibles que leur patron, ils regardaient cette dignité comme un topique bien propre à cicatriser la blessure dont il se plaignait encore.

« Ah! mon colonel, s'écria Blacons, vous êtes nommé gouverneur du Dauphiné! quel bonheur! du reste, on ne fait que vous rendre justice.

— Bagasse! dit Mouvans, faut avouer que, si l'on vous a un peu tracassé dans cette dernière affaire, on vous donne là un fameux dédommagement. Recevez-en, monsieur le baron, mes félicitations bien sincères. »

Montbrun ne dit rien; il se contenta de serrer fortement la main que lui tendait le baron, en même temps qu'un imperceptible sourire effleurait ses lèvres.

Le notaire fut plus expansif: « Vous m'apprenez là, mon cher baron, lui dit-il, une heureuse nouvelle, qui me réjouit fort et me fait oublier tout le reste.

— Et moi, je ne l'oublie pas, reprit des Adrets; et si j'attache quelque prix à l'emploi qui m'est promis, c'est qu'il m'élèvera plus haut que je ne le suis, et me permettra de porter à mes ennemis des coups plus sensibles. Du reste, mes amis, je vous remercie de vos chaleureuses félicitations; je sais toute la part que vous prenez à ce qui m'arrive d'heureux ou de malheureux; mais peut-être vous pressez-vous un peu trop de vous réjouir, car je ne suis pas encore nommé...

— Mais, interrompit Mouvans, vous avez la promesse formelle du roi.

— Oui; mais il m'avait également promis de faire effacer de son ordonnance ce mot déshonorant, et vous voyez quel a été l'effet de sa promesse. Les mêmes hommes qui l'ont empêché de me tenir parole dans cette circonstance pourront bien l'en faire manquer encore une fois. Morbleu! qu'ils y prennent garde, car alors je serai libre de tout engagement, et ils verront de quoi je suis capable.

— Allons, mon ami, de la prudence; ou vous pourriez bien vous-même mettre obstacle à votre promotion. Réfléchissez-y, la chose en vaut la peine, et, si vous voulez suivre le conseil d'un vieil ami qui depuis vingt-cinq ans vous a donné souvent des preuves de l'attachement le plus sincère, renoncez, croyez-moi, quand vous aurez obtenu le poste éminent qui vous est promis, renoncez à ces projets de vengeance qui ne pourraient que vous nuire et même vous faire perdre cette haute position.

— Moi, y renoncer! je renoncerais plutôt à la vie. Merci, mon vieux camarade, de tes bonnes intentions; mais il paraît que tu ne me connais pas encore. Crois-tu que l'ambition me domine au point de lui sacrifier mon honneur? Eh bien, je te déclare que si l'on me disait aujourd'hui de renoncer à la place qu'on m'offre ou à ma vengeance, je n'hésiterais pas à refuser cet emploi, ou tout autre, même plus élevé, que l'on me proposerait avec de semblables réserves.

— Cependant il me semble, d'après ce que vous nous avez dit, que le roi vous avait imposé une condition de cette nature, quand il avait parlé de vous nommer gouverneur, et que vous l'aviez acceptée.

— Non pas, non pas, tu confonds; je n'ai pris d'engagement qu'à l'égard de d'Ailly de Pecquigny, et celui-là je le tiendrai; quant à ses puissants protecteurs, je n'ai rien promis et ne promettrai jamais rien. »

Ici la conversation fut interrompue par l'arrivée d'un nouveau personnage, dont nous avons déjà parlé, mais que nous n'avons pas encore mis en scène : c'était le sire de Condorcet, premier écuyer ou aide de camp du baron des Adrets. Il entra d'un air riant, et, s'approchant du baron, il lui présenta un pli cacheté, en disant : « Voici une dépêche que je suis chargé, de la part du maréchal de Brissac, de remettre à *Monseigneur le baron des Adrets, gouverneur de la province de Dauphiné ;* il prononça ces mots avec une certaine emphase; puis, faisant un profond salut, il donna la lettre à son patron.

— Ah! c'est le brevet de notre colonel! s'écria Mouvans; eh! vive lou rey, troun-de-l'air! vive monseigneur des Adrets! »

Le notaire s'était levé avec empressement, et riait en se frottant les mains; un sourire plus prononcé avait éclairci la figure de Montbrun; Blacons serrait la main de son collègue Condorcet, en lui disant à demi-voix : « Ah! la bonne nouvelle que tu apportes! que tu es heureux d'en avoir été chargé! » Tous attendaient avec une impatiente curiosité l'ouverture de la dépêche.

Le baron des Adrets, en recevant la lettre, en lut la suscription, qui portait effectivement ces mots : *A Monsieur le baron des Adrets, gouverneur de la province de Dauphiné;* l'enveloppe était cachetée aux armes du roi; la dépêche émanait évidemment du cabinet de Sa Majesté. Tout faisait supposer que c'était effectivement son brevet. Malgré l'habitude qu'il avait de maîtriser ses émotions, il ne put retenir un mouvement de satisfaction marquée quand il rompit le cachet. Mais à peine eut-il jeté sur le contenu de la missive un coup d'œil rapide, que sa physionomie changea tout à coup, et que le sourire sardonique qui lui était ordinaire remplaça l'expression de satisfaction qu'on venait d'y remarquer à l'instant... Ce changement n'échappa pas à ses amis, qui attendaient avec anxiété l'explication de cette énigme. Enfin le baron, après avoir relu une seconde fois la dépêche, dit d'un ton ironique : « Non mes bons amis, ce n'est pas mon brevet, comme vous

vous l'étiez imaginé, et comme, je l'avoue, je l'ai cru un instant moi-même, quoique avec surprise; mais c'est peut-être quelque chose de mieux, surtout pour vous, jeunes gens : c'est une invitation, de la part de Sa Majesté, à assister demain au tournoi qui aura lieu rue Saint-Antoine et au bal de la cour qui suivra les joutes. Cette invitation s'adresse également aux gentilshommes qui m'accompagnent. Un dernier paragraphe ajoute que, si nous désirons prendre une part active au tournoi, Sa Majesté nous verra avec plaisir déployer notre adresse dans le maniement des armes courtoises; dans ce cas, nous devrons nous faire inscrire devant les juges du camp, avant neuf heures du matin. Le tout est signé BAGNEUX, secrétaire particulier des commandements de Sa Majesté.» Et, en disant ces mots, il jeta négligemment la lettre sur la table. Le notaire s'en empara aussitôt, et la lut attentivement, pendant que les jeunes officiers se regardaient avec étonnement, et ne pouvaient s'empêcher de rire de leur méprise, à l'exception de Montbrun, toujours aussi sombre que d'habitude.

« Voilà donc la grande nouvelle que tu nous apportais! dit Blacons à Condorcet; et moi qui t'enviais tout à l'heure l'honneur d'une telle mission!

— Eh! eh! reprit Mouvans, une invitation au bal,

et au bal de la cour, bagasse! ça a bien son mérite; il est vrai que nous aurions mieux aimé autre chose, et que l'un aurait bien pu ne pas empêcher l'autre, au contraire.

— Vous croyiez donc sérieusement vous-même, dit le baron à Condorcet, que cette dépêche contenait mon brevet?

— Certainement je le croyais, et le maréchal de Brissac le croyait bien aussi, quand il me l'a remise pour vous l'apporter en toute hâte.

— Mais comment se fait-il que ce soit le maréchal qui ait été chargé de me transmettre cette lettre?

— Voici, mon colonel. Je me trouvais chez le maréchal, où j'étais allé faire la commission que vous m'aviez donnée pour lui. Alors est entré un huissier ou messager du cabinet du roi qui était porteur de la dépêche en question; il venait demander à M. de Brissac votre adresse, qu'on ne connaissait pas, afin de vous faire parvenir cette lettre, qui était, disait-il, très-pressée. « Cela se rencontre à merveille, a répondu le maréchal; voilà justement le premier écuyer du baron, qui va faire la commission immédiatement. » Le messager a remis aussitôt la dépêche, et le maréchal, en lisant la suscription, s'est écrié : « C'est son brevet! courez vite le lui porter, et crevez votre cheval au besoin pour arriver plus tôt.» Je ne l'ai pas crevé; mais peut s'en faut; car je l'ai fait courir ventre à terre de chez le maréchal jusqu'ici.

— Pauvre bête! dit Mouvans, tu ne pourras pas demain t'en servir dans le tournoi!

— Messieurs, dit le notaire, qui avait lu attentivement la lettre et examiné scrupuleusement l'enveloppe et le cachet, nous avons été tous dupes d'une apparence trompeuse, qui nous a fait croire à une réalisation de nos désirs plus prompte, en effet, que nous ne devions raisonnablement le supposer. Du reste, si cette lettre ne remplit pas pour le moment nos espérances, elle les garantit en quelque sorte pour l'avenir. Jusqu'ici notre ami n'avait que des promesses verbales; maintenant ces promesses ont pris une forme plus solide; nous avons enfin, comme nous disons au palais, un commencement de preuves par écrit qui aiderait au besoin à rappeler le souvenir des promesses faites de vive voix, si plus tard on voulait les mettre en oubli. Mais ce n'est pas sans intention, on ne saurait se le dissimuler, que dans une pièce émanée du cabinet du roi l'on a donné à M. le baron des Adrets le titre de gouverneur du Dauphiné, et l'on peut même dire que c'est en cette qualité et à cause de cette qualité qu'il a été invité aux fêtes de la cour, honneur qu'il n'aurait probablement pas reçu si on ne l'eût considéré comme déjà investi de cette dignité. Cette pièce, sans doute, ne saurait équivaloir au brevet; mais elle en est l'annonce certaine et en quelque sorte le précurseur; d'où je conclus que nous pouvons regarder comme plus que probable, comme certaine, en un mot, sa promotion très-prochaine au titre de gouverneur. »

Tout le monde partagea l'avis du notaire, et bientôt il ne fut plus question que de savoir comment on répondrait à l'invitation du roi. Mouvans, Blacons et Condorcet manifestèrent l'intention de rompre quelques lances contre les tenants du tournoi. « Et vous, Montbrun, dit des Adrets, est-ce que vous ne vous proposez pas de faire comme vos camarades?

— J'ai le cœur trop triste, répondit-il de sa voix caverneuse, pour prendre part à des fêtes. Si votre duel contre d'Ailly avait eu lieu, je me serais fait un devoir et un honneur de vous servir de second, et j'aurais combattu avec plaisir, si les circonstances l'eussent exigé, contre celui des seconds de votre adversaire qui m'eût été opposé; je ne suis resté à Paris que pour cela; mais, puisque le roi en a décidé autrement, je vais prendre congé de vous, et me rendre où le devoir m'appelle. J'irai vous rejoindre en Dauphiné quand vous serez installé dans votre gouvernement.

— Et quand partez-vous, mon brave Montbrun ?

— A l'instant même.

— Et y aurait-il de l'indiscrétion à vous demander où vous allez ?

— Non, mon colonel; je vais à Genève.

— A Genève! Est-ce que par hasard vous songeriez à vous faire calviniste ?

— Moi! loin d'y penser, je n'entreprends ce voyage que pour arracher à cette hérésie une personne qui me touche de près, et sur laquelle j'ai autorité comme chef de famille.

— Mais ne vous exposez-vous pas, vous catholique zélé, en pénétrant avec de telles intentions dans une ville où Calvin règne en tyran absolu, et où il fait condamner au bûcher ceux qui contrarient ses opinions ? Rappelez-vous le sort du malheureux Servet.

— J'ai tout prévu. Je réussirai, ou je périrai : ma résolution est arrêtée d'une manière inébranlable. Permettez-moi, mon colonel, de vous présenter mes hommages et de vous faire mes adieux. » Il serra les mains du baron, puis celles de chacun de ses compagnons, et sortit sans proférer une parole de plus.

« Il faut avouer, dit le notaire quand Montbrun fut parti, que voilà un singulier original. Comment avez-vous fait, mon ami, pour ne pas chercher à le détourner d'une pareille folie ?

— Je m'en serais bien gardé ; c'eût été le moyen de le faire persévérer dans son projet avec plus d'entêtement et plus d'exaspération. D'ailleurs, en dehors du service militaire, — et encore faut-il qu'il se trouve placé sous mon commandement, — je n'ai aucune autorité sur lui. Il est mon égal par la naissance, et je n'ai rien à voir dans ses affaires de famille. D'un autre côté, je ne vois pas en quoi l'on pourrait le blâmer, si en sa qualité de chef il veut tenter d'enlever à l'hérésie un des membres de sa famille qui s'est laissé entraîner à l'erreur.

— On ne saurait l'en blâmer, sans doute, dit Mouvans, si le moyen qu'il se propose d'employer pour faire rentrer sa sœur, — car c'est de sa propre sœur qu'il s'agit, — dans le sein de l'Église catholique n'était pas atroce : il ne se propose rien moins, si sa sœur résiste, que de la poignarder.

— Il en est bien capable ! dit des Adrets en souriant.

— Voilà, reprit le notaire, une singulière manière d'exercer l'apostolat. Oh ! mon Dieu ! s'écria-t-il avec un accent douloureux, à quels affreux malheurs, à quelles épouvantables catastrophes vont nous exposer ces déplorables querelles religieuses suscitées par l'orgueil et les mauvaises passions de quelques novateurs audacieux, qui, sous prétexte de réformer la religion catholique, fondée depuis seize siècles sur la parole de Jésus-Christ même, viennent jeter le trouble et la haine dans les royaumes, dans les villes, dans les campagnes, dans les familles; armer les uns contre les autres les citoyens d'un même pays, faire égorger entre eux les frères, les parents les plus proches; transformer en ennemis acharnés les amis de la veille, et plonger les peuples dans toutes les horreurs de la guerre civile!

— Nous n'en sommes pas encore là, mon vieux camarade, dit des Adrets, et je crois que tu te plais à assombrir le tableau de l'avenir.

— Je le désire, mon ami; je désire me tromper, mais je ne sais pourquoi je suis continuellement assailli par ces funestes pressentiments... Du reste, laissons ce sujet de conversation, déplacé sans doute à la veille des fêtes qui se préparent, et parlons un peu de la journée de demain. Est-ce que vous ne voulez pas, comme vos jeunes compagnons d'armes, figurer au tournoi comme acteur? A mon avis, je crois que vous feriez bien de vous y présenter en qualité de jouteur, ce serait une manière convenable de répondre à la gracieuse invitation de Sa Majesté. Le roi aime beaucoup ces sortes de combats pacifiques; il y déploie lui-même une adresse remarquable; il sera un des tenants aux courses de demain, et je suis persuadé qu'il verrait avec plaisir prendre part à ces jeux chevaleresques un noble guerrier, dont il n'a pu apprécier jusqu'ici que par la renommée la valeur et la dextérité dans les combats.

— Mon cher ami, répondit en souriant le baron, je ne puis être de ton avis cette fois. Le rôle de courtisan ne va point à ma taille; mes manières sont trop rudes pour avoir la souplesse nécessaire à ce rôle. Puis je ne saurais me prêter à ces jeux chevaleresques, comme tu les appelles, à ces combats pour rire, à ces brillantes passes d'armes, destinées à amuser des femmes et des courtisans oisifs. Je ne sais pas me servir de ces épées émoussées, de ces lances privées de leur pointe acérée, en un mot, de ces armes courtoises ou plutôt de ces joujoux en usage dans les tournois. Quand je me bats, c'est à fer émoulu, c'est contre un adversaire combattant à armes égales, m'attaquant sérieusement, auquel je riposte de même, jusqu'à ce que l'un des deux succombe ou avoue sa défaite. Je suis tellement peu accoutumé au genre de combat dont tu me parles, que, si j'étais forcé d'y prendre part, il me serait impossible de me maîtriser, surtout si j'avais devant moi le duc de Guise ou le duc de Nemours, — car tu sais qu'ils accompagnent le roi en qualité de tenants; —

oh! alors, je frapperais tout de bon et à outrance, et la joute pacifique pourrait se changer bientôt en une lutte sanglante.

— En ce cas, reprit vivement le notaire, vous avez raison; je crois plus prudent que vous n'assistiez à cette fête qu'en simple spectateur. »

CHAPITRE IV

LA DÉCLARATION DE GUERRE

On connaît le funeste événement du 29 juin 1559. « Une lice splendide avait été établie au bout de la rue Saint-Antoine, devant l'hôtel royal des Tournelles, et presque au pied de la Bastille : depuis trois jours les princes et les seigneurs y joutaient en présence des dames ; le 29 juin, les tenants du tournoi furent les ducs de Guise et de Nemours, le fils du duc de Ferrare et le roi en personne... Comme le pas d'armes finissait, le roi, qui avait fourni quelques courses « en roide et adroit cavalier, » voulut rompre encore une lance avant de se retirer, et, malgré les prières de la reine, sa femme, et de la reine d'Écosse, sa bru, il ordonna au comte de Montgomery, capitaine de ses gardes, de courir contre lui. Montgomery voulut en vain s'excuser. Les deux jouteurs se heurtèrent violemment et rompirent leurs lances avec dextérité; mais Montgomery oublia de jeter à l'instant, selon l'usage, le tronçon demeuré dans sa main; il en frappa involontairement le casque du roi, lui releva la visière et lui fit entrer un éclat du bois dans l'œil!... Le roi tomba sur le cou de son cheval, qui l'emporta jusqu'au bout de la carrière; ses écuyers le reçurent dans leurs bras; on le reporta aux Tournelles, au milieu d'une confusion et d'un effroi indicibles. Tous les secours de l'art furent inutiles; le bois avait pénétré dans la cervelle; l'illustre Vesale [1] accourut en vain de Bruxelles, sur l'ordre de Philippe II. Henri languit onze jours, et expira le 10 juillet, après avoir, la veille de sa mort, fait le mariage de sa sœur Marguerite avec le duc de Savoie. Il était âgé de quarante-deux ans et quelques mois. » (*Histoire de France* de M. Henri Martin, tome VIII.)

[1] Célèbre médecin du XVIe siècle, né à Bruxelles en 1514, mort en 1564; il est regardé comme le créateur de l'anatomie humaine. Après avoir perfectionné ses études à Paris, il enseigna l'anatomie à Paris, à Bologne, à Pise, fut médecin de Charles-Quint et de Philippe II, et publia un grand traité : *de Corporis humani fabrica.* Vesale, accusé par des envieux d'avoir ouvert le corps d'un gentilhomme encore vivant, fut contraint de faire un pèlerinage en terre sainte pour expier ce crime imaginaire; à son retour, il mourut de faim sur les côtes de l'île de Zante, où la tempête l'avait jeté.

On se ferait difficilement une idée du trouble général qu'occasionna cet événement aussi tragique qu'inattendu. A un roi de quarante-deux ans, dans toute la force de l'âge viril, allait succéder un jeune homme, presque un enfant de quinze ans et demi, frêle, maladif, incapable de soutenir le fardeau du pouvoir, même dans un temps ordinaire, à plus forte raison dans ces temps d'agitation politique et religieuse. Cependant ce fantôme de roi, d'après l'ordonnance de Charles V qui fixait la majorité de nos rois à quatorze ans, était légalement majeur; il n'y aurait donc ni tutelle, ni régence; mais nécessairement quelqu'un gouvernerait en son nom. Serait-ce le roi de Navarre, Antoine de Bourbon, premier prince du sang, ou le connétable de Montmorency, qui avait joui de la faveur de Henri II pendant tout son règne? Serait-ce la reine mère, Catherine de Médicis, dont le rôle avait été constamment effacé, durant la vie de son mari, par celui de la favorite, Diane de Poitiers? Seraient-ce enfin les Guises, déjà si puissants sous le règne précédent?

Ces questions furent promptement décidées. La jeune reine, Marie Stuart, exerçait un empire absolu sur son mari, et elle-même était aveuglément soumise à ses oncles, le duc de Guise et le cardinal de Lorraine[1]. Le roi de Navarre était absent au moment de la mort de Henri II, et il mit de l'indécision et peu d'empressement à venir réclamer les droits qu'aurait pu lui donner sa naissance. Le connétable de Montmorency, qui comptait sur l'appui du roi de Navarre, fut disgracié. Catherine de Médicis, avec la sagacité qui la distinguait, comprit tout de suite que son jour n'était pas encore venu, que la mère du roi lutterait en vain contre la jeune épouse, et elle se résigna à prendre de bonne grâce, en apparence du moins, la part qu'on voulait bien lui faire dans le présent, tout en se ménageant les chances pour l'avenir.

Dès que la mort de Henri II fut connue, les députés du parlement vinrent féliciter François II de son avénement et s'informer « à qui il lui plaisait que dès lors en avant on s'adressât pour savoir sa volonté. » — « A mes deux oncles, le duc et le cardinal, à qui j'ai donné la charge de toutes choses en mon gouvernement, » répondit le jeune roi. Le duc avait dans ses attributions « le soin de ce qui regardait la milice, » c'est-à-dire le ministère de la guerre et de la marine; le cardinal avait « la charge

[1] Voir la note C, aux notes et *Éclaircissements historiques*, à la fin du volume.

des affaires civiles, » ce qui renfermait à peu près le ministère de l'intérieur et des finances. On avait donné à la reine mère « la surintendance générale du gouvernement, » titre pompeux, sans attribution réelle, sans fonctions définies, et par conséquent sans autorité sérieuse.

Les Guises, arrivés au pouvoir suprême plus tôt qu'ils ne s'y étaient attendus, quand dans ce but ils avaient marié leur nièce au Dauphin, ne tardèrent pas à rencontrer, à côté des bénéfices, les inconvénients de la pleine domination qu'ils avaient tous poursuivie. Les masses catholiques étaient encore, à la vérité, affectionnées au libérateur de Calais, mais elles souffraient cruellement, surtout dans les campagnes, où les exactions de tout genre les épuisaient; la noblesse, habituée à regarder les princes du sang comme ses chefs naturels, était indignée du despotisme de ces Lorrains, qui foulaient aux pieds les princes de la famille des Bourbons et toutes les vieilles maisons françaises. Ce n'étaient pas seulement leurs fautes, ou leurs excès, mais leurs mesures, même raisonnables et nécessaires, qui multipliaient leurs ennemis; tel fut, entre autres, l'effet que produisit la suppression d'une foule d'emplois devenus inutiles dans l'armée depuis la paix, ou qui avaient toujours été inutiles dans la maison du roi, dans les tribunaux, dans les finances.

De là surgit cette foule de mécontents de toute origine, dont la masse quelque temps flottante se condensa peu à peu autour du noyau solide, compacte et toujours croissant des dissidents religieux, radicalement opposés aux Guises, qu'ils regardaient comme les ennemis capitaux de leur prétendue réforme. Les « malcontents, » — comme on les appelait, — de toute classe et de toute croyance commencèrent dès lors à se rapprocher et à s'entendre, et préparèrent en silence les tempêtes qui devaient bientôt éclater sur toute la surface du royaume.

Parmi ces « malcontents, » nos lecteurs ne seront pas surpris de voir figurer en première ligne un personnage de connaissance, le baron des Adrets. Qu'était-il devenu pendant les événements dont nous venons d'esquisser rapidement l'histoire? C'est ce que nous allons raconter en peu de mots.

Le soir même du funeste tournoi, des Adrets en rentrant à son logis en raconta les particularités à son ami le notaire du Tilleroy. Celui-ci, qui avait déjà appris l'événement par la rumeur publique, ne pouvait croire que la blessure eût autant de gravité que le disait des Adrets. « Elle n'en a que trop, répondit le baron : j'ai assez vu dans ma vie de blessures de tout genre pour pouvoir, tout aussi bien qu'un médecin, apprécier la gravité de celle-ci, et je n'hésite pas à la regarder comme mortelle.

— Oh! mon Dieu! s'écria le notaire en poussant un profond soupir, qu'allons-nous devenir? Quel malheur!

— Oui, tu as raison, c'est un grand malheur et dont on ne peut prévoir toutes les conséquences. Mais n'est-ce pas une chose singulière et bien digne de remarque, que ce roi qui ne veut plus entendre parler de combats judiciaires, qui n'aime que les tournois pacifiques et les combats à armes courtoises, succombe précisément dans un de ces jeux guerriers où il déployait tant d'adresse, et arrose de son propre sang la lice qu'il ne voulait plus voir ensanglanter par des combats sérieux?

— Oui, c'est là, comme vous le dites, une chose bien remarquable, et qui me paraît un avertissement de la Providence, un présage de grands malheurs et pour les rois et pour les peuples. »

D'autres conversations de ce genre eurent lieu fréquemment entre le baron des Adrets et son ami pendant le temps qui s'écoula entre la blessure du roi et sa mort. Ils s'entretenaient souvent de l'avenir, et tâchaient de percer les nuages obscurs qui le couvraient. « Ce qu'il y a de plus clair pour ce qui me concerne, disait parfois le baron des Adrets, c'est qu'il est plus que probable que je n'aurai pas mon gouvernement du Dauphiné.

— Qui sait? répondait le notaire; personne ne peut encore prévoir, si le roi succombe, quelle sera la politique de son successeur et quelles mains exerceront le pouvoir en son nom. Si, comme je l'espère, la reine mère obtient sur son fils plus d'influence qu'elle n'en avait sur son mari, vous pouvez être certain que la promesse qui vous a été faite, appuyée par le témoignage du maréchal de Brissac, et corroborée par la lettre qui vous a été écrite la veille même de la fatale journée du 29, sera d'un poids considérable à ses yeux. Dans tous les cas, vous auriez le plus grand tort de négliger cette affaire, et je vous conseille, aussitôt que le calme sera rétabli, d'en poursuivre activement la solution.

— Je le ferai, mon vieil ami, non que j'aie l'espoir du succès, mais pour m'assurer une fois de plus du mauvais vouloir des Guises envers moi; car si j'échoue, c'est à eux seuls que je le devrai. »

Après la mort de Henri II et la proclamation de François II, la nouvelle organisation du pouvoir fut promptement connue. Le bon notaire du Tilleroy, peu au courant des intrigues et des ressorts de la politique, fut au comble de la joie en voyant que la reine mère avait le titre de « surintendante générale du gouvernement. » — « Vous voyez, dit-il au baron, que mes espérances se réalisent. Voilà la reine mère dans la position qui lui convient. Elle ne peut être régente, puisque son fils n'est plus mineur; mais on lui en conserve toute l'autorité sous une autre dénomination. »

Quoique des Adrets ne fût pas lui-même un grand politique, il ne partageait pas les idées de son ami, et la conservation des Guises au pouvoir était loin de le rassurer.

« Tranquillisez-vous à cet égard, disait le notaire; les Guises ne sont restés aux affaires que parce qu'ils y étaient du temps du feu roi, qu'ils sont au courant de l'administration, et qu'on ne peut pas tout changer en un jour; mais ils n'en sont pas moins de simples ministres, aux ordres de leur souveraine, qui, comme vous le savez, ne les aime pas beaucoup, et ne s'en sert que parce qu'ils lui sont nécessaires. Ce que vous avez de mieux à faire maintenant, c'est d'adresser à la reine un placet dans lequel vous lui rappellerez la promesse à vous faite par son mari, et la supplierez humblement de la remplir. Si vous le voulez, mon brave ami, je vais rédiger moi-même cette pièce, que vous ferez présenter par le maréchal de Brissac. »

Des Adrets y consentit. Aussitôt le notaire se mit à l'œuvre, et en moins d'une demi-heure il eut confectionné, de son plus beau style et de sa plus belle écriture, le susdit placet, dont il attendait merveille. Le maréchal de Brissac ne put en être chargé; il venait de partir pour la Picardie, dont il était nommé gouverneur. Cet incident contrariait fort des Adrets: « Pourquoi vous en affecter? lui dit son ami; cette nomination à un poste éminent d'un personnage aussi distingué par ses vertus que par ses qualités guerrières, qui certes n'a jamais passé pour être dévoué aux Guises, vous prouve que leurs partisans ne sont pas seuls appelés aux faveurs du gouvernement. Eh bien, puisque le maréchal est absent, je vous engage à demander vous-même une audience à la reine, et à lui remettre en main propre votre placet. »

Le baron goûta cet avis. C'était le moyen d'en finir plus tôt avec toute incertitude. Il courut à Saint-Germain, où se trouvait la cour; car les Guises avaient emmené le jeune roi à cette résidence, « pour le tenir plus étroitement à leur dévotion. » Malgré la coutume de France qui voulait que les reines, après le décès du roi leur époux, restassent enfermées dans leurs appartements pendant quarante jours « sans voir clarté de soleil ni de lune, » Catherine de Médicis avait suivi son fils à Saint-Germain. Des Adrets obtint facilement une audience. La reine connaissait ses griefs et sa haine contre les Guises : c'était une raison pour elle de l'accueillir favorablement; car, tout en paraissant pour le moment vivre en bonne intelligence avec les princes lorrains, elle n'était pas fâchée de se ménager des partisans dans les rangs de leurs ennemis, pour pouvoir s'en servir au besoin. Elle fit donc à des Adrets l'accueil le plus gracieux. Sa figure, habituellement froide et sérieuse, et que ses longs habits de deuil rendaient plus sombre et plus triste encore, sembla s'éclaircir un instant quand le baron s'approcha d'elle en lui faisant un profond salut. Lorsqu'il eut exposé succinctement sa demande, et déposé son placet, Catherine lui répondit : « Monsieur le baron, nous n'ignorons pas les services que vous avez rendus au roi pendant les dernières guerres; nous savons également en quelle estime singulière vous tenait notre cher époux de regrettable mémoire; nous reconnaissons combien est juste la demande que vous nous adressez, et rien ne nous serait plus agréable que de tenir la parole que le feu roi vous a donnée; mais notre pouvoir est borné; le roi mon fils a chargé spécialement monsieur le duc de Guise de la nomination des gouverneurs de province et des commandants de place; ainsi c'est au duc qu'il faut adresser votre placet.

— Madame, répondit des Adrets, je crains que le duc de Guise, qui, dans une occasion récente, m'a témoigné peu de bienveillance, ne rejette ma demande, à moins que Votre gracieuse Majesté ne daigne l'appuyer de sa puissante protection.

— Certainement, monsieur le baron, notre protection vous est et vous sera toujours acquise, toutes et quantes fois vous la réclamerez; vous pouvez y compter avec assurance; seulement je dois vous avouer que, dans la circonstance actuelle, cette protection est loin d'être aussi puissante que vous le supposez. Cependant nous agirons selon votre désir; nous recommanderons chaleureusement votre pétition auprès de qui de droit; mais si vous n'obtenez pas le succès que vous désirez, veuillez ne pas vous en vouloir, car il n'y aura pas de notre faute, et nous-même, la première, nous serons vivement affligée de ne pouvoir donner un poste de confiance à un serviteur sur la fidélité et le dévouement duquel le roi mon fils peut compter, je l'espère, comme y comptait son malheureux père. »

Sa voix éprouva une légère altération en prononçant ces derniers mots, comme si elle eût été prête à pleurer; mais ses yeux secs et ses traits restés immobiles dénotaient suffisamment que ce n'était qu'une émotion factice, et, comme on dit, de commande.

Le baron, qui n'y regardait pas de si près, en fut touché, malgré la rude écorce qui recouvrait son cœur : « Merci, Madame, s'écria-t-il avec enthousiasme, merci pour vos bonnes paroles : oui, Votre Majesté peut compter sur mon entier dévouement, à la vie et à la mort; vos amis seront les miens; vos ennemis seront mes ennemis, je le jure, ajouta-t-il en étendant la main; jamais des Adrets n'a manqué à son serment, et je le tiendrai quoi qu'il arrive ! »

La reine ne parut pas mécontente de ce mouvement qui sortait un peu des règles de l'étiquette; elle lui donna gracieusement sa main à baiser, et le congédia. En le voyant partir, elle se disait en elle-même : Voilà un homme qui pourra m'être utile quand le moment sera venu; si je pouvais me rallier ainsi tous les ennemis des Guises, mon parti serait bientôt plus puissant que le leur : mais patience !

Des Adrets revint à Paris enchanté de l'accueil que lui avait fait la reine mère. Il s'empressa, comme on le pense bien, de raconter tous les détails de son audience à son ami du Tilleroy. « Eh bien, que vous avais-je dit? s'écria le notaire en se frottant fortement les mains, — ce qui était chez lui un signe d'une grande satisfaction; — n'avais-je pas raison de soutenir que vous aviez tort de jeter le manche après la cognée? vous voilà maintenant sûr d'être gouverneur.

— Mais pas du tout, vieil entêté; tu oublies donc les paroles de la reine, qui m'a positivement dit qu'elle ne pouvait nullement me garantir le succès?

— Quoi! ne voyez-vous pas que c'est une manière de faire valoir davantage sa protection? Et moi je vous dis que, puisqu'elle veut bien *recommander chaleureusement* votre demande, — ce sont, d'après ce que vous m'avez dit, ses propres expressions, — l'affaire ira comme sur des roulettes.

— Allons, tu le veux? je le veux bien aussi, pour ne pas te contrarier. Dans tous les cas, que la chose réussisse ou ne réussisse pas, je saurai toujours que la reine mère est pour moi dans les dispositions les plus favorables. Je n'ai maintenant qu'à attendre le résultat de ma dernière démarche. »

Il n'attendit pas longtemps. Le surlendemain, un gentilhomme florentin, attaché à la maison de la reine mère, se présenta au domicile du notaire du

Tilleroy, et demanda à parler en particulier au baron des Adrets. « Sa Majesté, lui dit-il, me charge de vous dire qu'au moment où elle a présenté votre demande en la recommandant avec instance, la place de gouverneur du Dauphiné était déjà donnée à un autre gentilhomme. Elle regrette vivement de n'avoir pu vous être utile dans cette circonstance, espérant que d'autres occasions se présenteront où elle sera plus heureuse, et pourra vous servir comme elle le désire et comme vous le méritez.

— Et savez-vous, demanda des Adrets, quel est le gentilhomme qui a été nommé à l'emploi de gouverneur du Dauphiné?

— J'ai entendu dire que c'était le sire de Lamotte-Gondrin.

— Ah!... » fit des Adrets en réprimant avec peine un énergique juron qui était près de s'échapper de sa bouche après cette exclamation; mais, se maîtrisant, il dit avec assez de calme à l'envoyé de Catherine: « Remerciez, je vous prie, la reine de ses bontés pour moi; dites-lui bien que je suis tout autant son obligé que si elle avait pleinement réussi, et que je n'en serai pas moins en toute occasion son serviteur le plus dévoué. »

Après le départ du gentilhomme italien, des Adrets

alla rejoindre dans la chambre que nous connaissons son ami le notaire. Mouvans, Blacons et Condorcet venaient aussi de s'y rendre, et tous attendaient avec impatience les nouvelles qu'avait dû apporter le gentilhomme de Catherine.

« Ah! dit en entrant des Adrets, avec ce sourire sardonique qui annonçait en lui quelque émotion contenue, je suis bien aise, mes amis, de vous trouver réunis, afin d'être le premier à vous apprendre quel est le digne gentilhomme à qui monseigneur le duc de Guise a jugé à propos de confier le gouvernement de notre province.

— Puisque ce n'est pas à vous, dit Condorcet, — car il est évident, d'après la manière dont vous nous annoncez la chose, que ce n'est pas vous dont il est question, — nous ne saurions guère deviner. »

Blacons et Mouvans firent un signe d'assentiment.

« Eh bien, mes amis, c'est le noble et brave sire de Lamotte-Gondrin.

— Lamotte-Gondrin!... s'écrièrent ensemble les trois jeunes gens; — comment! le lieutenant, — le bras droit, — le complice de d'Ailly de Pecquigny, qui a touché sa part dans le prix de la reddition de Moncalvo!

— Et comment se fait-il qu'on n'ait pas donné cet

emploi à d'Ailly lui-même? demanda Mouvans. Apparemment on lui réserve quelque province plus importante, telle que la Guyenne, la Bretagne ou la Normandie.

— Après l'esclandre qui a eu lieu dernièrement en pleine cour, dit des Adrets, on n'eût pas osé mettre d'Ailly à la tête d'un gouvernement aussi important que le Dauphiné; on y a mis un personnage d'une obscurité et d'une nullité complètes, qui n'est connu de personne, excepté de ceux qui, comme nous, se sont trouvés à l'affaire de Moncalvo; mais ce personnage a un mérite éminent, c'est d'être l'âme damnée des Guises. Il a été élevé dans leur maison, et c'est par lui que d'Ailly a obtenu leur protection dans la querelle que je lui ai intentée. Mais ce qui me confond, ce que je ne puis comprendre, c'est que les Guises se permettent de ravaler à ce point les fonctions de gouverneur de province, qui ne se sont jamais accordées jusqu'ici qu'à des gens de noblesse ancienne, ou ayant rendu d'éminents services; et voilà qu'ils élèvent à cet emploi un Lamotte-Gondrin, d'une naissance tellement obscure qu'on ne sait pas même s'il est gentilhomme; quant aux services qu'il a rendus, je n'en connais point d'autres que la part qu'il a prise à la trahison de d'Ailly de Pecquigny et à la reddition de Moncalvo à l'ennemi. Avec un pareil système, je ne sais pas où les hommes qui nous gouvernent veulent nous conduire.

— Eh! bagasse! mon colonel, s'écria Mouvans, est-ce que vous comptez pour rien la qualité de créature du duc de Guise ou de son frère le cardinal? est-ce que cela ne tient pas lieu de naissance et de mérite? »

Au moment où Mouvans achevait cette question ironique, un valet du baron entra et lui remit une lettre qu'un courrier venait d'apporter. Des Adrets s'empressa de rompre le cachet, et, après avoir lu rapidement la dépêche, il s'écria : « Ah! ah! mes amis, voici la déclaration de guerre, ou plutôt le commencement des hostilités de MM. de Guise contre moi. Monseigneur le duc daigne m'écrire lui-même; c'est vraiment beaucoup d'honneur qu'il me fait, et il peut compter sur ma reconnaissance. Or, mes amis, écoutez ce qu'il m'annonce :

« Monsieur le baron des Adrets,

« Je vous fais cette lettre pour vous annoncer que,
« par décision de Sa Majesté le roi François II, en date
« de ce jour, vous êtes révoqué des fonctions de colo-
« nel des légions de Dauphiné, Provence, Lyonnais
« et Auvergne, dont le commandement sera partagé

« désormais entre le comte de Suze et le sire de Mau-
« giron. En conséquence, je vous ordonne de remettre
« à ces messieurs tous les titres, papiers et instructions
« relatifs au commandement de ces légions et milices,
« et qui pourraient se trouver en votre possession de-
« puis que vous exercez les fonctions de colonel.

« Je vous salue.

« Le ministre chargé de la milice du royaume,
« gouverneur des provinces du Lyonnais, Au-
« vergne, Dauphiné et Provence,

« François de Lorraine, duc de Guise. »

« Eh bien? mes amis, que dites-vous de la chose en elle-même et du procédé? Une destitution brutale, sans motifs, et annoncée sur ce ton! Et puis cet ordre de rendre à mes successeurs les instructions, titres, etc., que j'ai entre les mains! Oh! pour cela il attendra longtemps que je me soumette à son *j'ordonne*, et si MM. de Suze et de Maugiron veulent ces papiers, qu'ils viennent les chercher : j'aurai beaucoup de plaisir à recevoir ces messieurs et à mesurer avec eux la longueur de nos épées; au moins on peut sans déroger se battre avec de telles gens, et non pas avec un d'Ailly de Pecquigny ou un Lamotte-Gondrin... Ah! à propos de Lamotte-Gondrin, il paraît qu'il n'est pas gouverneur comme on me l'avait dit, puisque le duc de Guise prend lui-même cette qualité, et pour quatre provinces seulement.

— Oui, observa Condorcet; mais comme il ne peut pas administrer ces provinces par lui-même, il sera bien forcé d'avoir des lieutenants, et il serait fort possible que Lamotte-Gondrin en fût un.

— C'est même assez probable, reprit le baron; il aura trouvé ainsi un moyen de placer ses créatures et de les conserver sous sa dépendance absolue. En même temps les milices de ces mêmes provinces seront commandées par d'autres individus à sa dévotion, tels que le comte de Suze et Maugiron; de cette manière le gouvernement de nos provinces et le commandement de nos forces militaires seront en entier dans la main des Guises; ils exerceront sur nous un despotisme inconnu du temps de nos Dauphins, et des rois de France qui leur ont succédé. Et ils croient que nous autres vieux barons féodaux, nous qui avons de tout temps joui d'une indépendance absolue, qui, à part le simple hommage de vassal à souverain rendu à notre Dauphin ou au roi, ne devions compte de nos actes à personne qu'à Dieu; ils croient, dis-je, que nous nous soumettrons à leur arrogante tyrannie! Ils ne connaissent guère les vrais gentilshommes de nos contrées; et quand même tous les autres, à l'exemple de ce comte de Suze, accepteraient ce honteux vasselage, jamais un Beaumont ne s'y soumettra, et moi seul, s'il le faut, je lutterai contre l'oppression. En m'ôtant l'emploi que le feu roi m'avait accordé à la recommandation du maréchal de Brissac, les Guises ont rompu le seul lien qui m'attachait au gouvernement. Ils m'ont rendu toute mon indépendance, et je serais presque tenté de leur en savoir gré, si je ne savais dans quelle intention ils ont agi.

— Ce qui m'étonne, dit Blacons, c'est de voir le comte de Suze, qui lui aussi appartient à l'ancienne noblesse du Dauphiné, se mettre ainsi au service des princes lorrains.

— Cela ne m'étonne pas, reprit des Adrets: c'est de sa part une affaire de rivalité contre moi. Le château de Suze est voisin du château de la Frette où je suis né, et de tout temps il y a eu entre les Suze et les Beaumont des querelles de voisinage. Le comte actuel est à peu près de mon âge; dès ma jeunesse il s'est toujours montré jaloux de moi. Il sollicitait le grade de colonel des légions, et il croyait avoir des titres à cette nomination, quand ce fut moi qui l'obtins. Dès lors nous avons toujours cherché à nous contrecarrer l'un l'autre. Il suffisait que je fusse d'une opinion ou d'un parti pour qu'il embrassât avec ardeur l'opinion ou le parti contraire; il eût été opposé aux Guises, si je me fusse montré leur partisan; et comme il a vu que je me prononçais contre eux ouvertement, il s'est empressé de leur offrir son dévouement, qu'ils n'ont eu garde de refuser.

— Et Maugiron qui doit commander les milices de Provence, demanda Mouvans, le connaissez-vous?

— Non, répondit le baron; tout ce que j'en sais, c'est qu'il a été page de Henri II, et que depuis longtemps il était attaché à la cour. »

Ici la conversation fut de nouveau interrompue par le même valet, qui cette fois annonça la visite d'un lieutenant de la prévôté de l'hôtel.

« Un lieutenant de la prévôté! s'écria le baron, et que me veut-il?... Allons, c'est le jour aux surprises; fais-le vite entrer. »

Un instant après, l'officier de la prévôté se présenta, et, après avoir fait un profond salut, il remit au baron un papier ouvert en lui disant: « C'est à regret, Monsieur, que je me vois chargé de vous remettre cet ordre; mais mon devoir m'y oblige. Veuillez avoir la bonté de prendre connaissance du contenu de cette pièce, et de me dire si votre intention est de vous conformer aux injonctions qui vous sont adressées dans cet écrit. »

Des Adrets, après avoir lu le papier que lui présentait le lieutenant, parut réfléchir quelque temps sur la réponse qu'il allait faire. Un instant ses amis, en voyant la contraction de ses traits et le feu qui s'allumait dans ses yeux, craignirent une violente explosion de colère; mais tout à coup son visage se rasséréna, ses regards s'adoucirent, et, par un puissant effort sur lui-même, il dit à l'officier avec un calme parfait: « Vous pouvez assurer M. le prévôt que je me conformerai scrupuleusement à ces injonctions; je lui en donne ma parole de gentilhomme.

— Très-bien, Monsieur, répondit l'officier; maintenant auriez-vous la bonté de signer la réponse que vous venez de me faire, et que je vais écrire textuellement au double de l'acte que je viens de vous remettre et que je garde entre mes mains?

— Je n'y vois pas d'inconvénient, » dit le baron. Aussitôt le lieutenant écrivit les quelques mots que nous venons de citer, le baron les signa, et l'agent du prévôt se retira en faisant de profondes salutations.

Les quatre spectateurs de cette scène étaient restés muets; dès que l'officier prévôtal se fut retiré, le baron ne donna pas le temps à ses amis de traduire en paroles les regards interrogateurs et inquiets qu'ils lui adressaient tous ensemble. « Ceci est le bouquet! s'écria des Adrets; les deux nouvelles précédentes ne m'ont pas par trop étonné; je devais m'y attendre; mais j'avoue que celle-ci me prend au dépourvu, et je suis persuadé qu'elle vous surprendra tout autant que moi. — C'est l'ordre, *de par le roi,* « d'avoir à sortir de « Paris dans les vingt-quatre heures, et d'avoir à me « retirer, dans le délai de quinze jours, en l'une de « mes terres du Dauphiné, à mon choix, en faisant « toutefois connaître le domicile que j'aurai choisi au « sire de Lamotte-Gondrin, lieutenant du gouverneur « de la province du Dauphiné. De plus, il m'est fait « défense expresse d'approcher de plus de dix lieues « des châteaux et résidences royales. »

« Cet ordre est signé du cardinal de Guise, et transmis au prévôt de l'hôtel chargé d'en assurer l'exécution.

« Ainsi, Messieurs, vous le voyez, les deux frères sont bien d'accord pour me poursuivre à outrance. L'un, non content de m'enlever la place qui m'avait été formellement promise par Henri II, et de s'en emparer lui-même en la faisant exercer, comme nous l'avions prévu, par une de ses viles créatures, m'ôte le commandement militaire dont j'avais été honoré depuis tant d'années par la confiance du roi, et que j'ai exercé, j'ose le dire, d'une manière à justifier cette confiance. L'autre va plus loin: il me traite comme un pestiféré, comme un lépreux; il m'exile dans mes terres, et me fait défense d'approcher de plus de dix lieues de la résidence du roi. » Après avoir dit ces mots, il se tut pendant quelques instants, puis il poursuivit en ces termes : « Messieurs, j'ai pris l'engagement, sur ma foi de gentilhomme, et je le tiendrai, d'obéir à ces ordres iniques, car si j'eusse résisté, il est évident que j'aurais été arrêté et enfermé à la Bastille; sans cela on n'eût pas employé l'intervention du prévôt; il fallait donc céder pour conserver ma liberté et mes moyens de vengeance. Ainsi je partirai de Paris, comme je l'ai promis, dans les vingt-quatre heures; je ne me hasarderai pas, et je n'en ai nulle envie, à m'approcher des châteaux royaux; quant à la promesse de faire connaître ma résidence à Lamotte-Gondrin, oh! je la tiendrai fidèlement aussi; seulement je ne sais pas si le lieutenant du duc de Guise aura beaucoup à se féliciter de la manière dont j'aurai obéi à cette partie des injonctions de son maître.

« Je conserverai précieusement la lettre qui m'a été écrite par le roi Henri II, la veille de son funeste accident; je la joindrai à la lettre autographe du duc de Guise, portant révocation de mon emploi de colonel, et à l'acte qui vient de m'être signifié par le grand prévôt de la part du cardinal. Ces trois pièces formeront le premier fonds du trésor de vengeance que j'amasse contre les Guises; on saura plus tard de quelle manière je le dépenserai.

« Mes amis, ajouta-t-il en s'adressant à ses trois jeunes compagnons d'armes, maintenant que j'ai perdu le haut grade que j'occupais dans l'armée, vous êtes déliés de tout engagement envers moi. Je n'ai plus besoin d'aides de camp pour porter mes ordres à des troupes dont je n'ai plus le commandement. Vous, Mouvans, qui m'avez si bien secondé quand vous serviez sous moi en qualité de lieutenant, vous êtes également libre...

— Eh! non, troun-de-l'air! interrompit Mouvans avec vivacité et une certaine émotion dans la voix qui trahissait un attendrissement peu ordinaire chez lui; non, je ne suis pas libre..., car je veux rester attaché à vous et à votre fortune, à la vie et à la mort; et à moins que vous ne me chassiez, je ne vous quitterai pas. Vous avez parlé de projets de vengeance contre les Guises; vous ne pouvez pas lutter seul contre des hommes aussi puissants; vous aurez donc besoin de plus d'un bras dévoué: eh bien, troun-de-l'air! est-ce que je ne suis pas là? En trouverez-vous un plus dévoué que moi? sans compter que j'ai à ma disposition un certain nombre de gaillards solides que je mets à votre service, et dont vous pourrez disposer comme de moi-même. »

Le baron des Adrets serra la main de Mouvans avec effusion, et il allait lui répondre, quand Blacons, qui venait de parler bas avec Condorcet, le prévint en s'écriant: « Et nous, monsieur le baron, pensez-vous que nous songions à vous abandonner? Vous n'aurez plus besoin de nous, dites-vous, pour porter vos ordres: eh bien, nous exécuterons nous-mêmes ceux que vous nous donnerez; vous connaissez notre fidélité et notre dévouement; mettez-les de nouveau à l'épreuve; c'est la seule grâce que nous vous demandions, Condorcet et moi.

— Mes bons amis, dit des Adrets avec une émotion visible, je suis vivement touché de ces témoignages d'attachement; mais songez que je ne suis plus maintenant qu'un simple gentilhomme dont la fortune, loin de s'être accrue, a diminué considérablement pendant les guerres d'Italie; je suis aujourd'hui réduit à vivre du produit de mes fiefs, et peut-être même à en disputer bientôt la propriété à mes ennemis. Il est vrai que je ne la leur cèderai pas facilement, et que j'entends même recouvrer des droits qui nous ont été injustement ravis. Sans doute j'aurai besoin de bras dévoués et de cœurs fidèles pour me seconder dans mon entreprise, et jusqu'ici je ne pouvais compter que sur mes vassaux; certes, je serais heureux d'avoir pour les diriger, et pour m'aider, plusieurs amis et alliés de votre trempe; mais je serais répréhensible de vous faire perdre votre position actuelle, pour vous exposer aux hasards d'une fortune aventureuse comme le sera probablement la mienne.

— Et quelle est donc cette position que nous perdrions? dit Condorcet; n'est-elle pas perdue déjà du moment qu'on vous destitue? Peut-être les Guises nous en offriraient-ils une équivalente; mais je ne pense pas que vous nous fassiez l'injure de nous croire capables de solliciter ou d'accepter d'eux aucun emploi.

— Bien parlé! s'écria Mouvans; nous aimons mieux manger avec vous du pain bis et des châtaignes, que de manger des cailles et des perdreaux rôtis au service des Guises. Et puis, vous avez parlé d'aventures, eh! bagasse! c'est là qui me va à merveille...

— Eh bien, mes amis, puisque vous le voulez, j'accepte vos services avec reconnaissance; mais, je vous en préviens, le métier que nous allons faire sera rude. Vous aurez à supporter de grandes fatigues et de dures privations; vous n'aurez peut-être pas toujours du pain bis et des châtaignes à manger; mais je partagerai avec vous ces fatigues et ces privations. Maintenant que vous êtes prévenus, êtes-vous toujours décidés?

— Oui, oui, nous le jurons! répondirent trois voix qui n'en faisaient qu'une.

— Alors, puisque tout est entendu, partez aujourd'hui même tous les trois. Mouvans ira chercher une trentaine de ses hommes qui l'attendent sur les frontières du Dauphiné; Condorcet se rendra à mon château de la Frette, et convoquera mes vassaux de ce domaine pour les prévenir qu'ils se tiennent prêts à prendre les armes au premier signal; Blacons en fera autant à mon château de Malmont; pour moi, je partirai d'ici demain, car je veux profiter en entier du délai de vingt-quatre heures qui m'est accordé. Je me rendrai directement à mon château de Montségur, où j'établis provisoirement mon quartier général. Vous viendrez tous m'y rejoindre, et quand nous serons réunis, nous tiendrons conseil de guerre pour décider ce que nous entreprendrons plus tard. Allons, mes amis, au revoir!

— Vive lou baron des Adrets, troun-de-l'air! cria Mouvans en jetant son chapeau en l'air; nous allons rire, qué? » Et tous trois s'éloignèrent pour aller se préparer au départ.

Le notaire du Tilleroy avait été témoin muet de tout ce qui s'était passé, et il n'avait manifesté sa présence que par quelques profonds soupirs, ou bien par quelques exclamations étouffées. Dès que les jeunes officiers furent sortis, il releva sa tête, qu'il tenait depuis quelque temps cachée dans ses mains, et dit au baron d'un ton plein d'anxiété :

« Pourrais-je, monsieur le baron, vous demander quel projet vous formez maintenant?

— Et pourquoi ne le pourrais-tu pas, mon vieux camarade? je n'ai jamais rien eu de caché pour toi, tu le sais bien. Tu as tout entendu, ce qui vient de se passer et ce que nous venons de dire; et tu dois facilement en conclure que je me propose sérieusement à la résistance en cas d'attaque, et peut-être bien à l'attaque, si je vois espoir de succès.

— Mais c'est là précisément ce que je ne conçois pas que vous alliez entreprendre de gaieté de cœur. Quoi! vous voulez à vous seul lutter à main armée contre les Guises, qui disposent de toutes les forces du royaume! mais, permettez-moi de vous le dire, c'est... c'est...

— De la folie, parbleu! s'écria des Adrets en riant; pourquoi hésiter à nommer les choses par leur nom? et ce nom, mon entreprise le mériterait effectivement, si, comme tu le disais, j'étais seul à la former et à la poursuivre. Mais, pour te rassurer, mon bon ami, apprends que les trois quarts de la noblesse française, irritée de l'orgueil de ces princes étrangers qui occupent la place des princes du sang, est animée contre eux des mêmes ressentiments que moi. Apprends qu'une foule de gentilshommes, qui ont fait comme moi les guerres d'Italie, ont été éconduits de la cour d'une manière bien autrement injurieuse que celle qui se borne à me défendre d'en approcher de dix lieues; le cardinal a fait élever des potences devant le château royal, en menaçant d'y faire pendre tous ceux qui n'auraient pas vidé les lieux dans les vingt-quatre heures. Comprends-tu, mon vieux, quelle masse de mécontents de pareilles mesures, jointes à leur insupportable orgueil, ont soulevée, et comment l'indignation a gagné de proche en proche toutes les provinces du royaume? Ajoutons à cela les protestants qui s'agitent, et qui ne demandent ou n'attendent qu'un point d'appui pour se soulever.

— Oh! mon Dieu! mais ce que vous m'annoncez là, c'est la guerre civile. C'était bien la peine de faire une paix honteuse au dehors, pour voir reporter au dedans toutes les horreurs de la guerre.

— Que veux-tu, mon cher! c'est quelquefois un mal nécessaire, comme une saignée pratiquée à propos sur le corps humain lui rend souvent la force et la santé.

— C'est égal, c'est un triste remède. Mais enfin, à

quoi veut-on en venir? Je vois bien, comme vous me l'avez dit, que le nombre des mécontents est très-considérable; je comprends qu'ils peuvent se soulever et occasionner une révolution; mais ce soulèvement doit avoir un but: où veut-on en venir, encore une fois?

— Notre but à nous est fort simple; nous voulons, nous autres seigneurs, regagner sur la royauté le terrain qu'elle nous a fait perdre depuis un siècle; nous voulons enfin rétablir la féodalité dans sa pureté primitive, c'est-à-dire que chaque seigneur soit dans ses domaines un souverain absolu, et que le roi n'exerce sur lui que la suprématie d'un suzerain, et non plus d'un souverain direct, comme nos rois le font depuis Louis XI. Or jamais circonstance n'a été plus favorable que celle qui se présente aujourd'hui. Le roi, aussi faible d'esprit que de corps, est incapable de gouverner. Des princes étrangers se sont emparés des avenues du trône et règnent à sa place; nous voulons les en chasser, voilà notre premier but. Une fois que nous l'aurons atteint, nous dicterons facilement nos conditions.

— Mais les protestants, dont vous parliez tout à l'heure, n'ont pas le même but. Je me suis laissé dire qu'ils avaient l'intention d'établir une république comme celle de Genève ou des cantons suisses; ceci ne ressemblerait guère au rétablissement de la féodalité pure et simple dont vous me parlez.

— Nous n'en sommes pas encore là ; nous nous servirons des protestants pour nous aider à renverser les Guises ; une fois ce point obtenu, nous nous entendrons facilement sur le reste. Il y a dans la noblesse bon nombre de gentilshommes qui eux-mêmes sont protestants, et sois persuadé qu'ils ne pensent guère à fonder une république à la façon des cantons suisses ; tout ce qu'on fera, ce sera d'accorder aux calvinistes le libre exercice de leur religion, comme ils le réclament depuis si longtemps. Maintenant, mon vieux camarade, j'ai un service à te demander ; il faut que d'ici à demain matin, avant mon départ, tu me procures une somme de dix mille écus d'or. C'est pour avoir cet argent que je suis resté, et pour me trouver à une réunion d'un certain nombre de gentilshommes, avec lesquels j'ai à m'entretenir de la grande affaire qui nous occupe.

— Mais c'est une somme considérable que vous me demandez là ; jamais, même quand vous partiez pour vos campagnes d'Italie, vous n'aviez besoin de tant d'argent. Vraiment vous m'effrayez ; à quoi donc voulez-vous dépenser tout cet or ?

— Mon vieux camarade, je suis accoutumé à tes doléances depuis le temps où j'étais dans la compagnie des cent gentilshommes de l'hôtel du roi François Ier. Chaque fois que j'avais besoin d'argent, tu ne m'en donnais jamais sans l'accompagner d'une sage remontrance, que j'écoutais avec docilité tout en embourssant la monnaie. Je te ferai observer que quand j'allais faire campagne en Italie, c'était ou du moins ce devait être aux dépens du roi; mais aujourd'hui je suis sur le point d'entreprendre une campagne pour laquelle je n'ai pas la moindre indemnité à attendre du gouvernement. Je ne puis donc compter que sur mes fonds, et tant qu'ils dureront, je m'en servirai.

— Mais savez-vous, Monsieur, que pour peu que vous y alliez de ce train-là, ils seront bientôt épuisés? Encore une ou deux saignées comme celle-ci, et il ne restera plus rien.

— Ne t'inquiète pas, mon vieux, nous trouverons d'ici là le moyen de combler le déficit. »

Le lendemain, le notaire compta la somme, et le baron, escorté de quatre vigoureux valets bien armés, sortit de Paris, et se dirigea sur Lyon.

CHAPITRE V

LE CHATEAU DE MONTSÉGUR. — LE MUET PAOLO ET LE VIEUX MARIGNAN

Le château de Montségur, en Dauphiné, avait été bâti au XIe ou au XIIe siècle par les templiers, qui en avaient fait une de leurs principales forteresses de cette province. Après la destruction de l'ordre, ce château et ses dépendances étaient passés en la possession de la maison de Beaumont. Plusieurs seigneurs de cette famille avaient résidé à Montségur, et en avaient augmenté ou modifié les fortifications primitives; mais depuis bien des années le vieux manoir avait cessé d'être habité. Il n'en était que plus redoutable aux yeux des paysans et des habitants de la contrée, qui racontaient à son sujet les choses les plus effrayantes. Il était, disait-on, hanté par des esprits infernaux, ou tout au moins par des sorciers qui venaient y tenir leur sabbat.

Des lueurs sinistres en éclairaient parfois, pendant la nuit, les tours crénelées, et quand on apercevait au loin dans la campagne leur éclat lugubre, c'était le signe certain de quelque déplorable événement. Le lendemain ou les jours suivants, on était sûr que quelque orage subit ravagerait les terres voisines, que la grêle détruirait les récoltes, qu'une épizootie atteindrait le bétail du pauvre cultivateur, ou qu'une maladie inconnue le clouerait lui-même sur le grabat et l'entraînerait au tombeau. On racontait encore que le terrain aux abords du château était frappé de stérilité; que pas un arbuste, pas le moindre brin d'herbe ne croissait dans l'espace où le donjon élevé pouvait projeter son ombre. Un seul endroit présentait un contraste étonnant avec cette aridité du reste du sol: au-dessous des murs, du côté du midi, l'œil était agréablement surpris par l'aspect d'une pelouse unie, verdoyante et couverte de fleurs. Mais malheur à l'imprudent qui se serait engagé sur ce gazon perfide! une pente douce et glissante l'attirait peu à peu; puis, devenue d'une rapidité irrésistible, elle l'entraînait sur le bord d'un abîme sans fond, où la main d'un génie invisible le précipitait tout à coup, et sans qu'il fût possible de lui résister.

Telle était à peu près la légende qui avait cours dans le pays, avec des variantes et des commentaires dont nous ferons grâce à nos lecteurs, lorsqu'une vingtaine d'années environ avant l'époque où se passe notre histoire, le baron des Adrets, devenu alors chef de la maison de Beaumont, eut la fantaisie de visiter cette partie de ses domaines qu'il ne connaissait pas. Quand il voulut parcourir l'intérieur du château, il ne trouva personne pour lui servir de guide; car personne du pays n'y avait jamais pénétré, et n'eût pu lui donner les moindres renseignements. Chacun se défendait de son mieux de l'accompagner dans ce château maudit, et ses propres serviteurs, — qu'il avait amenés avec lui et qui étaient étrangers au pays,— effrayés par les récits qu'ils entendaient autour d'eux, témoignaient la plus grande répugnance à le suivre.

Des Adrets, — qui, suivant la tradition encore existante en Dauphiné, n'aurait pas sourcillé en face de Satan, — n'hésita pas un instant. Après avoir reproché à ses gens leur lâcheté, il s'arma de toutes pièces, et s'aventura seul dans le vieux manoir. Il pénétra, sans trop de difficulté, par la porte principale, quoiqu'elle fût fermée; mais le pont-levis était abaissé, et les panneaux de la porte tombaient de vétusté; il n'eut pas beaucoup de peine à y pratiquer une ouverture suffisante pour passer son corps. Après avoir franchi une voûte sombre, au milieu de laquelle était suspendue la herse [1] retenue par ses chaînes, il se trouva dans une cour irrégulière, au milieu de laquelle s'élevait le donjon. La porte de cette tour était située du côté opposé à l'entrée principale. Elle était ouverte, et il monta par l'escalier en spirale qui conduisait aux étages supérieurs. Des salles voûtées et sombres, éclairées par des créneaux étroits, s'offrirent à sa vue à mesure qu'il montait. Sa présence faisait fuir des nuées de chauves-souris et de corneilles, seuls habitants du château. Il ne s'arrêta pas à visiter les pièces de chaque étage, il continua tout d'une haleine son ascension jusqu'à la plate-forme qui terminait le donjon, et au milieu de laquelle s'élevait la petite tourelle, nommée *la guette*, où l'on plaçait la sentinelle chargée de faire le guet, c'est-à-dire d'explorer du regard tous les environs, et de donner l'alarme à l'approche de l'ennemi.

Des Adrets se promena longtemps sur la plate-forme, dont les créneaux et les mâchicoulis étaient bien conservés; il monta ensuite dans la guette, d'où sa vue embrassa un vaste horizon; puis il ramena ses regards sur l'ensemble de la forteresse, dont il pouvait saisir

[1] La herse est une espèce de grille ou de treillis à grosses pointes de bois ou de fer qui est placée derrière la porte d'une ville, d'une citadelle, d'un château fort, pour en défendre l'entrée, et qui se lève et s'abat selon les occasions.

d'un coup d'œil tous les détails. Ce manoir était un assemblage assez incohérent de constructions qui remontaient à différents âges, mais elles avaient été élevées avec une grande solidité, qui leur avait permis de braver les injures du temps; à part quelques dégradations insignifiantes, toute la maçonnerie était en bon état. Ce qui frappa surtout l'œil connaisseur de des Adrets, ce fut l'heureuse situation choisie pour construire ce château. Il était bâti sur un mamelon dont les abords étaient inaccessibles de trois côtés; le seul côté par où l'on pouvait y arriver formait une espèce d'esplanade d'une pente assez rapide, mais dont toute la surface n'était qu'un roc uni, compacte, dépourvu de toute terre végétale, ce qui explique l'absence de gazon et de végétaux quelconques dans cette partie. L'ennemi qui aurait tenté de s'approcher de ce côté se serait trouvé exposé aux traits et aux arquebusades des défenseurs du château, sans pouvoir enfoncer un pieu, ni creuser la moindre tranchée dans ce roc vif, pour se mettre à l'abri.

Le mamelon sur lequel était bâti le château dominait tous les environs, excepté du côté du midi, c'est-à-dire du côté opposé à l'entrée principale, la seule, avons-nous dit, qui fût praticable. Là existait un plateau qui était à peu près de niveau avec ce mamelon, puis qui s'élevait insensiblement de manière à dominer la forteresse elle-même, mais à une distance trop éloignée pour offrir aucun danger. Au premier aspect, le mamelon semblait contigu au plateau, dont il paraissait former comme un promontoire avancé; mais, en réalité, il en était séparé par une coupure naturelle, une gorge large et profonde, au fond de laquelle coulait un torrent impétueux. Des deux côtés du ravin, en face du château, se trouvait une nappe de fougères et de gazon fleuri, dont l'inclinaison trompeuse conduisait invinciblement au précipice; il fallait avoir le pied extrêmement sûr pour ne pas se laisser tomber dans le gouffre. C'est ce qui explique la légende du génie malfaisant, poussant dans l'abîme les imprudents qui se hasardaient sur cette pelouse dangereuse.

Un philosophe moraliste n'eût pas manqué de trouver là une ressemblance frappante avec le vice qui nous entraîne par une pente douce et fleurie à notre ruine et à notre perte éternelle. Des Adrets n'était ni philosophe ni moraliste; cette disposition particulière des lieux ne lui inspira donc aucune réflexion de ce genre; mais elle le frappa par les précieux avantages qu'elle offrait pour la défense du château. En effet, cette gorge profonde était comme un immense fossé naturel, impossible à combler et à franchir, véritable gouffre béant, toujours prêt à engloutir ceux qui oseraient s'approcher de trop près de ces bords dangereux.

Après avoir longtemps examiné cette conformation du terrain et envisagé les avantages qui en résultaient pour la sécurité du château, — et qui sans doute lui avaient fait donner le nom qu'il portait [1], — il redescendit dans les logements situés au-dessous de la plate-forme, entra dans toutes les pièces, reconnut l'usage auquel chacune d'elles avait été destinée; puis il visita tous les autres bâtiments jusque dans les moindres détails. Il remarqua l'entrée de plusieurs souterrains, dans lesquels, faute de flambeaux, il ne voulut pas s'engager; seulement il observa que l'un d'eux devait se diriger vers le ravin dont nous avons parlé, et que peut-être il y avait par là quelque communication secrète avec le plateau voisin. C'est ce qu'il se promit de constater à sa première visite à Montségur.

Il était resté plus de trois heures à parcourir le manoir et à l'examiner dans tous ses détails. Lorsqu'il revint au village, ses serviteurs commençaient déjà à désespérer de revoir jamais leur maître, et les paysans étaient loin de les rassurer par les lamentables et mer-

[1] Montségur, de *Monte seguro*, c'est-à-dire *montagne où l'on est en sûreté.*

veilleuses histoires qu'ils leur racontaient. Quand on le vit paraître, plongé dans les réflexions que lui inspirait ce qu'il avait vu et ce qu'il projetait de faire, les plus malins ne manquèrent pas de remarquer son air soucieux; ils attribuèrent à quelque vision surnaturelle cette sorte de stupeur qu'ils croyaient remarquer en lui. Le plus hardi d'entre eux se hasarda même à lui exprimer cette opinion. Le baron des Adrets le regarda en souriant, et répondit: « Oui, oui, j'ai vu des choses fort extraordinaires; mais ne vous inquiétez pas, bonnes gens: dans quelque temps j'amènerai des hommes qui exorciseront convenablement le vieux château et le débarrasseront des mauvais esprit qui l'habitent.

— Merci, monsieur le baron, répondit gravement le paysan; ce sera un fier service que vous aurez rendu au pays, et dont nous vous serons grandement reconnaissants. »

Six mois environ après la visite dont nous venons de parler, le baron des Adrets revint à Montségur avec des ingénieurs et des mécaniciens italiens, des serruriers, des menuisiers lyonnais et une bande de maçons limousins. Tout ce monde se mit aussitôt à l'œuvre sous sa direction; d'immenses réparations et de nouvelles constructions furent faites comme par enchantement. Les paysans des environs furent employés à transporter la pierre et le bois jusqu'à la porte extérieure du château, mais aucun d'eux ne pénétrait dans l'intérieur; c'était l'ordre du baron, et personne n'était tenté de l'enfreindre, quoique les ingénieurs étrangers passassent pour les exorcistes qu'avait annoncés le baron; mais tant qu'ils resteraient au château, c'est que la besogne n'était pas finie, et que quelque esprit récalcitrant se logeait dans des coins ignorés, dans quelque souterrain d'où il était très-difficile de le faire déguerpir. Le baron, loin de combattre cette superstition, prenait soin de l'entretenir, parce qu'elle servait ses vues. Il ne voulait pas qu'aucun individu du pays connût les changements qu'il faisait au château, ni surtout certaines constructions secrètes, dont le mystère devait être ignoré de tout le monde, à l'exception de lui seul, ou d'un confident sur la discrétion duquel il pourrait compter d'une manière absolue.

Ce confident, il l'avait trouvé. Comme ce personnage doit jouer un certain rôle dans notre récit, il est temps de le faire connaître à nos lecteurs. C'était un jeune sourd-muet, âgé de quinze ans à l'époque où le baron des Adrets s'occupait des grands travaux de réparation à son château de Montségur, et qui par conséquent devait en avoir trente-cinq au temps où se passe notre histoire. Pendant une de ses campagnes d'Italie, des Adrets avait sauvé la vie à cet enfant, dont la famille avait été entièrement massacrée pendant le sac d'une ville prise d'assaut. Il était alors âgé de sept ans à peine, et s'était attaché à son libérateur avec une extrême vivacité de sentiment. Celui-ci fut touché des élans de ce cœur reconnaissant, qui se manifestaient tout d'abord par une pantomime expressive, aussi compréhensible que les paroles les plus éloquentes. Il résolut dès lors de l'attacher à son service, et de tirer tout le parti possible de cet être atteint d'une incurable infirmité, mais doué d'une intelligence si pénétrante, qu'elle trouvait moyen de suppléer admirablement à l'organe qui lui manquait.

Paolo, — c'était le nom que le baron avait donné au jeune muet,— répondit d'une manière merveilleuse aux intentions de son maître, et celui-ci eût trouvé difficilement dans un autre homme un serviteur plus sagace et plus désintéressé. Tout ce que le fils le plus tendre peut porter de respect et d'affection à son père, tout ce que l'esclave, — nous allions presque dire le chien,— le plus fidèle peut avoir de dévouement et d'abnégation pour son maître, nous donnerait à peine une idée du respect, de l'affection, du dévouement de Paolo pour le baron des Adrets. Ce dernier était parvenu à développer d'une manière prodigieuse cette intelligence d'élite, et à faire de cet être déshérité un instrument docile, aveugle et surtout discret de ses volontés. Paolo, à l'aide de signes et d'une pantomime plus ou moins accentuée, se faisait comprendre facilement de ses camarades et souvent même des personnes qu'il voyait pour la première fois, comme de son côté il comprenait aisément ceux qui voulaient communiquer avec lui par le même moyen. Mais entre son maître et lui c'était tout différent; point de signes, pour ainsi dire, point de gestes, point de pantomime pour exprimer leurs pensées. Leurs yeux seuls se parlaient, et leurs âmes correspondaient l'une avec l'autre par ce seul organe. Des Adrets voulait-il transmettre à Paolo les ordres les plus compliqués, il fixait sur lui son regard; le muet, les yeux attachés sur ceux de son maître, saisissait avidement les pensées qui s'échappaient comme des effluves de ce regard magnétique, et en même temps il exprimait de la même manière qu'il avait compris et qu'il allait obéir sur-le-champ. — Car l'exécution suivait toujours, rapide comme l'ordre donné. — Les esclaves des despotes d'Orient ont coutume de dire: « Entendre, c'est obéir. » Pour Paolo, voir, c'était obéir.

Souvent l'exécution d'un ordre ou d'une commission exigeait de la part de Paolo un rapport plus ou moins long, plus ou moins détaillé. Il s'en acquittait de la manière que nous venons de décrire, et répondait aux observations ou aux questions que lui adressait son maître. Alors s'établissait entre eux une conversation silencieuse, dans laquelle les idées s'échangeaient avec plus de rapidité qu'on ne pourrait le faire à l'aide de la parole. Dans ces occasions, quelques signes, mais fort rares, s'ajoutaient parfois au simple regard : c'était soit un froncement de sourcils, soit un clignement d'yeux, soit un mouvement presque imperceptible des lèvres, rarement un léger signe exécuté avec la main ou les doigts.

Bien des personnes témoins de ces conversations muettes, ne pouvant se les expliquer, attribuaient à la magie ou à la sorcellerie cette faculté merveilleuse qu'avaient les deux interlocuteurs de se parler du regard, et de se comprendre à l'aide d'un coup d'œil ou d'un simple signe. De là il n'y avait pas loin, surtout au milieu du XVIe siècle, à regarder le muet et son maître comme deux sorciers dont il fallait se méfier. Des Adrets, qui connaissait ces soupçons, ne cherchait point à les dissiper, et songeait même à en tirer parti pour inspirer plus de terreur et se faire mieux obéir.

Quand il vint présider aux réparations du château de Montségur, il n'amena avec lui aucun de ses serviteurs ordinaires, à l'exception de Paolo et d'un ancien soldat qui avait fait toutes les campagnes d'Italie du temps de François Ier, et que des Adrets destinait à être concierge du château restauré. C'était un vieux routier, grand conteur d'histoires de guerre, dans lesquelles il jouait toujours un rôle magnifique, et où il faisait figurer le chevalier Bayard, Lautrec, la Trémoille, Cossé de Brissac, l'amiral Bonnivet, et tous les chefs illustres de cette époque, qu'il avait, disait-il, connus, et avec lesquels il avait combattu. A part ce petit travers, qui faisait un singulier contraste avec le mutisme de Paolo, le vieux Marcel, dit Marignan, — c'étaient le nom et le surnom du vétéran, — était réellement d'une bravoure à toute épreuve, et d'une exactitude scrupuleuse en tout ce qui concernait la discipline militaire. Pourvu d'une intelligence bornée, il exécutait les ordres de ses chefs avec une ponctualité stricte, sans se permettre jamais de les interpréter, ou de chercher à en connaître la cause.

Dès le commencement des travaux, des Adrets avait placé Marcel à la porte d'entrée, avec défense de laisser pénétrer qui que ce fût dans l'intérieur, à l'exception des ouvriers chargés des travaux. En même temps

« Je suis dans les arbalétriers à cheval du seigneur de Cossé-Brissac; mais j'ai été démonté dans la bataille. »

il avait fait arranger pour son usage un logement dans un des appartements les moins délabrés du donjon, et il était venu s'y installer avec Paolo. De là il surveillait avec activité les ouvriers, les encourageait au travail, et présidait lui-même à tous les changements et réparations qu'il faisait exécuter. En moins d'une année tout fut terminé, et le vieux château, si longtemps désert, fut enfin en état d'être habité. Cependant aucun nouvel hôte n'y fut admis encore. Après le départ de tous les maçons et architectes, le baron et Paolo, avec un habile mécanicien de Milan, continuèrent à y résider pendant quelques mois. A quoi s'occupaient-ils? Nul ne l'a jamais su. Marcel lui-même, fidèle gardien de la porte, dont il ne s'éloignait jamais de plus de cent pas, ne soupçonnait pas la nature de leurs travaux, et songeait encore moins à s'en enquérir. Nous disons « leurs travaux, » car il était évident que Paolo et le baron lui-même aidaient le mécanicien dans sa besogne; on les voyait toujours ensemble, on entendait parfois résonner le bruit de plusieurs marteaux frappant en cadence sur la même enclume, et l'on remarquait souvent que la figure et les mains du baron et de son muet étaient noircies comme le sont celles des forgerons quand ils quittent leur travail.

Ces observations avaient été faites par une espèce de

messager de la ville voisine, qui faisait toutes les commissions du château, et apportait tous les deux jours les provisions de bouche, et autres, nécessaires à la consommation des quatre personnes qui l'habitaient en ce moment. Souvent le messager, qui était passablement curieux, essaya de faire causer Marcel en lui offrant de boire avec lui une bouteille de vin, qu'il avait toujours en réserve dans sa charrette. Le vétéran acceptait avec plaisir sa part de la bouteille, et était enchanté de trouver l'occasion de se dérouiller un peu la langue, — selon son expression; — « car, lui disait-il, avec mon maître, impossible de causer; il se borne à vous donner la consigne, et puis c'est tout. Le mécanicien est toujours occupé; d'ailleurs il ne parle qu'italien, et, quoique j'aie longtemps habité l'Italie, je ne le comprends pas du tout. Quant au troisième, il ne parle pas, puisqu'il est sourd-muet. Ainsi, pas moyen de faire ici la moindre conversation avec personne, et je crois que j'attraperais une paralysie sur la langue, si vous ne veniez de temps en temps me la faire dégourdir un peu. »

Le messager, en le voyant si bien disposé à causer, lui adressait plusieurs questions sur ce que faisait son maître avec son muet et son Italien, depuis qu'on avait renvoyé tous les ouvriers du château. Au lieu de répondre directement, le vieux soldat se mettait à raconter une de ses histoires, qu'il amenait bon gré mal gré dans la conversation, quoiqu'elle n'y eût aucun rapport. Dès le second verre de vin, après l'avoir bu à la santé de son interlocuteur, il s'écriait : « Ma foi, camarade, voilà du vin délicieux ! je ne me rappelle pas d'en avoir bu de semblable, si ce n'est dans la soirée du 14 au 15 septembre 1515, il y a juste dix-neuf ans de cela. C'était la nuit entre les deux terribles journées de la bataille de Marignan. Nous nous étions battus toute la journée du 14 comme des enragés ou plutôt comme des géants, ainsi que le disait Trivulce ; la nuit venue, on se battait toujours ; mais il n'y avait pas de lune ce soir-là, et il faisait si noir, si noir, qu'on ne se reconnaissait plus au milieu de l'obscurité. Figurez-vous que je me sens tout à coup entouré d'une foule d'hommes qui baragouinaient l'allemand ; je les prenais d'abord pour des lansquenets au service de France, quand je reconnus, au son de la trompe qui les ralliait, que j'étais au milieu d'un bataillon de Suisses. Tous se mirent à courir aussitôt du côté où se faisait entendre le son ; moi, au contraire, je restai immobile à la même place, et en un instant je fus débarrassé de cet entourage dangereux. Mais quand je me trouvai seul, je ne fus pas encore tiré de peine : de quel côté diriger mes pas? Des feux commençaient bien à s'allumer de différents côtés; mais lesquels étaient ceux des Français, lesquels ceux des ennemis? Tandis que je cherchais à m'orienter de mon mieux, je me trouvai face à face avec un homme de moyenne taille, contre lequel je faillis me heurter; car l'obscurité était telle que nous ne nous étions aperçus ni l'un ni l'autre. « Qui va là? » me dit cet homme à demi-voix en tenant son épée haute prêt à frapper. J'avais fait le même mouvement, et la même question presque aussitôt que lui. « Ah! dit-il en baissant encore la voix, vous êtes Français, et sans doute vous vous êtes égaré comme moi? — Oui, répondis-je, et j'étais tout à l'heure entouré d'un gros de Suisses que j'avais pris pour nos lansquenets. — C'est encore comme moi, répondit-il; alors tâchons de nous tirer ensemble de ce mauvais pas. A deux nous avons chance de sortir d'embarras mieux que seuls. Marchons avec précaution et parlons bas; car nous sommes peut-être entourés d'ennemis. Mais auparavant dites-moi, mon ami: à quel corps appartenez-vous? — Je suis dans les arbalétriers à cheval du seigneur de Cossé-Brissac; mais j'ai été démonté dans la bataille, et voilà pourquoi je me trouve séparé de mes camarades.

« — Et moi j'ai été démonté deux fois; ainsi c'est encore un trait de ressemblance avec vous. Je connais beaucoup le sire de Cossé, et je lui parlerai de notre rencontre quand je le verrai. Comment vous nommez-vous ?

« — Marcel.

« — De quelle province êtes-vous? il me semble à votre accent vous reconnaître pour un compatriote.

« — Je suis du Dauphiné.

« — Justement, et moi aussi; ce sera un motif de plus pour vous recommander à mon ami Brissac. »

« Je n'osai pas lui demander qui il était; car, quoique l'obscurité m'empêchât de distinguer à son armure le rang qu'il occupait dans l'armée, je pensai que ce devait être quelque officier supérieur, puisqu'il était l'ami de M. de Cossé-Brissac.

« Nous marchâmes environ pendant un quart d'heure et n'avançant qu'avec beaucoup de précaution, pour ne pas tomber dans quelque parti ennemi. Enfin, parvenus sur un petit monticule, nous aperçûmes des feux à peu de distance de nous. « Il s'agit de reconnaître, me dit mon compagnon, à qui ces feux appartiennent. » Et nous nous mîmes tous deux à examiner attentivement les hommes qui veillaient à ces bivacs, pour découvrir, autant que la distance pouvait nous le permettre, s'ils appartenaient ou non à l'armée française. Après quelques minutes d'examen, je m'écriai :

« Monsieur, nous sommes sauvés! J'aperçois la croix de Lorraine, et nous sommes certainement vers le quartier du duc de Guise.

« — Vous avez raison, » me dit mon compagnon en dirigeant ses regards du côté que je lui indiquais. Nous nous mîmes aussitôt à marcher à grands pas dans cette direction, et, après nous être fait reconnaître aux avant-postes, nous arrivâmes devant la tente de M. le duc de Guise. Ce prince, prévenu de notre arrivée, vint lui-même au-devant de nous..., c'est-à-dire au-devant de mon compagnon, en lui tendant les bras et en lui disant : « Ah! mon brave chevalier! que je suis heureux de vous revoir! Savez-vous que nous étions tous dans une inquiétude mortelle? Nous vous croyions tué ou prisonnier; mais, Dieu merci, je vois que vous vous portez bien; je vais faire prévenir le roi, qui partout demande de vos nouvelles. Pendant ce temps-là vous allez souper avec moi, et vous reposer de vos fatigues d'aujourd'hui, pour être prêt à recommencer demain. »

« Vous comprenez qu'en voyant l'accueil fait à mon compagnon, j'étais plus convaincu que jamais que j'avais fait la rencontre d'un personnage important; mais j'étais encore bien jeune, et je ne connaissais que de nom la plupart de nos grands capitaines; et, comme ils étaient très-nombreux à l'armée, je ne pouvais encore soupçonner qui était celui-ci; mais mon incertitude ne fut pas longue. A peine le duc de Guise eut-il cessé de parler, que la foule des officiers et des seigneurs qui l'entouraient se mit à crier tout d'une voix : « Vive le chevalier Bayard! »

« Le chevalier Bayard! dis-je en moi-même, quel bonheur et quel honneur de l'avoir rencontré! Cette pensée me grandit au moins de deux pouces, et je regardais fièrement les soldats de la garde du duc de Guise, qui semblaient eux-mêmes me considérer avec une sorte de respect. Mais ce fut bien autre chose quand le chevalier Bayard lui-même, sortant de la tente du prince, s'avança vers moi, et me dit en me prenant familièrement la main : « Mon pays, je ne t'oublierai pas, et, comme je te l'ai promis, je parlerai pour toi à ton général. En attendant, M. le duc de Guise m'a chargé de te dire d'aller dans la tente de ses gens, où l'on va te servir à souper. » Aussitôt un sergent me conduisit dans cette tente, et l'on m'apporta le restant d'un énorme pâté, accompagné de deux bouteilles du vin de la table du prince de Lorraine. Jamais je n'avais bu rien d'aussi bon, et, comme j'ai eu l'honneur de vous le dire, il ressemblait comme deux gouttes d'eau à celui-ci. A votre santé, mon camarade! » Et il avala un nouveau verre de vin.

— Je suis flatté, dit le messager, que vous trouviez mon vin bon, et qu'il vous rappelle d'aussi beaux souvenirs. Ainsi donc vous avez connu notre noble chevalier sans peur et sans reproche, et vous lui avez parlé?

— Comme je vous parle, mon brave camarade; et le lendemain...

— Oui, je sais que la bataille recommença, interrompit le messager, que nous remportâmes la victoire, que le chevalier Bayard fut déclaré le plus brave de tous, et que le roi voulut être armé chevalier de sa main. Dans tout le Dauphiné il n'y a pas un enfant de dix ans qui ne sache ces choses...

— Oui; mais ce que vous ne savez pas, c'est comment la bataille fut gagnée : ce sont les arbalétriers de Cossé qui enfoncèrent la colonne de droite des Suisses, et décidèrent la retraite de leur centre, qui attaquait le roi en même temps. J'y étais, et j'en puis parler savamment, car j'y ai reçu un coup de hallebarde dont vous pouvez voir la cicatrice sur ma joue droite; mais le grand gaillard de Suisse qui m'a fait cette blessure l'a payée un peu cher; car, pendant que le fer de sa pique me labourait la figure, mon épée le transperçait d'outre en outre. Quant au chevalier Bayard, j'étais présent quand il donna au roi l'accolade de chevalier, et le frappa du plat de son épée en disant : « Sire, autant vaille que si c'était Rolland ou Olivier, Godefroy ou Baudouin son frère. » Mais je veux encore vous conter...

— Pardon, monsieur Marcel, interrompit pour la dernière fois le messager, j'ai bien du plaisir à vous écouter; mais il se fait tard, il faut que je me mette en route pour ne pas m'exposer à voyager pendant la nuit; car malheureusement les chemins ne sont pas sûrs à présent, et l'on est exposé à faire de mauvaises rencontres. Au revoir donc, vous me raconterez le reste de votre histoire à mon prochain voyage. »

Au voyage suivant, le messager ne manquait pas de renouveler ses questions au vétéran sur ce que faisait son maître, sur l'énorme quantité de charbon qu'il consommait, sur l'emploi qu'il pouvait faire des barres de fer et d'acier qu'il lui amenait presque à chaque voyage. Toujours Marcel éludait ses questions, et trouvait le moyen d'entamer une de ses histoires comme le récit de la bataille de Marignan, qu'il était capable de faire durer aussi longtemps que la bataille elle-même. Une fois sur ce terrain, il n'était plus possible de l'arrêter. Il allait, il allait, comme ces pièces mécaniques mues par un ressort, qui se mettent en mouvement dès que la détente est lâchée, jusqu'à ce que le ressort ait déroulé ses spirales et épuisé sa force.

Cependant une fois, pendant qu'ils vidaient leur bouteille en causant comme à l'ordinaire, le bruit des marteaux frappant l'enclume à coups redoublés se fit entendre avec une telle force, que le messager interrompit le récit du vieux soldat, et s'écria : « Ah! mon Dieu, quel vacarme! on dirait un atelier d'au moins dix forgerons.

— Bah! ne faites pas attention, c'est comme cela du matin au soir... Mais où en étions-nous de notre histoire?... Ah! j'y suis... » Et il allait poursuivre son interminable récit, quand son interlocuteur le prévint. « Mais écoutez donc! voilà que cela redouble! Dites-moi donc, entre nous, mon vieux Marignan, — c'est ainsi qu'il appelait familièrement Marcel, et ce surnom lui resta dans le pays, — que signifie tout ce tapage? Est-ce que M. le baron veut apprendre le métier de forgeron?

— Je ne pense pas; mais voyez-vous, mon cher camarade, il est bon qu'un homme de guerre, sans être positivement d'aucun métier que le sien, les connaisse tous un peu. Il faut qu'il soit un peu vétérinaire, pour pouvoir panser son cheval au besoin; un peu chirurgien, pour soigner ses blessures ou celles de ses camarades à l'occasion; un peu armurier, pour pouvoir fourbir son épée, son casque, sa cuirasse; et enfin un peu forgeron, pour redresser une pièce d'armure faussée ou bossuée : tenez, cela me rappelle qu'un jour près de Milan je rencontrai le chevalier Bayard qui ferrait lui-même son cheval, et, je vous assure, avec autant de dextérité qu'un expert maréchal ferrant. » Et là-dessus le voilà qui entame une longue histoire sur le chevalier Bayard, le maréchal de Lautrec, la Trémoille, le connétable de Bourbon ; de sorte que le messager, qui avait cru un instant obtenir une réponse directe à ses questions, ne fut pas plus avancé cette fois que les autres. Il résulta de ces longs entretiens avec le portier, qu'il apprit par cœur toute l'histoire de la bataille de Marignan et des campagnes d'Italie sous François Ier, jusqu'à la funeste bataille de Pavie ; mais il ne sut pas un mot de ce qui se passait au château de Montségur.

Enfin, un beau jour le bruit des marteaux cessa tout à fait. Le lendemain le baron, son muet et le mécanicien milanais partirent pour l'Italie, ne laissant au château que le père Marcel avec une consigne sévère que le vétéran exécuta scrupuleusement. Deux ans après, des Adrets revint avec un certain nombre de gens de guerre qu'il logea dans son château et dans les environs. Il en établit quelques-uns comme ses tenanciers dans le village de Montségur, situé au pied de la colline du

9

château, et qui avait été depuis longtemps abandonné de ses anciens habitants à cause des craintes superstitieuses que leur inspirait le voisinage du vieux manoir. Il leur donna à cultiver une partie de ses domaines environnants, laissés en friche par l'abandon des anciens cultivateurs. Ces nouveaux colons n'étaient astreints qu'à une très-faible redevance ; mais ils étaient tenus à monter la garde au château et à le défendre quand ils en seraient requis par leur seigneur.

Dès lors, chaque fois que des Adrets revenait de faire campagne, il passait un temps plus ou moins long à Montségur, entretenant avec soin les fortifications, et y ajoutant quelques travaux pour mettre cette forteresse dans un respectable état de défense, en rapport avec les changements introduits dans l'art de fortifier et d'attaquer les places par les ingénieurs italiens, alors les plus célèbres de l'Europe.

La présence habituelle d'une petite garnison, et surtout l'introduction dans la contrée de nouveaux habitants, tous anciens soldats, avaient dissipé peu à peu les bruits sinistres qui circulaient sur le château de Montségur, et dont nous avons parlé au commencement de ce chapitre. Cependant une bonne partie des vieux habitants du pays avaient conservé encore un peu de leurs craintes superstitieuses. Sans doute on ne parlait plus d'esprits malfaisants installés à résidence fixe dans le castel, puisque ses hôtes actuels étaient des hommes en chair et en os; mais on soupçonnait toujours le seigneur lui-même de se mêler de magie, et son muet Paolo était bien et dûment reconnu pour un véritable sorcier. Aussi plus d'une bonne femme, et même plus d'un paysan n'aurait osé se hasarder la nuit dans les environs du château; le jour même ils n'en approchaient qu'en tremblant, et en faisant de nombreux signes de croix pour détourner toute espèce d'influence pernicieuse et de maléfice.

Tel était l'état des choses au château de Montségur quand des Adrets y donna rendez-vous à ses lieutenants, comme nous l'avons vu dans l'avant-dernier chapitre.

CHAPITRE VI

L'APOSTASIE DE MONTBRUN ET LES APÔTRES DU PROTESTANTISME

Des Adrets arriva avant ses lieutenants à son château de Montségur. La garde en avait été confiée en son absence à une dizaine d'hommes commandés par un exempt nommé Dubourgel. Tous avaient fait les dernières campagnes d'Italie avec le baron, et plus d'une fois ils lui avaient donné des preuves de bravoure et de fidélité.

Il y avait en outre au château le muet Paolo, qui faisait les fonctions d'intendant, de majordome, de factotum, et qui, malgré son infirmité, s'acquittait à merveille de son emploi multiple. De plus il exerçait une surveillance générale, mais occulte, sur tout ce qui l'environnait; rien ne lui échappait, et il rendait à son maître un compte fidèle et détaillé de tout ce qui s'était passé, jour par jour, pendant son absence.

Enfin nous mentionnerons notre ancienne connaissance, le modèle des portiers-consignes, le vieux Marcel, dit le père Marignan, — surnom qui avait tellement prévalu, que son nom véritable était presque oublié.— Le bonhomme avait alors près de soixante-dix ans; mais il était encore vert, et ce n'était qu'avec peine qu'on l'avait décidé à recevoir un aide pour le soulager dans ses fonctions. Pourtant il avait réfléchi qu'il aurait ainsi toujours sous la main, et pour ainsi dire à ses ordres, un auditeur à qui il pourrait raconter ses anciennes campagnes, et surtout sa fameuse rencontre avec le chevalier Bayard dans la nuit de la bataille de Marignan. Comme ces fonctions de portier-adjoint étaient exercées à tour de rôle par chacun des dix soldats qui composaient la petite garnison, il avait chaque jour à sa disposition un auditeur nouveau qui subissait ses récits, et ce n'était pas la partie la moins pénible de l'emploi de portier en second.

Quand le baron arriva au château, il trouva tout parfaitement en ordre, et rien d'extraordinaire n'était arrivé en son absence. C'est ce qu'il apprit, avant même d'avoir mis pied à terre, du regard expressif de Paolo.

Après avoir descendu de cheval, il fit transporter, par les valets qui l'avaient accompagné, la somme que lui avait remise le notaire, dans une chambre particulière, où il s'enferma pendant quelques instants avec Paolo. Celui-ci, après avoir compté et vérifié la somme, la porta dans une chambre voisine, appelée *le trésor*, et qui communiquait avec la première par une porte secrète, que personne ne pouvait découvrir, ni surtout ouvrir, à moins d'être initié dans le mystère.

Le surlendemain de son arrivée, le baron annonça à sa petite troupe qu'il allait faire encore une excursion de quelques jours; il prévint Dubourget que probablement, pendant son absence, ses écuyers les sires de Condorcet et de Blacons viendraient avec un certain nombre d'hommes d'armes, et qu'il fallait tenir prêts les logements pour les hommes, et les écuries pour les chevaux. Il remit ensuite à Dubourget un pli cacheté, avec ordre de le donner à celui de ces messieurs qui arriverait le premier. « Il prendra aussitôt, ajouta-t-il, le commandement de la forteresse, et vous lui obéirez comme à moi-même, jusqu'à mon retour. »

Après avoir donné ces instructions, il partit avec Paolo et les quatre valets avec lesquels il était revenu de Paris. Nous saurons plus tard quel était le but de ce voyage, qui dura plus de quinze jours.

Quatre à cinq jours après son départ, Condorcet et Blacons arrivèrent presque en même temps. Le premier amenait avec lui six hommes de la Frette, et Blacons en amenait quatre de Malmont. Chacune de ces deux localités devait fournir de vingt-cinq à trente hommes immédiatement, et un plus grand nombre plus tard s'il était besoin.

Les instructions cachetées, remises à Condorcet arrivé le premier, lui conféraient le commandement du château, et le chargeaient de s'occuper activement d'approvisionner les forteresses de vivres, de fourrages et de munitions de toute espèce, en se concertant pour ces opérations avec son collègue Blacons.

Tandis que les deux écuyers de des Adrets travaillaient sans relâche à l'exécution des ordres de leur chef, Mouvans arriva avec une vingtaine d'hommes à l'allure un peu suspecte, moitié brigands, moitié soldats, espèces de *condottieri*, ramassés un peu partout, prêts à se battre sous le premier drapeau venu, pourvu qu'il y eût de l'argent à gagner; du reste, braves, déterminés, et paraissant dévoués à leur chef. Condorcet ne fut que médiocrement enthousiasmé à la vue de ce renfort; il craignit que les nouveaux venus ne jetassent du désordre dans sa petite garnison accoutumée à une discipline sévère, et il cantonna les soldats de Mouvans dans les villages environnants, sous prétexte que les logements du château n'étaient pas encore prêts pour les recevoir, en réalité afin de gagner du temps jusqu'à l'arrivée du baron, et de décharger sa responsabilité, qu'il craignait de trop engager en recevant de pareils hôtes.

Mouvans, avec sa sagacité naturelle, devina les motifs de Condorcet; loin de s'en formaliser, il ne fit qu'en rire, persuadé que le baron des Adrets ne serait pas aussi scrupuleux que son premier aide de camp. « Est-il curieux, ton collègue! dit-il en riant à son ami Blacons; il paraît qu'il a peur que mes brebis ne gâtent son troupeau. Il ne les connaît guère : ce sont, il est vrai, des diables quand il s'agit de se battre, mais de vrais agneaux quand on est en pays ami.

— C'est possible; cependant tu avoueras avec moi qu'ils n'ont pas une mine très-avenante, et, à la place de Condorcet, j'aurais agi avec la même prudence.

— Je conviens qu'ils ne ressemblent pas à des séminaristes, ni à des frères lais; mais ils sont tous bons protestants, et ils ont horreur de la messe.

— Et ils ne se soucient peut-être pas davantage du prêche?

— Ma foi, c'est encore possible, répondit Mouvans en souriant. A vrai dire, je crois qu'ils ne sont ni catholiques ni protestants; ils sont soldats, prêts à se battre pour n'importe quelle cause contre n'importe qui, pourvu qu'on les paie bien. Voilà leur religion, et c'est aussi, entre nous, celle de bien des gens aujourd'hui. Mais ce que je puis te garantir, mon bon, c'est qu'on n'en trouvera pas de pareils quand il s'agira d'exécuter le grand projet dont je te parlais, il y a quelques mois, dans le cabaret du Pré-aux-Clercs : tu t'en souviens?

— Oui, oui, parfaitement; seulement je ne pense pas que nous en soyons encore là. Tu te rappelles que le baron des Adrets, le jour où nous nous sommes quittés, ne parlait que de se venger des Guises et de poursuivre leurs partisans, et non pas de faire la guerre aux catholiques; car enfin il appartient toujours à cette religion, et je ne le crois pas disposé à attaquer ceux qui la professent.

— Mais, mon cher, faire la guerre aux guisards ou la faire aux papistes c'est tout un; car tous les guisards sont papistes, et tous les papistes sont guisards. Je connais le baron des Adrets mieux que toi, mon bon, quoique tu sois attaché plus particulièrement à son service; eh bien, moi je te dis qu'il n'y regardera pas de si près, et que, pourvu qu'il se venge, il ne s'inquiètera guère sur qui porteront ses coups. S'il était nécessaire pour assurer sa vengeance de changer de religion, il n'hésiterait pas un instant; si même il ne l'a pas fait jusqu'à présent, c'est plutôt par amour-propre que par conviction ; mais il finira par céder comme tant d'autres qui paraissaient bien plus fermes que lui dans leur foi, et qui cependant l'ont abandonnée. Ainsi, quand on voit Montbrun, par exemple, ce farouche catholique, être devenu en quelques mois un des plus fervents apôtres de Calvin...

— Montbrun ! s'écria Blacons en interrompant Mouvans, Montbrun calviniste ! quel conte me fais-tu là ?

— Eh ! bagasse ! te moques-tu de moi toi-même, mon bon ? Est-ce que tu ne sais pas ce qui est arrivé à Montbrun ?

— Je ne sais absolument rien, et je n'ai pas entendu parler de lui depuis le jour qu'il nous a quittés à Paris, chez le notaire du Tilleroy, afin d'aller, disait-il, à Genève chercher sa sœur, qui s'y était réfugiée pour se faire protestante.

— Comment ! tu ne connais pas cette curieuse histoire ? J'ai pourtant vu dernièrement Montbrun à son château, et il m'a dit qu'il avait annoncé son changement de religion au baron des Adrets en l'engageant à l'imiter.

— C'est possible ; mais tu oublies que je n'ai pas encore vu le baron depuis que nous nous sommes séparés à Paris pour nous réunir ici.

— C'est juste ; oh! alors, mon cher, il faut que je te conte cette aventure : c'est vraiment délicieux, ou plutôt merveilleux. Si dans notre religion on croyait aux miracles, d'honneur je dirais que ceci en est un des plus extraordinaires. Tu te rappelles avec quel transport de fureur Montbrun avait appris la conversion de sa sœur ; tu sais qu'il ne parlait de rien moins que de l'arracher par force de la main de ses séducteurs, et de la poignarder si elle refusait de rentrer dans le giron de l'Église catholique. Le voilà, tout rempli de ces beaux sentiments, qui se met en route un beau jour, armé de pied en cap, comme le paladin Roland ou don Gaïferos, et qui part avec son écuyer, pour aller mettre à fin sa noble entreprise. On eût cru, à le voir, qu'il allait à lui seul pourfendre tous ces mécréants de Genevois, renverser leur ville de fond en comble et la jeter dans son lac. Sa sœur, la belle Alice de Montbrun, apprit, je ne sais comment, l'arrivée prochaine et les projets de son frère. Elle courut demander aide et protection à Calvin et à Théodore de Bèze, son vicaire ou son lieutenant, comme tu voudras. Calvin allait donner l'ordre d'arrêter Montbrun dès qu'il aurait mis le pied sur le territoire de la petite république, de le jeter en prison et de lui faire son procès. Alice, qui aimait son frère, malgré son caractère emporté, supplia Calvin de suspendre ses rigueurs, et en même temps elle pria Théodore de Bèze d'aller à la rencontre de son frère, et d'employer, pour l'apaiser, tous les moyens que lui suggèrerait son éloquence si entraînante et si persuasive. De Bèze se chargea de la mission, et réussit bien au delà des espérances d'Alice. Tu connais la douceur, l'affabilité, les manières insinuantes de cet homme doué de la prestance d'un prince et de l'esprit d'un ange, ce qui l'a fait surnommer à juste titre le *Phénix de notre siècle*. Il fallait certainement toutes ces qualités pour pouvoir seulement entrer en conversation avec le sombre et farouche Montbrun. S'il se fût agi entre eux de rompre une lance ou de se donner un coup d'épée, de Bèze certainement n'eût pas été de force; mais en fait d'argumentation, de discussion philosophique ou théologique, Montbrun n'était pas en état de lutter contre de Bèze. Aussi, dès que celui-ci fut parvenu à amener son adversaire sur le terrain de la controverse, le docteur fut certain de vaincre le guerrier. Le grand argument de Montbrun, celui duquel il ne sortait jamais, était ceci: « Je n'entends rien à vos disputes ni à vos subtilités théologiques: tout ce que je sais, c'est que ma sœur et moi nous sommes nés dans la religion catholique; que c'était celle de nos pères et de nos ancêtres depuis des siècles; que cette religion a toujours été considérée comme la seule bonne et véritable : c'est là ma conviction, et rien ne saurait m'en faire changer, en même temps que, en ma qualité de chef de maison, c'est mon droit et mon devoir de m'opposer à ce qu'aucun membre de ma famille n'apostasie pour embrasser une religion nouvelle. »

« De Bèze le laissa longtemps s'évertuer sur ce thème, qu'il variait de différentes façons, mais qui était toujours le même. Voyant qu'il n'avait pas d'autres objections à lui présenter, notre adroit prédicant lui dit, avec ce ton patelin que tu lui connais : « Vous avez parfaitement raison, monsieur de Montbrun, de ne pas vouloir changer de religion, ni de permettre à votre sœur d'en changer; je vous approuve tout à fait, et suis entièrement de votre avis. »

« Montbrun le regarda d'un air ébahi, ne sachant pas où il en voulait venir. De Bèze continua, sans paraître faire attention à l'étonnement de son interlocuteur : « C'est absolument comme si quelqu'un voulait vous persuader de changer votre château de Montbrun contre le sien ; vous auriez parfaitement raison de lui dire : Je suis né dans ce château, mon père et mes ancêtres y sont nés aussi et l'ont habité de temps immémorial; je l'aime par cette raison, et je ne le changerais pas contre un autre, fût-il cent fois plus beau. Certes, Monsieur, ce langage si raisonnable quand il s'agit d'un simple édifice de pierre et de bois, l'est bien davantage quand il est question du grand et noble édifice de la religion. Il peut, en réalité, ne pas y avoir de grands inconvénients à changer de château, mais il y en a d'immenses à changer de religion; et, encore une fois, je ne saurais trop vous approuver de vouloir rester dans la vôtre, qui est, comme vous le dites fort bien, la seule bonne et véritable. »

Montbrun, étourdi de cette conclusion, s'écria tout stupéfait: « En ce cas, nous sommes d'accord, et maintenant il n'y a aucun obstacle à ce que j'emmène ma sœur.

— Il n'y en a aucun, reprit de Bèze, toujours avec son ton gracieux et un calme parfait; seulement je vous demanderai la permission de vous faire une simple observation, dont, avec l'esprit de droiture et la sagacité de jugement qui vous distingue, vous ne manquerez pas de sentir parfaitement la convenance. — Je reprendrai d'abord notre comparaison de tout à l'heure. — Vous ne voudriez à aucun prix abandonner le château de vos pères, où vous êtes né, où vous avez passé les premières années de votre enfance, et qui vous rappelle de si pieux et si nobles souvenirs: nous sommes là-dessus parfaitement d'accord. Mais si, par suite de l'injure des temps, quelques parties de ce vieux manoir menaçaient ruine, hésiteriez-vous à les réparer, sous prétexte de commettre une profanation ?

— Non, certes, je n'hésiterais pas.

— Très-bien. Et si des constructions parasites, inutiles et même nuisibles avaient été ajoutées, à une époque plus ou moins éloignée et par des mains inhabiles, au bâtiment principal, de manière à nuire à sa beauté primitive ou à compromettre sa solidité, hésiteriez-vous à les démolir dans la crainte de manquer de respect à vos ancêtres ?

— Je n'hésiterais pas davantage.

— Eh bien, ce que vous n'hésiteriez pas à faire pour la conservation de votre château et pour lui rendre sa beauté et sa solidité primitives, c'est ce que nous avons fait pour la religion de Jésus-Christ. Nous ne l'avons point changée; nous sommes les véritables et fidèles disciples du Christ et de l'Évangile : seulement nous avons débarrassé cette religion des abus accumulés par l'ignorance et la superstition des siècles passés; abus qui, semblables à des constructions maladroites ajoutées de la main des hommes à un noble et majestueux édifice, en masquaient la beauté, et ébranlaient la solidité de ses fondements. Ainsi mademoiselle votre sœur n'a point changé de religion, comme vous n'en changeriez pas vous-même en suivant le pur christianisme évangélique, tel que l'ont enseigné Jésus-Christ et ses apôtres, et en le dégageant des abus et des superfétations introduites par les hommes, pas plus que vous ne changeriez de château en réparant les parties du vôtre qui menaceraient ruine, et en le débarrassant des constructions superflues dont on l'aurait encombré. »

« La comparaison clochait un peu, et l'argument n'était pas fort; Montbrun n'en fut pas moins frappé et ne sut que répondre. De Bèze, qui savait à qui il avait affaire, profita de cet avantage pour poursuivre sans relâche son adversaire. Il le flatta, le caressa, l'entortilla dans un tas de raisonnements si serrés, si enchevêtrés les uns dans les autres, que le pauvre chevalier resta bouche béante, incapable de proférer un mot. Enfin il lui démontra clair comme le jour qu'en adoptant la réforme de Calvin il ne changerait pas de religion; de sorte qu'en définitive il amena Montbrun à s'avouer hautement protestant, tout en croyant rester catholique.

« Tu penses qu'après un pareil dénoûment la réconciliation du frère et de la sœur ne fut pas difficile. Elle se fit solennellement en présence de Théodore de Bèze et de quelques autres ministres. Pour la rendre plus complète, Montbrun consentit au mariage de sa sœur avec un jeune ministre protestant, qui, à ce qu'il paraît, n'avait pas peu contribué à la conversion de la belle Alice, et à la décider à fuir le château de Montbrun pour se retirer à Genève.

« Bref, après la cérémonie, Montbrun retourna à son château avec les nouveaux époux. Ce qu'il y a de plus curieux, c'est qu'il s'est mis en tête de faire changer de religion à tous ses vassaux. Son beau-frère et sa sœur le secondent activement dans cette œuvre, et parfois ils sont obligés de modérer l'ardeur du nouveau converti, qui trop souvent a recours à la violence pour contraindre ses vassaux à embrasser la foi de leur seigneur. C'est au milieu de ces travaux apostoliques que je l'ai trouvé il y a quelques jours; en me voyant, il m'a accueilli avec des démonstrations de joie qui m'ont passablement surpris de la part d'un homme que j'avais toujours connu sombre et taciturne. Il m'a appelé son frère; il m'a dit que j'étais heureux d'avoir connu avant lui la vraie lumière, et d'avoir travaillé dès le matin à la vigne du Seigneur; mais que, pour être un des ouvriers de la dernière heure, il espérait bien travailler avec tant d'ardeur qu'il gagnerait légitimement le salaire de la journée entière. Il m'a raconté ensuite les détails de sa conversion; puis il m'a fait part de ses projets à venir, qui tendent à la conversion au protestantisme de tout le Dauphiné d'abord, et ensuite du reste de la

France. Mais parmi les conversions qu'il compte opérer, il place en première ligne celle du baron des Adrets [1].

— Et moi je crois, répondit Blacons, qui avait écouté avec attention le récit de Mouvans, que Montbrun doit rayer cette conversion de ses papiers. Si jamais des Adrets se fait protestant, ce sera quand il croira la chose utile à ses intérêts ou à sa vengeance, ainsi que tu me le faisais remarquer avec beaucoup de justesse tout à l'heure; et ce ne sont pas les conseils ni les raisonnements de Montbrun qui pourraient le déterminer, car, comme tu le disais fort bien encore, il est plus fort à manier une lance qu'un argument. Ah! par exemple, si un homme comme le vénérable Théodore de Bèze s'en mêlait, je ne dis pas qu'il n'aurait pas de grandes chances de réussir, et je n'en veux d'autre preuve que ce qu'il a fait à l'égard de Montbrun, et qui est vraiment merveilleux: quant à Montbrun lui-même, il échouerait infailliblement.

— Ah! ah! ah! s'écria Mouvans en riant aux éclats, je te trouve plaisant, mon bon, de prendre de Bèze au sérieux, et de le traiter de *vénérable*; mais tu ne connais donc pas le pèlerin [2]?

[1] Voyez la note D aux *Notes et éclaircissements historiques*, sur Charles Dupuy de Montbrun.

[2] Voir la note E aux *Notes et éclaircissements historiques*.

— En vérité, mon cher, reprit Blacons d'un ton scandalisé, je ne te comprends pas: tu te dis protestant, et tu traites avec ce ton de mépris un des premiers apôtres du protestantisme, le bras droit, l'ami, l'*alter ego* du père de la réforme! Bientôt Calvin lui-même n'échappera pas à tes sarcasmes : que ferait donc de plus un papiste?

— Troun-de-l'air! mon bon ami, comme tu t'emportes, parce que je parle un peu irrévérencieusement de nos apôtres protestants! Mais remarque bien, mon cher, que je ne dis aucun mal de notre religion; bien au contraire; car je l'aime, cette religion; elle me convient, je te l'ai déjà dit, parce qu'elle n'est pas gênante comme la religion catholique, avec sa confession, ses jeûnes, ses abstinences, et un tas de pratiques toutes plus fatigantes les unes que les autres. Et puis ce qui me plaît encore dans notre secte, c'est l'entière liberté de foi dont on jouit. Chez les catholiques, on vous oblige de croire ça ou ça; d'interpréter tel passage de l'Écriture de telle ou telle manière, selon que l'ont décidé les conciles, les papes, en un mot, ce qu'ils appellent l'autorité ecclésiastique. Chez nous, c'est bien différent, chacun est libre d'interpréter l'Écriture comme il lui plaît, selon sa manière de voir, ses convenances et les lumières de sa raison : c'est très-commode assurément; c'est émanciper, affranchir la raison humaine du joug que veut lui imposer l'Église catholique.

— Sais-tu, mon cher Mouvans, reprit Blacons, que tu m'effraies avec ta manière de juger notre religion? Je ne suis pas un grand théologien, et je n'avais jamais réfléchi à ce que tu dis là, et qui pourtant est vrai. Tu en parles, mon cher, avec ta légèreté habituelle, comme de chose indifférente et toute naturelle; mais moi je te dis qu'il y a de quoi trembler en pensant aux conséquences que peuvent entraîner après eux de pareils principes. S'il n'y a plus d'autorité pour régler l'interprétation des lois divines, et que chacun puisse le faire à sa guise, alors il n'y a plus de frein aux déchaînements des passions, par conséquent plus de morale, et l'on tombe dans un chaos épouvantable. C'est absolument comme si les lois humaines, civiles et criminelles étaient livrées à l'interprétation de chaque individu, et qu'il n'y eût plus de parlements, de tribunaux, ni de juges pour les appliquer, selon l'interprétation fixée par la jurisprudence. Alors, quand un homme voudrait dépouiller injustement un autre de son héritage, il trouverait sans peine un texte de loi pour justifier sa spoliation; un voleur, un assassin même, interprétant aussi la loi *selon sa convenance et sa manière de voir,* se proclamerait innocent. Mais je ne puis croire que les fondateurs de la réforme aient pu se laisser aller à de pareilles aberrations, et la preuve que tu exagères la portée de ce libre examen laissé à la raison individuelle, c'est que Calvin lui-même a bien défini ses doctrines; qu'il a clairement tracé la ligne entre ce qu'il fallait admettre et ce qu'il fallait rejeter de l'ancien dogme et de l'ancien culte catholique; qu'il maintient les principes de la nouvelle croyance dans leur intégrité, et qu'il veille à ce que personne ne s'écarte des limites qu'il a fixées.

— Oh! pour cela, c'est vrai; il y veille avec soin, et si quelqu'un s'avise de vouloir franchir ces limites, gare la brûlure! Le bûcher de Servet est là, au besoin, pour attester avec quel zèle Calvin soutient son autorité. Aussi je ne m'aviserai pas d'aller dire à Genève ce que je pense de nos bons apôtres; j'ai trop peur de la grillade. Mais, entre nous, mon cher, crois-tu que Calvin, de Bèze, pas plus que Luther, Mélanchthon, Zwingle et tous les autres, puissent, après avoir répandu leur doctrine de libre examen, imposer à leur tour des bornes à cette liberté, c'est-à-dire une profession de foi à laquelle on sera tenu de se conformer, sous peine d'être condamnés comme hérétiques? Car si, comme ils le disent et comme je l'admets, le Saint-Esprit éclaire la raison de chaque homme, de quel droit viendront-ils m'imposer leurs lumières? Est-ce que les miennes ne valent pas les leurs, puisqu'elles ont la même source? Mais, diras-tu, il faut bien une autorité pour expliquer les lois divines, comme il en faut une pour interpréter et appliquer les lois humaines : pour celles-ci, j'en conviens, autrement la société serait un véritable coupe-gorge ; quant aux autres, je n'en vois pas la nécessité. D'ailleurs, qui établira cette autorité? Il y a chez les catholiques l'autorité du pape et des évêques, que nos réformateurs ont abolie, et je les approuve ; mais de quel droit nos nouveaux prédicants voudraient-ils m'imposer la leur à la place de celle des pontifes romains? Ce serait bien la peine, vraiment, de secouer le joug du pape de Rome pour nous soumettre à celui du pape de Genève. Pape pour pape, s'il en était ainsi, je crois, ma foi, que je préfèrerais l'ancien au nouveau.

— Vraiment, mon cher, tu me jettes de surprise en surprise. Avec toi l'on ne sait réellement à quoi s'en tenir. Voyons, réponds-moi positivement : Es-tu catholique, es-tu protestant? Crois-tu au pape ou à Calvin?

— Voilà ce qui s'appelle poser une question carrément : eh bien, mon bon, je te répondrai comme ton *vénérable* de Bèze : *Je ne crois qu'une chose, c'est que je ne crois rien* [1].

[1] Voir la note E aux *Notes et éclaircissements historiques.*

— Mais c'est épouvantable! Comment! de Bèze a dit cela? Ce n'est pas possible; lui que j'ai toujours regardé comme un des plus savants et des plus respectables docteurs de la réforme!

— Des plus savants, des plus éloquents, j'en conviens; mais des plus respectables, c'est autre chose. N'as-tu jamais entendu parler de quelle manière Théodore de Bèze avait quitté la France et la religion catholique pour se réfugier à Genève et se faire protestant?

— J'ai entendu dire qu'il l'avait fait par conviction et pour contracter un mariage de conscience, sacrifiant, par un louable désintéressement, l'opulence dont le faisaient jouir de riches bénéfices ecclésiastiques à la foi nouvelle qu'il avait embrassée.

— Je vois, mon cher, qu'on t'a flatté son portrait; eh bien, moi je vais te le tracer au naturel. De Bèze, sans être dans les ordres, mais se destinant à l'état ecclésiastique, avait été pourvu, jeune encore, de deux ou trois riches bénéfices, entre autres du prieuré de Lonjumeau. Ses mœurs étaient extrêmement déréglées, et il s'abandonnait sans retenue aux passions les plus honteuses. Il publia même, pour donner en quelque sorte à ses désordres une certaine authenticité, un recueil de poésies latines, ayant pour titre *Poemata juvenilia*, d'une licence telle que le parlement de Paris s'en émut, et se disposait à lui faire un procès pour attentat aux mœurs et pour adultère; car il vivait publiquement avec la femme d'un honnête artisan qu'il avait séduite. Pour éviter les poursuites de la justice, et en même temps épouser cette femme, de Bèze commença par vendre à beaux deniers comptants ses bénéfices qu'il possédait en France; puis il s'enfuit à Genève, où il épousa sa concubine, après avoir bien et dûment abjuré le papisme. Calvin, malgré la sévérité apparente ou réelle de ses mœurs, malgré la sécheresse et l'aigreur sauvage de son caractère, accueillit avec empressement ce transfuge de l'Église romaine, et se lia avec lui d'une étroite amitié. Il l'a fait recevoir citoyen de Genève, et il vient de le faire nommer recteur d'une académie fondée dernièrement dans cette ville. Voilà, mon cher, en peu de mots ce qu'a été jusqu'ici la vie de Théodore de Bèze. Tu vois que ce n'est pas par conviction, ni par désintéressement, qu'il s'est jeté dans le protestantisme, mais bien pour satisfaire ses passions et éviter les poursuites de la justice. Hélas! mon pauvre ami, si l'on voulait éplucher la conduite de tous nos grands réformateurs et rechercher le mobile qui les a portés à changer de religion, on n'en trouverait peut-être pas un, à commencer par Luther, qui n'eût été entraîné par des motifs plus ou moins semblables à ceux qui ont déterminé Théodore de Bèze. Dans tous les cas tu conviendras, mon bon, qu'ils ont sagement fait de supprimer le culte des saints, car il leur eût été assez difficile de se faire canoniser; et j'avoue que je ne pourrais m'empêcher de rire aux éclats, si j'entendais jamais chanter : *Sancte Luther, sancte Calvine, sancte Beza, et omnes sancti reformatores, orate pro nobis!* C'est cela qui serait plaisant, bagasse! Qu'en dis-tu, mon bon?

— Je dis, moi, que, loin de le trouver plaisant, rien ne me paraît plus triste et plus déplorable. Je ne suis pas instruit comme toi, qui es aussi savant qu'un clerc; mais si tout ce que tu me dis là est vrai, il y a de quoi bouleverser toutes mes idées. Je ne suis qu'un soldat; je ne connais d'autre métier que celui des armes : j'ai embrassé la religion protestante parce que j'ai été élevé dès mon enfance dans cette religion, que mon père professait secrètement depuis les premiers temps de la réforme. J'ai cru jusqu'ici de bonne foi à la sagesse de nos docteurs et à la vérité de leur enseignement; et voilà que tu viens faire naître en moi des doutes qui me jettent dans une cruelle incertitude. Toutefois ce qui me rassure, c'est que je sais combien tu aimes à plaisanter; et qu'ici, comme cela ne t'arrive que trop souvent, même dans les choses où la plaisanterie est déplacée, je ne saurais croire que tu parles sérieusement; sans cela tu n'aurais pas toi-même embrassé le protestantisme, ou, si comme moi tes parents t'avaient élevé dans cette religion, tu te serais hâté, quand tu aurais connu les abominations que tu viens de me signaler, de renoncer à cette religion et de rentrer dans le catholicisme.

— Eh! bagasse! mon bon, mais tu n'y penses pas? Et mon château et mon domaine que je me propose de me tailler dans les biens de cette abbaye des environs d'Aix, dont je t'ai parlé un certain jour que nous buvions au Pré-aux-Clercs une bouteille d'hypocras, comment pourrais-je me les procurer si je me faisais catholique?

— Allons, il n'y a pas moyen de parler sérieusement avec toi.»

Au moment où Mouvans allait répliquer, le son d'un cor se fit entendre dans le lointain, et ses accents, répétés par les échos de la montagne, retentirent avec éclat dans l'enceinte du vieux château de Montségur. A ce signal bien connu, — car c'était celui du cor ou de l'*olifant* du baron des Adrets, qui seul pouvait tirer de cet instrument des sons aussi retentissants, — nos deux amis se levèrent d'un mouvement spontané : « Voilà le baron qui arrive! s'écria Mouvans, je cours prévenir mes hommes et les lui présenter immédiatement, avant que Condorcet lui fasse peut-être un rapport défavorable sur leur compte. » Et il partit à la hâte.

Tandis que Blacons s'apprêtait aussi à aller à la rencontre de son chef, il réfléchissait en lui-même sur ce que venait de lui dire son camarade Mouvans. Oui, se disait-il, si ce Mouvans, malgré sa légèreté habituelle, m'a dit la vérité, — et je dois reconnaître qu'en bien des points il l'a dite, — il y a de quoi faire de sérieuses réflexions. Tout cela me jette dans un doute, une perplexité dont je veux sortir; car cela finirait par me conduire, comme Mouvans, à ne rien croire... A ne rien croire! mais est-ce possible? Lui-même, quand il dit qu'il ne croit à rien, le pense-t-il réellement? Non, je suppose plutôt qu'il cherche à s'étourdir, afin de se livrer sans remords à ses passions. Oh! si je pouvais découvrir de quel côté est la vérité, je n'hésiterais pas à m'y attacher malgré tout... Allons, demain j'y penserai sérieusement : la chose en vaut la peine.

CHAPITRE VII

DUEL DU BARON DES ADRETS ET DU COMTE DE SUZE

Le lendemain de son arrivée au château de Montségur, des Adrets réunit ses trois lieutenants en *conseil de guerre* et leur dit : « Le moment d'agir est enfin arrivé. La France s'agite de toutes parts, et d'ici à quelques mois un mouvement qui se prépare aura arraché le roi des mains des Guises, qui le tiennent captif et gouvernent en son nom. Placés trop loin du théâtre des événements, nous ne pouvons pas prendre une part directe à ce mouvement ; mais nous pouvons le seconder par une diversion utile, qui servira en même temps la cause commune et nos intérêts particuliers. J'ai vu ces jours derniers un grand nombre de seigneurs de cette province ; tous sont disposés à secouer le joug des princes lorrains ; seulement les uns par prudence, les autres parce qu'ils ne sont pas encore en mesure, veulent attendre avant de se déclarer ouvertement. Un seul est prêt à commencer la lutte; c'est notre ami Montbrun. Je n'approuve pas les motifs qui le font agir; il s'est fait protestant, je ne sais trop pourquoi, et le voilà maintenant devenu un des plus zélés propagateurs de sa nouvelle foi. Le parlement de Grenoble, à l'instigation de Lamotte-Gondrin, le lieutenant du duc de Guise, instruit contre lui et menace de le faire arrêter. Moi je veux le défendre, non parce qu'il s'est fait protestant, mais parce qu'il est seigneur de Montbrun, et qu'à ce titre il doit être indépendant et souverain dans toute l'étendue de ses domaines. J'ai donc fait avec lui une alliance offensive et défensive, m'engageant à le secourir s'il est attaqué, comme de son côté il me prêtera aide et assistance en cas de besoin. L'occasion de lui porter un secours efficace se présente en ce moment. Marin Bouvier, prévôt des maréchaux, a reçu l'ordre d'arrêter Montbrun. Il n'attend, pour l'exécuter, qu'une escorte suffisante que doit lui fournir le comte de Suze, mon digne remplaçant au commandement des troupes de cette province. Voici maintenant ce que j'ai résolu de faire pour entraver l'exécution de cet ordre. Mouvans va partir avec ses hommes, auxquels il réunira, s'il le peut, les vingt à trente autres qu'il m'a dit pouvoir se procurer...

— Je les aurai dès demain, s'il le faut, interrompit Mouvans.

— C'est bien, reprit des Adrets. Avec ce renfort, vous vous rendrez en toute hâte auprès de Montbrun, qui alors se trouvera en état de résister à Bouvier malgré son escorte. Pendant ce temps-là, moi, pour empêcher le comte de Suze de renforcer la troupe du prévôt, j'irai le trouver à son château avec Condorcet et Blacons, et j'espère lui donner assez d'occupation pour qu'il ne puisse secourir Bouvier.

— Pardon, monsieur le baron, dit Condorcet en souriant, est-ce que vous songez à assiéger le château de Suze? Dans ce cas, il me semble que nous n'aurions pas trop des soldats de Mouvans joints aux nôtres; car ce château est très-fort, et dans ce moment-ci il doit avoir une garnison nombreuse.

— Non, mes amis, je ne suis pas si fou que d'entreprendre un pareil siége avec si peu de monde; mais j'ai à régler un petit compte avec le sire de Suze, et la courtoisie exige que je fasse les premières avances. Vous vous rappelez, Messieurs, que dans la lettre du duc de Guise, qui m'annonçait d'une façon si gracieuse ma destitution, il m'était *ordonné* de remettre à mes successeurs « toutes les instructions relatives au commandement des légions et milices; » eh bien, c'est pour me conformer à cet ordre que je veux avoir avec lui, en présence de ces messieurs et d'un certain nombre de mes hommes d'armes, une entrevue dans laquelle je lui donnerai toutes les *instructions* et au besoin toutes les *leçons* qui conviennent à un chef de corps. Le comte de Suze n'est pas un d'Ailly de Pecquigny; on peut se rencontrer honorablement avec lui, et je suis sûr d'avance qu'il ne refusera pas de se trouver au rendez-vous que je lui donnerai.

— Bravo! mon colonel, s'écria Mouvans; quel dommage, bagasse! que je ne puisse pas être aussi de la partie! Est-ce qu'il ne serait pas possible de retarder jusque-là mon départ pour Montbrun? Vous m'aviez promis de m'accepter pour second dans votre affaire avec Pecquigny, est-ce qu'aujourd'hui vous ne me croyez plus digne de cet honneur?

— Je suis loin d'avoir une pareille pensée, mon cher Mouvans, et ce serait avec le plus grand plaisir que je vous verrais assister à ma rencontre avec le sire de Suze; mais il est plus urgent d'aller au secours de Montbrun; chaque instant de retard peut compromettre sa sûreté. Si je vous ai choisi pour cette mission, c'est que vos hommes sont tout prêts, et qu'ils m'ont paru des gaillards alertes et très-propres à une pareille expédition. Ainsi, partez sans perdre une minute, et envoyez-moi un courrier me prévenir aussitôt que vous aurez fait votre jonction avec Montbrun; car ce n'est qu'à ce moment-là que j'irai trouver le comte de Suze. Prévenez en même temps Montbrun qu'il ait soin de me faire part de tout ce qui lui arrivera de remarquable; de mon côté, je le tiendrai au courant de tous les événements qui pourront nous intéresser mutuellement. Quand j'aurai des nouvelles importantes et secrètes à vous transmettre à l'un et à l'autre, je le ferai par l'intermédiaire de mon muet Paolo, dont vous comprenez suffisamment tous deux le langage mimique. »

Mouvans s'empressa d'obéir, réunit ses hommes, et deux heures après il prit avec eux le chemin du château de Montbrun.

Aussitôt après son départ, des Adrets envoya des ordres pour presser l'arrivée de ses vassaux de la Frette, de Malmont et de ses autres domaines. Au bout de sept à huit jours, la garnison de Montségur se trouva forte d'environ cent cinquante hommes d'armes, bien équipés et bien armés. Vers le même temps, il reçut une dépêche de Montbrun qui lui annonçait l'arrivée de Mouvans avec quarante soldats, — il en avait recruté vingt en route. — « Avec ce renfort, ajoutait-il, je ne crains pas le prévôt, dont l'escorte n'est que de soixante chevaux; car j'en aurai le double pour le recevoir. »

Dès le jour suivant, des Adrets envoya par Condorcet un cartel, ou, selon son expression, une déclaration de guerre au comte de Suze.

Nous ferons observer en passant que de temps immémorial il avait existé une grande rivalité entre les familles de Beaumont et de Suze : rivalité de noblesse, de puissance, de fortune, d'intérêts souvent froissés par des contestations de voisinage, qui autrefois avaient donné lieu à des guerres fréquentes entre les seigneurs des deux maisons. Depuis que l'autorité royale avait détruit une partie des priviléges et des droits du pouvoir féodal, les guerres privées avaient été défendues, et les différends entre la noblesse féodale étaient jugés d'après les lois par les parlements et les juges royaux; des procès avaient donc remplacé, dans bien des cas, les querelles à main armée; mais si l'encre avait coulé au lieu de sang, l'animosité n'en était pas moins vive entre les contendants.

Les deux chefs actuels des deux familles, le baron des Adrets et le comte de Suze, avaient été élevés, pour ainsi dire, dans cette animosité héréditaire, entretenue jadis par des guerres et ensuite par des procès. Quoique chacun d'eux eût intérieurement une certaine estime pour la valeur et les qualités de l'autre, ils ne s'en détestaient pas moins cordialement, et cherchaient tous les moyens de se nuire. Dès que l'un embrassait un parti ou une opinion politique, on était sûr de rencontrer l'autre dans les rangs opposés, remarque que nous avons vu faire déjà par des Adrets lui-même. Ainsi le comte de Suze, qui dans le fond, disait-on, penchait pour la réforme, s'était déclaré ouvertement pour les Guises et pour le parti catholique, uniquement parce que des Adrets, qui n'aimait pas le parti protestant, le favorisait en haine des Guises. L'histoire de tous les partis, dans tous les temps, est pleine de ces sortes de contradictions.

Sur un seul point peut-être des Adrets et de Suze pouvaient se trouver d'accord; c'était sur le droit de vider entre eux par les armes leurs querelles particulières, malgré les ordonnances de nos rois. Aussi le comte accueillit-il avec une satisfaction marquée le cartel du baron; il déclara à son envoyé qu'il répondrait à l'appel de son maître, au jour et au lieu qui conviendraient à celui-ci.

« En ce cas, répondit Condorcet, le baron des Adrets, mon maître, m'a chargé de vous dire que, pour ne pas vous déranger, le combat aura lieu, si cela vous convenait, sur l'esplanade même de votre château.

— Comment! mais cela me convient à merveille; je ne me serais même pas attendu à tant de courtoisie de sa part, et je lui en ferai mes remercîments quand nous nous verrons. Maintenant, quelles sont ses autres conditions?

— Que le combat sera à outrance entre vous deux, ainsi qu'entre les seconds que vous aurez choisis et les siens, mais non pas avec les hommes d'armes qu'il amènera avec lui et les hommes d'armes qui vous accompagneront, en nombre égal de part et d'autre. Les uns et les autres resteront simples spectateurs de la lutte, et l'on choisira parmi les chefs des deux partis les juges du camp, chargés de faire observer les lois de la chevalerie par les combattants.

— J'approuve ces conditions, sauf une seule. J'admets parfaitement que nos hommes de part et d'autre ne se battent point entre eux; mais pourquoi nos seconds se battraient-ils? La querelle qui nous divise est toute personnelle; nous devons donc la vider entre nous deux seulement, afin d'éviter de répandre inutilement du sang, et nul autre que nous ne doit y prendre part. Je consens donc à me battre avec lui à outrance, mais à condition qu'aucun de nos seconds ne se battront entre eux dans cette circonstance, non plus que les hommes d'armes. Maintenant, le jour et l'heure?

— Ce sera, si vous le trouvez bon, à huitaine franche, à compter d'aujourd'hui, et à l'heure de midi.

— Très-bien; et les armes?

— C'est à vous, sire comte, comme étant provoqué, que le choix en appartient.

— C'est juste. En ce cas, dites à votre maître que je lui enverrai demain un de mes gentilshommes lui porter ma réponse officielle à son cartel. »

Après l'échange de deux autres messages, on tomba d'accord sur tous les points. Les seconds de part et d'autre devaient se borner à assister au combat comme parrains des deux adversaires, mais sans y prendre part. Les deux champions devaient combattre à pied, avec l'épée, la hache d'armes et la dague. Ils devaient marcher l'un contre l'autre au signal qui serait donné par les hérauts d'armes, en se conformant dans l'attaque et la défense aux lois et usages de la chevalerie. Par une dérogation à ces lois, le corps du vaincu n'appartiendrait pas au vainqueur, mais serait remis à ceux des siens qui assisteraient au combat comme spectateurs.

Le château de Suze était bâti sur un plateau au pied duquel serpente la rivière de Lez; ce plateau, auquel on arrive après une longue ascension à travers un pays des plus agrestes, était couvert d'un bois d'arbres résineux, dont le feuillage d'un vert sombre ajoutait encore à la tristesse du paysage. Après avoir traversé cette forêt, on parvenait à une éclaircie d'une certaine étendue, au milieu de laquelle s'élevait le château. Deux tours rondes, coiffées de toits en éteignoir, avec échauguettes [1] en poivrière et girouettes à queue d'aronde, flanquaient les angles du bâtiment, sur la façade duquel se dessinaient deux rainures profondément entaillées, pour recevoir les supports du pont-levis. Une nappe de lierre, enveloppant à demi l'une des tours, tranchait heureusement par son vert sombre sur le ton gris de la pierre. Cet ensemble de constructions, quoique déjà vieilles, était d'une époque moins ancienne que celles du château de Montségur, et pouvait offrir un modèle de l'architecture féodale du XIVe ou du XVe siècle.

En face de l'entrée principale, s'étendait l'esplanade désignée par le baron pour lieu de rendez-vous. Cet emplacement, fermé d'un côté par les hautes murailles du château, et entouré des trois autres par les arbres de la forêt, formait une espèce de champ clos d'un aspect sévère, parfaitement convenable au drame sanglant qui allait y être accompli.

Au jour et à l'heure indiqués, le baron des Adrets parut sur la lisière de la forêt, à la tête de sa petite troupe, avec bannière déployée et trompettes sonnant

[1] Espèces de petites guérites d'où l'on peut observer ce qui se passe aux environs.

pour annoncer son arrivée. Il fit ranger ses hommes d'armes sur une seule ligne, le dos tourné à la forêt, et la face vers le château. Pendant qu'il faisait exécuter ce mouvement, une troupe en nombre égal à la sienne était sortie du château de Suze, et s'était rangée au-devant des fossés, vis-à-vis la sienne. L'espace laissé libre entre les deux troupes devait servir de lice aux combattants.

Dès que ces arrangements préliminaires furent terminés, les hérauts d'armes firent sonner un appel, et les deux champions, sortant du groupe des leurs qui les entouraient, s'avancèrent l'un au-devant de l'autre, la visière levée et l'épée au fourreau, afin de constater mutuellement leur identité avant de commencer le combat. Qnand ils furent à la portée de la voix, le baron des Adrets s'écria, de manière à se faire entendre de tous les spectateurs : « Comte Jacques de Suze, moi, François de Beaumont, baron des Adrets, je t'ai envoyé par un de mes gentilshommes un défi pour les motifs que tu connais et qui sont contenus dans mon cartel. Je te défie de nouveau moi-même, à moins que tu ne reconnaisses la justice de mes griefs, et que tu ne te soumettes à satisfaire à mes demandes; sinon je te combattrai à outrance, et, avec l'aide de Dieu, je triompherai, parce que ma cause est juste. »

Duel du baron des Adrets et du comte de Suze.

Le comte de Suze répondit en élevant la voix avec force : « François de Beaumont, baron des Adrets, moi, Jacques comte de Suze, je jure devant Dieu que je n'ai à te faire aucune réparation, et que c'est injustement que tu me provoques : pour quoi Dieu va décider entre nous de quel côté est le bon droit. Cependant j'ai à te remercier d'avoir eu la courtoisie de choisir cet emplacement, et de m'avoir abrégé le chemin pour aller à ta rencontre.

— Tu ne me dois aucun remercîment, reprit des Adrets d'une voix grave et avec un sourire sardonique; je n'ai eu d'autre intention que d'épargner de la fatigue à tes gens, qui auront moins de chemin à faire pour porter ton corps dans le caveau de tes ancêtres.

— Voilà une fanfaronnade bien digne du baron des Adrets; mais prends garde que, sous prétexte d'épargner de la fatigue à mes gens, tu n'en aies préparé aux tiens une plus grande. » En disant ces mots, il baissa la visière de son casque, et retourna auprès des siens. Des Adrets en fit autant. Alors les parrains ou seconds achevèrent d'armer les champions; quand tout fut terminé, les trompettes sonnèrent de nouveau, et les hérauts d'armes crièrent : « Laissez aller les bons combattants. »

Les deux adversaires marchent l'un contre l'autre,

la visière baissée cette fois, l'épée haute dans la main droite, et la redoutable hache d'armes dans la main gauche. L'un et l'autre sont des guerriers dans la force de l'âge et du courage; tous deux ont fait leurs preuves, et la lutte promet d'être longue et terrible. Un silence profond règne parmi tous ces guerriers, dont les yeux suivent avec une curiosité inquiète tous les mouvements des combattants. Mais d'autres spectateurs, encore plus intéressés à cette lutte que les hommes d'armes qui entourent la lice, regardent avec une anxiété fiévreuse toutes les péripéties de cette scène émouvante : c'est la femme du comte de Suze, ce sont ses filles et sa sœur, qui du haut d'une des tours assistaient à ce spectacle, où un mari, un père, un frère allait exposer sa vie.

Dans nos mœurs actuelles, nous avons peine à comprendre la présence des femmes à de tels combats; mais c'était chose ordinaire à cette époque; c'était même en quelque sorte leur devoir, car leur présence encourageait les guerriers à *bien faire ;* puis elles ne craignaient pas de voir couler le sang, toujours prêtes à panser les blessures de ceux qui leur étaient chers, et à les récompenser par des couronnes et des félicitations s'ils étaient victorieux.

Le premier choc entre le baron et le comte fut violent, mais sans aucun résultat. Les coups portés de part et d'autre furent parés avec une adresse égale. Tous deux, maîtres d'eux-mêmes, semblaient se ménager, attendant que l'adversaire, en se laissant aller à quelque mouvement de colère, oubliât un instant la prudence. Au second choc, le comte de Suze frappa tout à la fois son adversaire et de sa hache d'armes et de son épée; le baron para le coup d'épée avec sa hache, mais la hache de son antagoniste brisa l'épée de des Adrets. Celui-ci, jetant le tronçon de son glaive devenu inutile, passa sa hache d'armes de la main gauche dans la main droite, saisit sa dague de la main gauche, et, tout en faisant ce mouvement avec la rapidité de l'éclair, il rompit de quelques pas, pour éviter les coups d'estoc que lui portait le comte avec sa longue épée. Saisissant un moment favorable, il s'élança contre son adversaire, le frappa de sa hache avec tant de violence, que si le coup eût porté sur le casque où il était dirigé, il l'eût brisé et peut-être le crâne en même temps; mais le comte fit un léger écart à droite; l'arme dévia; elle glissa sur les joues du casque, et vint frapper l'épaule gauche, dont elle entama l'armure. Suze chancela sous la violence du coup; son bras gauche engourdi laissa tomber la hache; mais, se remettant aussitôt, il lança à son adversaire un coup de pointe qui pénétra au défaut de la cuirasse, et fit couler le sang de des Adrets. La vue de ces blessures sembla redoubler la rage des deux adversaires; ils ne cherchaient plus à parer; ils frappaient en aveugles; leurs coups répétés tombaient sur leurs armures, comme les marteaux des forgerons sur le fer qu'ils façonnent sur l'enclume, et ce bruit retentissant allait éveiller au loin les échos de la forêt. Les débris de leurs armes brisées couvraient le sol, leur sang coulait à flots, et cependant tous deux étaient encore debout, l'œil étincelant de fureur et la menace à la bouche. Enfin le baron des Adrets parut faiblir, il chancela...; le comte accourut l'épée haute pour le frapper, en lui criant : « Rends-toi, ou tu vas mourir ! — Pas encore, » reprit des Adrets. Et au moment où Suze levait son épée pour lui porter le coup mortel, le baron lui enfonça sa dague dans le flanc. Le bras du comte retomba sans force, et lui-même s'affaissa sur le terrain. En même temps le baron des Adrets, épuisé par la grande quantité de sang qu'il avait perdu, tomba comme inanimé à côté de son adversaire.

On les crut morts l'un et l'autre. Les troupes des deux partis poussèrent ensemble un cri de rage, et elles allaient peut-être en venir aux mains pour venger le trépas de leurs chefs, quand tout à coup on vit accourir du château la comtesse de Suze, sa belle-sœur, damoiselle Berthe de Suze, appelée ordinairement la tante Berthe, les jeunes filles du comte et les femmes suivantes. Les hommes d'armes s'arrêtèrent à cette vue, et le silence se rétablit. La comtesse se précipita sur le corps de son mari, qu'elle essaya en vain de soulever; elle et ses filles poussaient des cris déchirants, quand la tante Berthe, après avoir un instant examiné son frère, s'écria : « Ma sœur et vous mes nièces, calmez-vous; mon frère n'est pas mort, et, avec la grâce de Dieu, peut-être le sauverons-nous. » La tante Berthe avait acquis de grandes connaissances dans l'art de panser et de soigner les blessures; on sait que cet art faisait partie de l'éducation des femmes nobles dans le temps de la chevalerie. Ces paroles suspendirent les éclats de la douleur de la comtesse et de ses filles, et calmèrent la fureur des guerriers de Suze; mais ceux du baron des Adrets sentirent redoubler la leur, et Condorcet et Blacons avaient peine à les contenir, en même temps qu'ils cherchaient à étancher le sang qui coulait à flots des blessures de leur maître.

Le moment était critique. Un mot, un geste pouvait précipiter les soldats de des Adrets contre ceux de Suze, et une mêlée sanglante et bien autrement meurtrière allait peut-être succéder à ce duel funeste. La tante Berthe comprit le danger, et, avec cette autorité que lui donnaient à cette époque et ses connaissances médicales et sa qualité de femme noble, elle s'écria : « Hommes d'armes du baron des Adrets, je vous affirme que votre maître est blessé moins dangereusement que mon malheureux frère. Au lieu de songer à venger votre chef, occupez-vous plutôt de le sauver; il n'y a pas de temps à perdre, et dans quelques instants il serait peut-être trop tard. Il n'y a eu dans ce funeste combat ni vainqueur ni vaincu. Que chacun des deux partis se retire paisiblement en emportant son chef blessé, et lui donne les soins qu'exige sa position. »

En même temps elle fit approcher une de ses suivantes qui avait apporté une certaine quantité de bandes de toile fine pour poser le premier appareil sur les blessures de son frère; elle en donna une partie à Condorcet, afin qu'il en fît le même usage pour son maître.

Les paroles de la tante Berthe, et surtout son action généreuse, calmèrent tous les esprits. On improvisa des litières avec des bois de lance et des manteaux; on y coucha les deux guerriers blessés. Quatre hommes soulevèrent chaque litière : ceux du comte de Suze rentrèrent dans leur château, ceux du baron des Adrets reprirent le chemin de Montségur.

Le trajet était long. Près de douze kilomètres séparaient les deux châteaux, et les chemins étaient difficiles.

A chaque instant il fallait s'arrêter, soit pour changer les porteurs, soit pour essayer de procurer quelque soulagement au blessé, qui n'avait pas encore recouvré la parole, et qui ne donnait d'autres signes de vie que quelques sourds gémissements.

A peu près à moitié route, le cortége fut rencontré par les gens de Montségur, que Condorcet avait fait prévenir par quelques coureurs envoyés en avant, au moment de leur départ de Suze. Le muet Paolo était avec eux. Il donna les signes de la plus vive douleur en voyant l'état de son maître; puis, tirant de sa poche une petite bouteille qui contenait une liqueur rouge, il en fit avaler quelques gouttes au baron. Presque aussitôt la figure pâle du blessé se ranima un peu; il poussa un profond soupir, rouvrit les yeux, et reconnut ceux qui l'entouraient. Il fit de vains efforts pour parler. « Calmez-vous, Messire, lui dit Condorcet; vous êtes entouré de vos fidèles serviteurs; nous vous conduisons à votre château de Montségur, où, après quelques jours de repos, vous guérirez de vos blessures. »

Après un instant de silence, le baron fit un effort, et prononça ces mots : « Et le comte de Suze?

— Il est mort, répondit sans hésiter Condorcet.

— En ce cas, oui, reprit-il, je guérirai. »

Personne ne contredit ce mensonge de Condorcet;

car tous ceux qui étaient présents connaissaient assez le caractère de leur chef pour être convaincus que le meilleur topique à appliquer sur ses blessures était l'annonce de la mort de son adversaire.

Le reste de la route se fit sans accident, quoique la nuit fût déjà fort avancée. Il était plus de minuit quand on arriva au château. On y trouva le père Antoine, — connu dans le pays sous le nom de l'Ermite de la Montagne, — qu'on avait envoyé chercher en toute hâte pour donner des soins au blessé.

Le père Antoine, né sur les domaines du seigneur des Adrets, était un saint homme et en même temps un homme fort habile dans l'art de guérir. Il avait été autrefois militaire, et avait suivi le général René de Montijean dans les guerres d'Italie. Il avait connu, auprès de ce général, Ambroise Paré, attaché à l'armée française en qualité de chirurgien. Il avait reçu de ce célèbre maître les premières leçons d'anatomie et de pratique chirurgicale. Bientôt il avait senti se développer en lui une vocation telle pour la chirurgie, qu'il abandonna le métier des armes, ou, comme il le disait, « l'art de tuer les hommes pour l'art de les guérir, » et que, pour être plus libre de suivre cette vocation, il renonça au monde et prononça les vœux monastiques. Depuis quelques années il était venu s'établir dans une petite cabane ou ermitage d'une montagne dans le voisinage de Montségur. Là tout son temps était consacré à la prière, à l'étude des plantes alpestres et de leurs qualités médicales, et aux soins à donner aux malades et aux blessés de toute la contrée, sans distinction de riches ou de pauvres, de nobles ou de vilains. Jamais il n'appliquait un remède sans ajouter cette formule qu'il tenait de son maître : « Je te panse, Dieu te guérisse ; » mais il ne se contentait pas de répéter machinalement cette formule, il l'accompagnait toujours de ferventes prières pour demander à Dieu la guérison de ses malades. Sa piété était si grande et inspirait tant de confiance aux bons habitants de la contrée, qu'on croyait plus encore à l'efficacité de ses prières qu'à celle de ses médicaments ; et plus d'une fois on lui dit, comme autrefois au divin Maître : « Il est inutile que vous preniez la peine de venir voir notre malade et lui donniez toutes ces médecines ; dites seulement quelques paroles, et il sera guéri. »

Tel était le père Antoine, le vénérable, le saint Ermite de la Montagne, comme l'appelaient les gens du pays. Nous ajouterons qu'il n'était pas seulement le médecin du corps, mais qu'il s'appliquait aussi à guérir les maladies de l'âme, et surtout à les préserver de la contagion des doctrines subversives et anticatholiques, qui faisaient alors des progrès effrayants dans toutes ces contrées.

Le père Antoine, après avoir sondé les plaies du baron des Adrets et y avoir mis un appareil convenable, passa le reste de la nuit en prière, selon son usage, dans la chambre du malade. Pendant près d'une semaine il ne le quitta ni jour ni nuit, car ses blessures étaient beaucoup plus graves qu'on ne l'avait cru d'abord; et ce ne fut qu'après la levée du troisième appareil que le chirurgien manifesta un espoir sérieux de guérison. Encore prescrivit-il les plus grands ménagements, surtout d'éviter tout ce qui pourrait lui causer des émotions fortes, de quelque nature qu'elles fussent. Enfin, après six semaines de souffrances, des Adrets entra en pleine convalescence; mais ce ne fut qu'au bout de six mois qu'il reprit toutes ses forces et son ancienne vigueur.

Le comte de Suze fut moins longtemps à se rétablir, soit que ses blessures eussent été moins graves, soit que les prescriptions du père Antoine, — car l'ermite fut appelé aussi à le visiter, — eussent été suivies avec plus d'intelligence et des soins plus délicats par la femme, la sœur et les filles du comte que par les gens du baron des Adrets.

Notons en passant qu'on avait dit aussi au comte

de Suze que son adversaire était mort des suites de ses blessures. Le comte avait répondu en apprenant cette nouvelle : « C'est dommage ; c'était un valeureux guerrier, et je regrette d'avoir été cause de sa mort. » On voit que les sentiments du comte étaient bien différents de ceux du baron.

CHAPITRE VIII

EXPLOITS DE MONTBRUN ET DE MOUVANS

Tandis que le baron des Adrets gisait sur son lit de douleur, Mouvans écrivait à son ami Blacons quelques détails sur les suites de sa réunion avec Montbrun. Nous allons extraire de sa dépêche les passages qui se rapportent à notre histoire :

« Je suis arrivé ici avec quarante gaillards tout semblables à ceux que tu as vus à Montségur. Il était temps, car Marin Bouvier s'avançait avec une troupe qui aurait donné du fil à retordre à celle de Montbrun; mais, grâce à mon renfort, il s'est trouvé en état de le bien recevoir. Le prévôt a d'abord envoyé une espèce d'huissier signifier à Montbrun l'arrêt du parlement qui le décrétait de prise de corps, et en même temps il le sommait de venir se constituer prisonnier entre ses mains. Montbrun répondit à l'huissier : « Va dire au prévôt que, s'il veut m'avoir prisonnier, il vienne me prendre. » Marin Bouvier s'avança alors résolûment contre le château, et trouvant les portes fermées, mais le pont-levis baissé, il réitéra de vive voix la sommation, à laquelle personne ne répondit. Puis il donna l'ordre à un certain nombre de ses gens de s'avancer contre la porte et de la briser à coups de hache, tandis que les autres, armés d'arquebuses, menaçaient de tirer sur ceux du château qui feraient mine de résister. Jusque-là nous étions demeurés cois et immobiles ; mais au premier coup de hache frappé contre la porte, voilà que je m'élance d'une embuscade où je me tenais caché avec mes gens, et nous prenons en flanc la troupe du prévôt, qui, ne s'attendant pas à cette brusque attaque, commence à lâcher pied. Au même instant la porte du château s'ouvre à deux battants, et Montbrun, à la tête de ses meilleurs hommes d'armes, fond sur les assaillants, renverse les premiers qu'il rencontre et les culbute dans le fossé. Ah ! mon bon, jamais je n'ai rien vu de si plaisant, et j'en ris encore en t'écrivant. Voilà que tous ces archers du prévôt, qui étaient au moins aussi nombreux que nous, se mettent à fuir comme une volée de perdreaux, et abandonnent le pauvre Marin Bouvier, qui, tout penaud, se trouve entouré de nos gens au lieu des siens.

Quelques-uns s'apprêtaient déjà à le maltraiter, quand Montbrun leur défendit de le toucher; et s'approchant aussitôt du pauvre homme, qui tremblait de frayeur, il lui dit de son ton le plus gracieux, qui est loin d'être rassurant, comme tu sais: « Monsieur le prévôt, vous étiez venu pour me faire votre prisonnier, et c'est vous maintenant qui êtes le mien. Je vais vous faire conduire dans le donjon de mon château, où vous resterez comme otage, jusqu'à ce que le parlement ait révoqué l'arrêt qu'il a lancé contre moi. »

« Marin Bouvier balbutia une réponse, que je n'entendis pas et que Montbrun dédaigna d'écouter, et aussitôt il donna l'ordre d'enfermer le prisonnier dans la salle basse du donjon; ce qui fut exécuté sur-le-champ.

« C'était un beau coup pour le début et parfaitement réussi; mais les suites pouvaient être dangereuses, s'il ne nous arrivait pas les renforts que le baron des Adrets nous avait promis, et si d'autres seigneurs, encouragés par cet exemple, ne se mettaient pas aussi de la partie. Mais voilà que nous recevons le courrier que tu nous as dépêché pour nous annoncer le triste résultat du duel du baron et du comte de Suze; d'un autre côté, pas un seigneur ne paraissait disposé à bouger, et Lamotte-Gondrin faisait de grands préparatifs pour venir punir ce qu'il appelait la félonie de Montbrun.

« Celui-ci était indécis, ne sachant trop quel parti prendre, quand il lui arriva une dépêche d'un certain Guillotin, avocat de Valréas, qui l'engageait à entrer dans le Comtat avec quelques soldats; ajoutant qu'aussitôt il verrait accourir à lui toutes les populations calvinistes du pays, et qu'avec leur secours il aurait bientôt chassé tous les papistes de la contrée.

« Jamais proposition ne fut plus joyeusement reçue. Mes hommes et moi nous étions dans l'enthousiasme; car nous allions trouver enfin l'occasion de nous regarnir un peu l'escarcelle, et cela aux dépens des prêtres et des moines, et dans un pays appartenant au pape. C'était *pain bénit*, comme disent les catholiques.

« Nous sommes entrés aussitôt en campagne. Nous avons parcouru le comtat Venaissin comme une avalanche. Les villes, les bourgs, les villages tombaient en notre pouvoir à notre seule apparition, comme jadis les murailles de Jéricho tombèrent au son des trompettes de Josué. Nous étions vraiment dans la terre promise; aussi la moisson a été des plus fructueuses. Te dire le nombre d'églises, de monastères, de couvents que nous avons *visités*, c'est-à-dire dépouillés de tous leurs signes d'idolâtrie, me serait impossible. Montbrun et les siens, en zélés calvinistes, commençaient par briser les statues du Christ, de la Vierge et des saints, par brûler et mettre en pièces les tableaux et toutes les autres idoles papistes; mes soldats, eux, faisaient d'abord main basse sur les calices, les ciboires, les ostensoirs, les reliquaires et tous les objets de quelque valeur métallique. C'était plaisir de les voir travailler; en un tour de main ils avaient découvert tous les trésors enfouis dans les tabernacles et les sacristies. Quand ceux de Montbrun voulaient à leur tour chercher quelques objets plus précieux que des débris de statues de pierre ou de bois, ils ne trouvaient plus rien. Ils murmuraient un peu et réclamaient le partage du butin; on leur en donnait quelque bribe pour les apaiser et ne pas susciter de querelles entre amis. A dire vrai, la part de mes gens a été la plus grosse, et plus d'un sont revenus de l'expédition avec des sommes suffisantes pour acheter un riche héritage; mais ils les ont déjà presque toutes dépensées en orgie et au jeu, au grand scandale des sévères calvinistes de Montbrun. Celui-ci m'en a fait quelques reproches; je lui ai répondu : « Que voulez-vous, ces hommes ne se battent que pour avoir de l'argent, et ils n'ont d'argent que pour le dépenser. S'ils restaient riches, ils ne voudraient plus se battre, et quand ils n'ont plus rien, on peut les mener où l'on veut; on est sûr qu'ils ne reculeront jamais. »

« Nous n'avons trouvé nulle part de résistance sérieuse. Les protestants du pays nous attendaient à bras ouverts, et les catholiques tremblants n'osaient pas se montrer. A Valréas, à Vaison, à Cavaillon, nous avons été reçus en triomphe; il y a bien eu par-ci par-là quelques prêtres, quelques moines qui ont fait mine de protester, et qui nous ont lancé force malédictions; on s'est contenté d'en pendre *un peu* quelques-uns, et de couper *tout doucement* la tête à quelques autres, uniquement pour les empêcher de crier, et aussitôt le silence et l'ordre se sont rétablis comme par enchantement.

« Montbrun a paisiblement organisé des prêches et levé des contributions dans tout le pays que nous avons parcouru. Le légat du pape tremblait dans Avignon, et attendait avec impatience les secours qu'il avait fait demander à Rome. Mais le pape lui a répondu qu'il ne pouvait lui en envoyer, et qu'il fallait à tout prix faire la paix avec nous. Bientôt les députés du légat s'abouchèrent avec Montbrun; on lui promit une forte somme d'argent et l'assurance qu'il ne serait jamais inquiété pour ce qui s'était passé, s'il consentait à sortir du Comtat et à prendre l'engagement de n'y plus revenir. Montbrun, enchanté de traiter de puissance à puissance avec le souverain pontife, signa la paix à ces conditions, et nous revînmes à son château, d'où je t'adresse la présente. »

Cette lettre était accompagnée d'une dépêche de Montbrun au baron des Adrets pour lui demander du renfort, afin d'entamer la guerre dans cette partie du Dauphiné, où les protestants étaient plus nombreux que du côté de Montségur. Le baron commençait à se rétablir de ses blessures; mais il était encore incapable de monter à cheval. Il consentit donc à la demande de Montbrun, et chargea Condorcet de lui conduire une centaine de ses hommes d'armes, ne gardant pour le moment que le nombre strictement nécessaire pour la défense de son château. En même temps il le prévenait qu'il rappellerait cette troupe aussitôt qu'il serait en état lui-même de tenir la campagne.

Dès que Montbrun eut reçu les soldats de des Adrets, il porta la guerre dans le diocèse de Gap et une partie du haut Dauphiné, commettant les mêmes actes de déprédation et de cruauté qui avaient signalé son invasion dans le Comtat, pillant et dévastant les églises, égorgeant les prêtres et les moines. Les enfants perdus de Mouvans se distinguèrent encore dans cette expédition par leur avidité pour le pillage; mais Montbrun, Condorcet et leurs soldats montrèrent peut-être plus de froide cruauté.

C'était quelque temps après l'affaire connue sous le nom de *conjuration d'Amboise*. Quoique cette échauffourée, première levée de boucliers du parti protestant, n'eût pas tourné à son avantage, que la Renaudie et les principaux chefs y eussent trouvé la mort, et que la puissance des Guises n'en parût que plus affermie, cependant les huguenots furent loin de se laisser abattre, surtout dans les provinces éloignées du siége du gouvernement. D'ailleurs, se disaient-ils, ce coup de main avait manqué par défaut d'entente suffisante et par la trahison de l'avocat Avenelles; une autre entreprise mieux concertée pourrait facilement réussir. En attendant, il fallait entretenir l'agitation dans toutes les parties du royaume, afin de diviser les forces du gouvernement, qui ne pourrait veiller sur tous les points à la fois.

Montbrun, pour sa part, aidé des secours de des Adrets, entretenait à merveille cette agitation dans tout le haut Dauphiné. Tallard, Veynes, Aspres, furent en son pouvoir pendant une partie de l'année 1560. Le nom de ce redoutable partisan, mêlé à celui de des Adrets, beaucoup plus connu, parvint jusqu'aux oreilles du duc de Guise. Il donna ordre à son lieutenant Lamotte-Gondrin d'attaquer et de détruire les forces commandées par Montbrun, et de s'emparer de sa personne et de celle de des Adrets.

L'ordre était plus facile à donner qu'à exécuter. Cependant Lamotte-Gondrin se mit en devoir d'obéir au redoutable ministre; il réunit deux cents chevaux, trois cents fantassins, et avec cette troupe il marcha résolûment contre Montbrun, qu'il espérait surprendre dans les environs de Veynes, où il devait se trouver avec peu de monde, ses soldats étant dispersés sur plusieurs points du Gapençais. Mais Montbrun fut averti à temps; il rassembla à la hâte les fantassins de Mouvans et les soldats de Condorcet, qui, avec ce qu'il put réunir des siens, formèrent un total de trois cents hommes. Il plaça cette petite troupe dans un défilé par où Lamotte-Gondrin devait passer, tomba à l'improviste sur son escorte qu'il tailla en pièces, mit le reste en déroute, et en tua encore un grand nombre dans leur fuite. Lamotte-Gondrin ne dut lui-même son salut qu'à la vitesse de son cheval.

Ce succès était brillant; mais il ne pouvait se renouveler. Tout, au contraire, présageait une issue funeste à l'expédition. On savait positivement que Lamotte-Gondrin allait revenir avec des forces dix fois plus considérables que celles qu'on pourrait lui opposer; d'un autre côté, les catholiques du pays, qu'on avait si fort maltraités depuis quelques mois, commençaient à relever la tête, et n'attendaient que l'approche des troupes du lieutenant du roi pour se soulever et tomber sur leurs oppresseurs. Pour comble de disgrâce, Montbrun venait de recevoir une dépêche du baron des Adrets, qui lui redemandait en toute hâte Condorcet avec sa troupe; car il venait d'apprendre qu'il allait lui-même être attaqué dans son château.

Montbrun réunit aussitôt ses compagnons d'armes, et leur exposa en quelques mots l'état des choses: « Il est, leur dit-il ensuite, de la prudence de céder un instant à l'orage et de se réserver pour des temps meilleurs. Condorcet va retourner en toute hâte auprès de des Adrets, qui avec ce renfort peut tenir une année entière et plus dans son château de Montségur. Malheureusement je n'en pourrais dire autant du château de Montbrun: il est à l'abri d'un coup de main seulement; mais il ne saurait tenir contre une attaque sérieuse; aussi je ne songe pas à m'y enfermer, et j'ai résolu de me retirer à Genève avec ma famille jusqu'à ce que les circonstances me permettent de rentrer en France. Je vais renvoyer dans leurs foyers tous ceux de mes soldats qui ont une famille et une retraite assurée dans mes domaines; les autres me suivront. Quant à Mouvans, s'il veut m'accompagner, j'en serai flatté; seulement je lui ferai observer que ses soldats devront montrer plus de réserve et de retenue, s'ils veulent être bien accueillis des Genevois.

— Merci, Montbrun, de votre offre, répondit Mouvans; ne vous mettez pas en peine de mes hommes; ils ne seront point un embarras pour vous, et ils se garderont bien d'aller scandaliser les saints de l'Église de Genève, par leur air un peu sans façon et leur langage un peu leste. Je vais, moi aussi, les licencier, parce que pour le moment il n'y a que des coups à recevoir et rien à gagner. Ils vont disparaître comme par enchantement, et l'on n'entendra plus parler d'eux qu'au moment où je leur ferai signe de revenir : pas un alors ne manquera à l'appel, et troun-de-l'air! gare où ils porteront leurs coups! Sur ce, au revoir, mes amis, et bonne chance! »

On se sépara aussitôt. Montbrun se dirigea sur la Savoie pour gagner Genève, et Condorcet prit la route du château de Montségur. Voyons ce qui s'était passé dans ce manoir pendant que s'accomplissaient dans le haut Dauphiné les faits que nous venons de raconter.

Des Adrets, comme un grand nombre de seigneurs catholiques et protestants opposés aux Guises, avait été instruit de bonne heure des projets formés par Barré de la Renaudie, pour arracher, disait-on, le roi François II, les princes ses frères, et la reine mère, Catherine de Médicis, à la domination des princes lorrains, dont l'ambition ne tendait rien moins qu'au trône. Il devait même assister à l'assemblée secrète qui se tint à Nantes le 1er février 1560, et qui devait être composée des membres de l'association venus de toutes les provinces de France, avec la prétention de représenter les états généraux « pour extrême nécessité. » Mais l'état de souffrance dans lequel il se trouvait, par suite de ses blessures reçues dans son duel avec le comte de Suze, ne lui permit pas d'être présent à cette réunion. Seulement, quand il en connut le résultat, il envoya sa pleine adhésion à la Renaudie, et s'engagea à seconder de tout son pouvoir l'entreprise des conjurés. Ce fut là le motif qui l'engagea à expédier à Montbrun le renfort que celui-ci lui demandait.

Cette part active au complot, et surtout l'adhésion écrite qu'il y avait donnée et qui fut trouvée plus tard dans les papiers saisis au domicile de la Renaudie, achevèrent de le compromettre aux yeux du duc de Guise, qui ordonna son arrestation et celle de Montbrun, ainsi que nous l'avons vu plus haut.

Des Adrets fut informé de cette résolution par son fidèle ami le notaire du Tilleroy, qui lui transmettait en même temps des détails sur les suites funestes qu'avait eues la conjuration d'Amboise, sur les dangers que couraient le prince de Condé et le roi de Navarre, et qui finissait par l'engager à détourner l'orage qui le menaçait lui-même, en faisant au besoin sa soumission aux Guises, contre lesquels il y aurait folie maintenant à vouloir lutter.

« Mais il est fou lui-même, s'écria le baron après avoir lu ce passage de la lettre de son ami; moi, me soumettre aux Guises! Si cela arrive jamais, c'est qu'alors j'aurai, en effet, perdu la tête, non comme l'entend ce vieux radoteur de notaire, mais sur le billot où elle tombera comme celle de tant de braves gentilshommes victimes de la tyrannie des Lorrains. Encore pour cela faut-il qu'ils me prennent vivant; mais, Dieu merci, ils ne me tiennent pas encore. »

Aussitôt il s'occupa, avec une activité étonnante pour son état encore souffrant, d'amasser le plus qu'il pourrait de provisions dans son château, et de tout préparer pour une défense désespérée. Ce fut alors qu'il envoya à Condorcet l'ordre de venir le rejoindre en toute hâte, tandis que Blacons parcourait ses autres domaines pour faire appel à ses vassaux qui lui devaient le service militaire.

CHAPITRE IX

LE PÈRE ANTOINE

Pendant qu'il se livrait avec ardeur à ces travaux, il apprit tout à coup que le comte de Suze était à Grenoble, occupé à réunir des forces suffisantes pour venir l'assiéger dans son château.

« Le comte de Suze! s'écria-t-il stupéfait; mais ne m'avez-vous pas dit qu'il était mort? ajouta-t-il en s'adressant à Blacons.

— Ce n'est pas moi, c'est Condorcet qui vous l'a dit parce qu'il le croyait ainsi que nous; plus tard, quand nous avons appris la vérité, nous n'avons pas voulu vous détromper, dans la crainte de retarder ou même d'empêcher votre guérison.

— O le lâche! Comment! il sait que je suis vivant, et au lieu de venir m'offrir loyalement une revanche seul à seul, comme je l'ai fait, il va rassembler une armée pour venir m'attaquer! Mais je ne veux pas lui en donner le temps... Partons..., allons le prévenir, le provoquer...; et cette fois je lui arracherai le cœur de la poitrine, si toutefois il en a un... » En disant ces mots, ses yeux s'étaient injectés de sang, tout son corps était agité d'un mouvement convulsif; il était en proie à un de ces accès de colère délirante, aussi effrayant pour ses amis que pour ses ennemis.

Blacons chercha en vain à le calmer en employant le langage de la raison, en essayant de lui faire comprendre qu'avec le petit nombre d'hommes qu'il avait avec lui, et qui était à peine suffisant pour la défense de Montségur, il ne pouvait songer à aller affronter une armée entière, et abandonner son château à la merci de ses ennemis. Blacons parlait en vain, des Adrets ne l'écoutait pas. Un spasme nerveux continuait à agiter ses membres; enfin il s'assit, ou plutôt il s'affaissa sur un siége, paraissant en proie à de violentes douleurs.

Blacons, effrayé, ne savait quel parti prendre, quand le père Antoine, qui depuis la convalescence du baron venait de temps en temps le visiter, arriva au château. « C'est Dieu qui vous envoie, mon père, » s'écria Blacons en l'apercevant; et il lui raconta en toute hâte ce qui venait de se passer.

L'ermite s'approcha du baron, l'examina quelques instants, lui tâta le pouls, puis lui fit avaler une potion calmante, qui, apaisant peu à peu l'agitation spasmodique, le jeta dans une espèce de sommeil interrompu par de fréquents soubresauts. Enfin le sommeil devint plus régulier, plus calme, et dura près de trois heures. En se réveillant, il promena ses regards autour de lui, et parut soulagé comme un homme qui vient d'être tourmenté par un pénible cauchemar : tout trouble, tout transport violent avait disparu, et un grand abattement avait succédé à l'état de surexcitation. Il arrêta successivement ses regards sur les trois personnes qui l'entouraient, le père Antoine, Blacons et son muet Paolo. Après un échange avec ce dernier de ces signes imperceptibles dont nous avons parlé, et qui avaient sans doute pour objet de l'interroger sur ce qui venait de se passer, il s'adressa au père Antoine : « Je croyais, lui dit-il, avoir fait un rêve fatigant, qui avait rouvert mes plaies cicatrisées par vos soins ; Dieu merci, mes blessures ne sont pas rouvertes ; cependant j'ai beaucoup souffert.

— Monsieur le baron, répondit le chirurgien, votre âme est plus malade que votre corps ; et si je réussissais à la guérir, vous ne ressentiriez plus les souffrances dont vous vous plaignez. Malheureusement je suis impuissant à opérer une semblable guérison ; elle dépend de vous seul et de la grâce de Dieu. Ce matin vous n'éprouviez plus de souffrance de vos blessures ; vos forces revenaient rapidement, et dans quelques jours vous vous seriez trouvé aussi bien portant, aussi vigoureux que vous l'avez jamais été. Et voilà qu'un accès de colère que vous n'avez pas su maîtriser, est venu sinon rouvrir vos plaies à l'extérieur, jeter au dedans de vous, dans toute votre organisation, une perturbation violente, qui a détruit, peut-être pour longtemps, les forces que vous aviez si péniblement recouvrées.

— C'est vrai, je n'ai pas été maître de moi-même en apprenant que ce Jacques de Suze vivait encore, moi qui me consolais de tout ce que j'ai souffert par la persuasion où j'étais de l'avoir tué.

— Prenez garde, vous vous échauffez encore en parlant ainsi ; vous allez aggraver votre mal et peut-être le rendre incurable. Enfin, oui ou non, voulez-vous guérir ?

— Oui, je le veux, ne serait-ce que pour me venger.

— Le motif n'est pas louable, il pourrait bien retarder cette guérison que vous souhaitez si ardemment. Encore une question : Avez-vous, oui ou non, confiance en moi ?

— J'ai en vous la confiance la plus entière, autant

et peut-être plus qu'à Ambroise Paré lui-même; car je vous ai vu en Italie opérer des cures plus merveilleuses que les siennes.

— En ce cas il faut écouter mes conseils et vous y conformer scrupuleusement. Si vous les suivez avec exactitude, avant huit jours vous serez rétabli, et il ne paraîtra plus rien de votre indisposition d'aujourd'hui; dans le cas contraire, votre sang s'échauffera, la fièvre s'emparera de vous, et vous livrera inerte, sans défense, au pouvoir de vos ennemis, si elle ne vous conduit pas au tombeau.

— Parlez, que faut-il faire? je me soumettrai à toutes vos prescriptions; j'avalerai les médecines les plus amères, les plus nauséabondes; je souffrirai sans me plaindre les opérations les plus douloureuses; j'endurerai la faim, la soif, en un mot, toutes sortes de privations au besoin, pourvu que je guérisse.

— Oh! je ne veux pas vous faire subir des épreuves de cette nature; vous n'avez pas d'opérations douloureuses à supporter; les médicaments que je vous donnerai sont des boissons qui ne vous offriront aucune répugnance au goût; la diète que je vous imposerai n'aura rien de pénible. Mais ce que je vous demanderai, ce que j'exigerai de vous, comme la condition essen tielle de votre guérison, c'est de prendre assez d'em-

cacité. Il y a longtemps que j'ai commencé à prier pour vous, et je le ferai encore avec toute la ferveur dont je suis capable; mais priez aussi vous-même, mon cher maître, je vous en supplie, au nom de votre digne mère, que j'ai soignée dans sa dernière maladie, de cette sainte femme qui m'a tant de fois répété de veiller sur vous, et qui maintenant prie Dieu dans le ciel pour son fils unique qu'elle aime tant; au nom de votre propre intérêt, si vous tenez à guérir promptement, car, je vous le répète, c'est le seul moyen d'y parvenir; et enfin, en mon propre nom, si toutefois un des plus anciens et des plus fidèles serviteurs de votre maison peut avoir quelque valeur à vos yeux. »

La rude nature du baron des Adrets parut un instant émue de ces témoignages touchants d'attachement, et surtout du souvenir de sa mère, la seule affection qu'il eût peut-être sentie dans sa vie. Il prit la main du père Antoine, la serra cordialement, et lui dit : « Je vous remercie, mon père, de vos bons sentiments pour moi; dès ma plus tendre enfance j'ai appris à vous connaître, et vous savez que j'ai toujours eu pour vous l'estime la plus sincère et une véritable amitié. Je m'efforcerai de suivre vos conseils, je vous le promets. »

Les suivit-il? Nous ne saurions l'affirmer; mais ce qui est certain, c'est que quand le père Antoine le revit le lendemain, il le trouva beaucoup plus calme. Il l'en félicita, sans revenir sur ce qu'il avait dit la veille; il se contenta, ce jour-là et les jours suivants, de l'entretenir de choses en apparence indifférentes, mais qui toutes tendaient au but qu'il se proposait, celui de ramener insensiblement son malade à des pensées chrétiennes et à des sentiments religieux, en un mot, de guérir son âme; mais cette cure était plus difficile que l'autre. Pour donner à nos lecteurs une idée de la manière de procéder du vénérable ermite, nous allons citer quelques fragments d'une de ces conversations.

L'entretien avait roulé ce jour-là sur les guerres d'Italie, dont le baron aimait à se rappeler les divers incidents. A cette occasion, il vint à parler de plusieurs cures remarquables opérées par Ambroise Paré, de concert avec Antoine Adhémar, — c'était le nom de famille du père Antoine, — et il demanda tout à coup à celui-ci comment il se faisait qu'avec le goût prononcé qu'il avait pour la chirurgie, et d'après l'amitié que lui témoignait Ambroise Paré, il ne l'eût pas accompagné à Paris. « Vous auriez pu, dit-il, perfectionner vos études dans cette ville, et vous seriez peut-être aujourd'hui comme lui attaché à la cour. Ce n'est pas que je me plaigne de cette détermination, ajouta-t-il; bien au contraire, car notre pays eût été privé d'un homme qui lui est très-utile, et moi je n'aurais pas trouvé certainement une main aussi habile pour me tirer d'un des plus grands périls que j'aie courus.

— D'abord, répondit l'ermite, je ne suis pas ambitieux, et un emploi à la cour ne saurait convenir ni à mes goûts, ni à mon caractère, ni à mes sentiments. J'aurais pu, il est vrai, perfectionner mes études à Paris en suivant les cours des savants, en lisant les livres qui traitent du grand art de guérir; mais Ambroise Paré m'a initié à la manière de perfectionner soi-même, partout où l'on se trouve, cet art dont il m'a enseigné les principes. Elle consiste à étudier le grand livre de la nature que Dieu étale partout sous les yeux de tous les hommes qui veulent se donner la peine d'y lire. Or ce n'est pas au milieu du tumulte des villes et des intrigues des cours qu'on peut espérer le lire avec fruit; c'est seulement dans la solitude et le recueillement qu'il est possible de le faire. Et quelle plus belle solitude que celle de nos montagnes pour se livrer à cette étude! Où la main de Dieu a-t-elle déroulé une page plus éloquente de ce livre merveilleux de la nature? C'est Ambroise Paré, — j'aime à lui rendre ce témoignage, — qui m'a appris à déchiffrer les caractères merveilleux de ce livre, c'est lui qui m'a montré que la véritable science ne s'acquérait pas dans les ouvrages des hommes, même les plus savants, mais qu'il fallait aller la puiser soi-même à sa source, à l'aide de l'observation, dans les ouvrages de Dieu. Quel malheur qu'un pareil homme, si éminent par la science et le génie, un homme dont je ne parle jamais qu'avec reconnaissance, admiration et respect, se soit laissé entraîner aux fatales idées nouvelles en matière de religion!

— Effectivement, dit le baron, j'ai entendu dire qu'Ambroise Paré s'était fait huguenot; du reste, cela n'a rien d'étonnant, car la plupart de nos grands médecins ont embrassé cette religion.

— Hélas! ce n'est que trop vrai, » soupira le père Antoine.

Blacons, qui était ordinairement présent à ces entretiens, et qui y prenait part quelquefois, dit alors au père Antoine: « Comment se fait-il qu'Ambroise Paré, dont vous étiez l'ami et pour qui vous professez tant de respect et d'admiration, ne vous ait pas engagé à imiter son exemple et à embrasser le protestantisme?

— Apparemment, reprit des Adrets sans laisser à l'ermite le temps de répondre, que le père Antoine pense comme moi, qu'on ne doit pas quitter la religion dans laquelle on est né pour en prendre une autre.

— Non, monsieur le baron, ce n'est point là le motif qui m'a déterminé à résister aux instances d'Ambroise Paré; car effectivement, comme l'a dit M. de Blacons, il m'a souvent engagé à suivre son exemple, et ç'a été le seul sujet de différend qui se soit jamais élevé entre nous. Certes, si j'étais convaincu qu'il existe une religion plus belle et meilleure que celle dans laquelle j'ai eu le bonheur de naître, je n'hésiterais pas un instant à abandonner celle-ci pour prendre l'autre... Mais comme j'ai l'intime conviction que ma religion est la seule vraie, parce qu'elle est la seule émanée de Dieu lui-même, j'y reste et j'y resterai attaché toute ma vie de toutes les forces de mon âme.

— Mais, mon père, reprit Blacons, j'ai été élevé dans la religion protestante, et ceux qui me l'ont enseignée m'ont toujours dit qu'elle était plus belle, plus simple que la religion catholique, parce qu'elle était dégagée des abus et des superstitions qui se sont introduits dans celle-ci.

—Monsieur de Blacons, je n'ai pas l'intention d'établir ici une controverse pour vous prouver la supériorité de ma religion sur la vôtre; je vous dirai seulement : Si vous étiez persuadé qu'il existe une seule religion qui soit l'ouvrage de Dieu, ne la préfèreriez-vous pas à toute autre qui serait l'ouvrage de l'homme, quand même celle-ci, au premier aspect, vous semblerait plus belle que la première?

— Certainement je la préfèrerais; mais comment reconnaîtrais-je que l'une plutôt que l'autre est l'œuvre de Dieu?

— Vous le reconnaîtrez à ce signe; c'est que les œuvres de l'homme, quelque parfaites qu'elles soient, ne sont et ne peuvent être que des imitations plus ou moins grossières, plus ou moins rapprochées du divin type que nous offrent les œuvres de Dieu. Permettez-moi une comparaison qui vous fera peut-être mieux connaître ma pensée. Le corps de l'homme est sans contredit une des œuvres les plus admirables de la création; cependant d'habiles artistes sont parvenus quelquefois à imiter ses formes extérieures d'une manière si parfaite, qu'à une certaine distance l'œil le plus exercé pourrait s'y tromper; mais un instant d'examen suffit pour reconnaître qu'à cette imitation la mieux exécutée il manque le mouvement et la vie, ce souffle divin qui animait le modèle, et l'illusion cesse aussitôt. Il en est de même de la religion divine et des religions créées par les hommes en cherchant à l'imiter d'une manière plus ou moins éloignée. On peut y être trompé par un examen superficiel; mais quand on veut approfondir la vérité, on reconnaît bientôt que ces prétendues religions sont l'œuvre des hommes, comme les statues dont je parlais tout à l'heure:

car les auteurs des unes et des autres sont des hommes qui s'appellent Luther, Calvin, Nestorius, Arius, pour les religions; Phidias, Praxitèle, etc., pour les statues, et pas plus ceux-là que ceux-ci n'ont pu donner à leurs œuvres le souffle divin qui anime l'œuvre de Dieu. Si, d'un autre côté, je veux remonter à l'origine de la vraie religion, de la religion catholique, trouverai-je un homme pour son auteur? Oui, mais c'est l'Homme-Dieu; car c'est à lui que remonte cette religion qu'il a enseignée de sa bouche divine à ses apôtres, et que ceux-ci ont transmise à leurs successeurs les évêques et les pasteurs de l'Église, qui se sont succédé sans interruption jusqu'à nous, comme ils se succéderont dans les siècles à venir jusqu'à la fin des temps. En pourrait-on dire autant de ces prétendues religions sorties du cerveau malade de quelques hommes orgueilleux ou pervers, qui s'imaginent dans leur délire de créer une religion nouvelle, sous prétexte de réformer l'ancienne? Il me semble voir un fou qui entreprendrait de refaire à sa manière le corps humain, sous prétexte qu'il est imparfait, sujet à une foule de maladies et d'infirmités. On rirait de sa folie, et on l'enfermerait peut-être dans un hospice d'aliénés, c'est là tout le résultat qu'aurait sa ridicule entreprise; celles des novateurs religieux ont souvent des suites bien autrement funestes. Combien n'a-t-on pas vu de ces tentatives audacieuses depuis l'origine du christianisme, et à quoi ont-elles abouti? Quelques-unes sont tombées d'elles-mêmes sous le ridicule et l'impuissance; mais un grand nombre ont occasionné des désordres sociaux épouvantables, et n'ont fini par disparaître qu'après avoir fait répandre des flots de sang. Dieu veuille préserver notre patrie de pareilles calamités! Malheureusement l'orage gronde déjà d'une manière effrayante, et je crains qu'il n'éclate bientôt dans toute sa fureur. Mais détournons de nous ces funestes présages, et revenons à la question que vous m'avez posée. Pensez-vous maintenant, monsieur de Blacons, pouvoir reconnaître laquelle de votre religion ou de la religion catholique vous paraît une œuvre divine?

— Ma foi, père Antoine, je ne suis pas un grand clerc, et je vous déclare franchement que je ne saurais trop que répondre à vos arguments; je vous avouerai même que j'ai déjà eu des doutes au sujet de nos apôtres de la réforme, que je croyais d'autres hommes qu'ils ne sont. Je m'étais promis de réfléchir sérieusement sur tout cela; mais nous autres gens de guerre nous n'avons pas le temps de nous occuper de ces choses. Cependant ce que vous venez de me dire me donne à penser, et j'y songerai quand j'en aurai le loisir.

— Mais, monsieur de Blacons, permettez-moi de vous faire observer que ce sont des choses trop importantes pour retarder l'instant de s'en occuper, et qu'il ne faut jamais remettre au lendemain. Supposez-vous atteint d'une blessure grave ou attaqué d'une fièvre pernicieuse; que diriez-vous si je remettais au lendemain de vous panser ou de vous donner des médicaments convenables?

— Décidément, mon bon père Antoine, interrompit le baron des Adrets, je commence à croire que vous finirez par convertir ce brave garçon, un jour ou l'autre; mais à présent nous avons tant d'affaires sur les bras, qu'il ne nous est guère possible de penser à autre chose. Dans ce moment-ci je suis extrêmement inquiet de mon autre lieutenant Condorcet, et Blacons va partir immédiatement pour aller à sa rencontre et tâcher d'en avoir des nouvelles. A son retour, vous reprendrez votre entretien. »

Là-dessus il tendit la main au père Antoine et le congédia. Quelques instants après, Blacons partait avec cinq hommes d'escorte à la rencontre de son collègue.

CHAPITRE X

SIÉGE DU CHATEAU DE MONTSÉGUR

Huit jours s'étaient écoulés depuis le départ de Blacons, et aucune nouvelle n'était encore parvenue à Montségur. Le père Antoine avait cessé ses visites, la santé du baron s'étant complétement raffermie. Quoiqu'il fût très-inquiet du silence de ses lieutenants, le calme était revenu dans son âme, ou du moins, — avec cette force de volonté qui le caractérisait, — il était parvenu à maîtriser son impatience et les mouvements déréglés de sa colère. Parmi les sages avis que lui avait donnés le bon ermite, il en avait compris un surtout, c'est que ces accès d'emportement nuisaient à ses intérêts en l'empêchant d'apporter au soin de ses affaires toute la réflexion, toute la prudence dont il avait un si grand besoin pour surmonter les difficultés qui allaient surgir de toutes parts autour de lui.

Le neuvième jour après le départ de Blacons, un des cavaliers de son escorte arriva hors d'haleine; il était porteur d'une dépêche annonçant que Blacons était parvenu, presque sans difficulté, à rejoindre Condorcet dans les environs du château de Montbrun, au moment où ce manoir venait d'être occupé et avait été rasé par les troupes du lieutenant du roi, Lamotte-Gondrin; que Condorcet avait été forcé de faire un long détour pour ne pas tomber au milieu de cette armée, ce qui avait été la cause de son retard; qu'enfin ils s'étaient mis en route pour revenir ensemble auprès de des Adrets; mais que les chemins étaient remplis de soldats ennemis qui se dirigeaient sur Montségur, annonçant hautement le projet de le traiter comme ils avaient traité Montbrun, c'est-à-dire de n'y pas laisser pierre sur pierre. D'abord ils n'avaient rencontré que de faibles détachements, qui les avaient laissés passer tranquillement; mais depuis deux jours on avait été obligé d'en venir aux mains pour s'ouvrir un passage; enfin, aujourd'hui, ils avaient trouvé devant eux une troupe de deux cents chevaux et de cinq cents fantassins qui occupaient une position avantageuse, et leur barraient entièrement le chemin. Ils avaient voulu gagner une autre route; mais elle était encore mieux gardée que la première; c'est alors que Blacons et Condorcet avaient envoyé au baron le porteur de cette dépêche, qui, étant du pays et déguisé en paysan, avait pu traverser sans trop de peine les lignes ennemies.

Après avoir lu cette dépêche, le baron interrogea le porteur, qui était un de ses tenanciers sur la fidélit et l'intelligence duquel il pouvait compter. « Comment se fait-il, lui demanda-t-il, que si les soldats de Lamotte-Gondrin sont si nombreux, ils n'aient pas attaqué la petite troupe de Condorcet et de Blacons?

— Il paraît, Monseigneur, que l'intention du chef qui les commande est seulement de s'emparer de votre personne et du château; ceux donc qui barrent le chemin à MM. de Condorcet et Blacons n'ont pas d'autre mission que de les empêcher de rentrer dans Montségur; et comme on sait que dans ce moment-ci vous êtes au château avec une vingtaine d'hommes au plus, une troisième troupe, composée d'au moins cinq cents hommes, est en marche pour venir l'occuper, ce qu'ils comptent pouvoir faire sans éprouver de résistance sérieuse.

— Ah! ils comptent là-dessus, dit en souriant sardoniquement le baron; eh bien! c'est ce que nous verrons. Le proverbe dit : « Qui compte sans son hôte, compte deux fois. » Sais-tu quand arrivera cette troupe qui prétend s'emparer si facilement du château?

— D'après les renseignements que j'ai recueillis, elle pourra être ici dans trois à quatre heures au plus.

— Bien, ce temps me suffira pour me préparer à les recevoir convenablement. Maintenant, mon brave Michel, va te reposer une heure ou deux, car tu dois être fatigué; déjeune copieusement pour reprendre des forces, et tiens-toi prêt à venir quand je t'appellerai. »

Dès que Michel fut sorti, le baron se promena à grands pas dans sa chambre, plongé dans de sérieuses réflexions. Sa position, en effet, était des plus critiques. Ennemi personnel des Guises, compromis de la manière la plus grave dans la conjuration d'Amboise, il était évident que, s'il tombait au pouvoir de ceux qui le poursuivaient, son procès serait bientôt fait, et qu'il ne tarderait pas à porter sa tête sur le billot fatal; quand les Guises menaçaient de faire le procès au prince de Condé, ils n'auraient pas plus d'égards pour un baron des Adrets que pour un prince du sang. Mais comment résister? Ses plus vaillants soldats, ses meilleurs lieutenants étaient absents et ne pouvaient le rejoindre. Il lui restait quinze hommes valides pour défendre Montségur; encore dans ce nombre comptait-il son muet Paolo et le vieux père Marignan, le portier.

Ces réflexions peu rassurantes ne parurent nullement l'abattre. Au lieu de se laisser aller à des transports de fureur, ou de s'abandonner au découragement, il sembla puiser dans les difficultés mêmes de sa situation une énergie nouvelle. Après un quart d'heure au plus de méditation, il releva la tête avec fierté, et sa figure s'illumina d'un rayon d'espérance. Ses regards, s'étant promenés autour de sa chambre, rencontrèrent ceux de son fidèle Paolo, qui depuis la sortie de Michel était resté immobile dans un coin, les yeux fixés sur son maître, attendant avec anxiété que celui-ci lui communiquât les pensées qui paraissaient l'occuper avec tant de force en ce moment. Des Adrets, en apercevant Paolo, lui fit un signe de satisfaction; celui-ci tressaillit de joie, et bientôt une conversation, ou plutôt une communication rapide de pensées s'établit entre ces deux personnages. A plusieurs reprises le muet fit éclater des transports d'allégresse, auxquels se mêlaient des signes de crainte, d'inquiétude, qu'un regard de des Adrets dissipait aussitôt. Quand cette conversation, insaisissable pour tout autre, eut été terminée, Paolo s'élança aux pieds de des Adrets, saisit avidement sa main droite, la porta à sa bouche, puis sur sa tête, puis sur son cœur, contre lequel il la pressa avec une expression de dévouement dont l'éloquence ne saurait être exprimée dans aucune langue parlée.

Il est probable que dans ce rapide entretien des Adrets avait révélé à Paolo ses projets pour défendre son château et se mettre lui-même à l'abri des poursuites de ses ennemis, et que de plus il l'avait associé à l'exécution de son plan, comme on pourra en juger par la suite.

Dès qu'il pensa que Michel était suffisamment reposé, il l'envoya chercher par Paolo, et lui dit : « Tu vas partir sur-le-champ, avant l'arrivée des soldats de Lamotte-Gondrin ; tu vas retourner auprès de Condorcet et de Blacons ; tu leur diras de m'attendre dans la position qu'ils ont prise ; que je serai auprès d'eux demain au point du jour ; alors nous délibèrerons ensemble sur ce que nous aurons à faire. Je ne te donne rien d'écrit, de peur qu'on ne t'arrête, et qu'on ne trouve sur toi quelque papier ; mais tu te rappelleras bien ce que je viens de te dire. » Et, pour s'en assurer, il le lui fit répéter.

« Monseigneur, dit Michel, je vous promets de faire exactement votre commission ; mais, puisque vous devez venir demain matin trouver ces messieurs, m'est avis qu'il vaudrait mieux partir avec moi avant l'arrivée des troupes du lieutenant royal ; je connais des passes sûres par où je pourrais vous conduire, tandis que si vous attendez que les soldats soient arrivés, il vous sera impossible de sortir du château, puisqu'ils commenceront nécessairement par en occuper et en garder avec soin toutes les issues.

— Ne t''inquiète pas, mon brave Michel, de la manière dont je passerai. Quoi qu'il arrive, je serai demain matin au rendez-vous à l'heure indiquée. »

Quand Michel se fut éloigné, des Adrets rassembla sa petite garnison et lui annonça l'arrivée prochaine des ennemis. « Si je ne vous connaissais pas, leur dit-il, je vous dirais : Ne vous effrayez pas, ayez bon courage ; mais je sais tout ce qu'il y a en vous de bravoure, et que le danger ne vous a jamais fait peur. D'ailleurs le danger n'est pas si grand qu'il pourrait le paraître ; nos murailles sont bonnes et élevées, les fossés profonds, la porte et le pont-levis solides. Il leur est impossible de tenter aujourd'hui la moindre attaque, et demain je vous promets du renfort ; alors nous pourrons soutenir un siége pendant plus de trois mois s'il le faut. D'ici là il se passera bien des choses, et je vous garantis que, longtemps avant cette époque, les ennemis qui nous poursuivent aujourd'hui trembleront devant nous, et se regarderont comme heureux d'échapper à nos coups. Vous savez, mes amis, que je ne vous ai jamais rien promis en vain ; avez-vous toujours confiance en moi ?

— Oui! oui! répondirent-ils tout d'une voix.

— En ce cas, mes enfants, comptez sur moi comme je compte sur vous, et tout ira bien. »

Aussitôt il assigna à chacun son poste. Huit hommes armés d'arquebuses furent placés dans les deux tours qui flanquaient la porte principale, de manière à prendre de flanc ceux qui s'avanceraient dans cette direction. Une coulevrine et deux fauconneaux placés au-dessus de la porte battaient de front et prenaient en enfilade l'unique et étroit passage par lequel on arrivait vers cette porte. Le père Marignan fut chargé du commandement de cette artillerie, manœuvrée par cinq hommes, trois pour la coulevrine et un pour chaque fauconneau. C'était lui qui avait sollicité avec instance du baron de lui donner ces fonctions: « Maintenant, lui avait-il dit, que la porte va être close, je n'aurai plus rien à faire; puisque mes clefs vont me devenir inutiles, permettez-moi au moins de repousser ceux qui seraient tentés de la faire ouvrir malgré moi. Je connais ces engins-là, et je sais comment on les manœuvre; j'en ai vu bien d'autres à Marignan...

— Soit, se hâta de répondre des Adrets, qui craignait de lui voir entamer une de ses histoires, je t'accorde ce que tu désires, mon vieux camarade; si je ne te l'ai pas proposé moi-même, c'est que je craignais que tes forces ne trahissent ton courage; car il faut, pour manœuvrer ces pièces, une vigueur qu'on n'a plus à ton âge.

— J'ai encore bon pied, bon œil, mon colonel, c'est tout ce qu'il faut pour bien pointer un canon. Quant à la manœuvre, ces jeunes gens m'aideront; et je vous garantis que s'il faut faire jaser *Marcelline* (c'était la coulevrine qu'il avait baptisée de ce nom), elle parlera haut et ferme. »

Le baron avait à peine achevé ses dispositions, que la sentinelle placée à la *guette* du donjon signala l'approche d'une troupe nombreuse qui s'avançait vers le château. Le baron monta rapidement sur la plate-forme pour observer lui-même les mouvements des arrivants. Il reconnut qu'ils établissaient des postes dans toutes les directions par où l'on pouvait approcher du château; quant au gros de la troupe, il paraissait prendre ses dispositions pour passer la nuit à l'endroit où il s'était arrêté. Il jugea par là qu'on ne songeait point à l'attaquer ce jour-là, d'autant plus que la journée était déjà assez avancée.

Il communiqua ces observations à ses gens, en leur faisant remarquer que ce qu'il avait prévu arrivait; qu'on ne les attaquerait pas aujourd'hui, et que demain il serait en mesure de répondre à qui se présenterait.

Tandis qu'il parlait encore, la sentinelle signala une petite troupe composée de cinq hommes seulement, qui s'avançait avec un drapeau parlementaire. « Laissez-les approcher, commanda des Adrets, et sachons ce qu'ils désirent. »

Quand les nouveaux venus furent parvenus à une certaine distance, ils sonnèrent de la trompette en agitant leur drapeau. Aussitôt des Adrets fit arborer un drapeau semblable sur le donjon. A cette vue, les cinq personnages s'avancèrent jusque sur la contrescarpe, de manière à n'être séparés des bâtiments du château que par la largeur du fossé. De là ils pouvaient apercevoir les canons d'une vingtaine d'arquebuses, qui sortaient des créneaux étroits des tours latérales, et étaient dirigés sur eux; ils pouvaient voir également la bouche de la coulevrine, qui se montrait d'un air menaçant à une embrasure en face d'eux; ils entrevoyaient aussi, à travers les créneaux et les meurtrières, quelques-uns des hommes chargés du maniement de ces armes, sans pouvoir distinguer exactement leur nombre.

Du reste, ils n'eurent pas le loisir de se livrer longtemps à cet examen. Un homme parut à l'embrasure la plus voisine de l'endroit où étaient arrêtés les parlementaires, et leur demanda ce qu'ils voulaient. Nous ferons observer que le baron des Adrets, caché par le merlon de l'embrasure, était à côté de cet homme et lui soufflait ses réponses.

Celui qui paraissait le chef de la troupe répondit qu'il était prévôt des maréchaux de France, et qu'il désirait parler au sire François de Beaumont, baron des Adrets, de la part de monseigneur le gouverneur de la province.

« M. le baron, répondit l'homme, n'est pas en ce moment au château de Montségur.

— On nous a pourtant affirmé qu'il y était, et s'il y est effectivement, comme je le crois, je l'engage dans son intérêt à consentir à l'entrevue que je désire avoir avec lui. Que ma qualité de prévôt des maréchaux, ajouta-t-il, ne l'effraie pas; je ne viens point pour l'arrêter, mais seulement pour lui communiquer un ordre du roi, auquel, je n'en doute pas, il s'empresserait d'acquiescer, pour ne pas être regardé comme un sujet rebelle.

— Si mon maître était ici, je ne doute pas qu'il ne consentît à l'entrevue que vous demandez; mais, encore une fois, je vous affirme qu'il n'y est pas.

— Et où est-il donc?

— Il est à la tête de sa troupe que vient de ramener son lieutenant Condorcet.

— Ce n'est pas possible.

— Vous pourrez vous en convaincre demain matin, monsieur le prévôt; car si vous voulez vous présenter demain, tant matin que vous voudrez, aux avant-postes de ses hommes d'armes, qui sont campés à douze kilomètres d'ici, vous y trouverez M. le baron des Adrets, à qui vous pourrez faire part de votre mission. »

Le prévôt parut réfléchir un instant; puis, après s'être consulté à voix basse avec un de ses compagnons, il reprit à haute voix: « Eh bien, puisque M. le baron n'est pas ici, je n'en ai pas moins le droit d'exécuter une partie de ma mission, qui consiste à occuper, au nom du roi, son château, jusqu'à ce qu'il ait répondu à l'ajournement que l'huissier dudit parlement est chargé de lui remettre, et dont il va vous faire passer une copie. En conséquence je vous somme, au nom du roi, de m'ouvrir les portes de ce château, et de m'y laisser installer avec le nombre de troupes que je croirai convenable pour le garder. Si vous obéissez à cette sommation, vous et tous ceux qui sont dans ce château serez libres de vous retirer où vous voudrez; si vous vous y opposez, je serai contraint d'employer la force pour vous soumettre, et alors vous serez traités comme des rebelles.

— Monsieur, je ne connais de maître que monseigneur le baron des Adrets; puisque vous ne doutez pas qu'il acquiesce aux ordres que vous êtes chargé de lui communiquer, voyez-le comme je vous l'ai dit; et s'il nous ordonne de vous remettre son château, nous nous empresserons d'obéir; mais nous n'obéirons qu'à lui. Si vous essayez d'employer la force, je vous déclare, en mon nom et au nom de mes camarades, que nous résisterons jusqu'au dernier. Sur ce, monsieur le prévôt, j'ai l'honneur de vous prévenir que notre entretien, n'ayant plus d'objet, est terminé; dans cinq minutes notre drapeau sera descendu; je vous conseille de profiter de ce délai pour vous retirer, car au bout de ce temps je n'oserais vous répondre de ces pièces d'artillerie; elles pourraient bien partir toutes seules. »

Le prévôt n'attendit pas les cinq minutes pour se retirer promptement dans le camp qui venait d'être établi au bas de la montagne. Il rendit compte, en arrivant, au commandant de Bury, chef de l'expédition, du résultat de sa mission, et ils tinrent conseil ensemble sur le parti qu'il y avait à prendre. « Il est évident, dit l'officier, comme du reste tous les rapports nous l'affirment, que des Adrets est enfermé dans son château, et que, n'ayant avec lui qu'une poignée d'hommes pour le défendre, il veut chercher à gagner du temps, dans l'espoir de faire entrer des renforts dans la place. Il ne faut pas lui en laisser la possibilité ; et mon avis est qu'il faut l'attaquer et l'emporter brusquement. Ce soir il est trop tard pour tenter cette entreprise, mais demain au point du jour nous commencerons l'attaque. »

Le prévôt se rangea à cette opinion, et il s'endormit dans l'espoir de s'installer le lendemain au château de Montségur.

Au point du jour, la petite armée, — si nous pouvons donner ce nom aux douze cents hommes, infanterie et cavalerie, qui allaient attaquer Montségur, — s'ébranla pour se rapprocher du château ; on s'était muni de fascines pour combler les fossés, et d'échelles pour monter à l'assaut. Déjà les troupes s'avançaient en bon ordre, quand un officier d'ordonnance, galopant ventre à terre, vint annoncer au chef de l'expédition, de la part du commandant du détachement chargé d'observer la troupe de Condorcet, que cette troupe, ayant à sa tête le baron des Adrets lui-même, venait d'attaquer le détachement avec une telle furie, que celui-ci avait été obligé de battre en retraite, et qu'il allait infailliblement être écrasé, s'il n'était secouru.

« Tiens ! s'écria de Bury en s'adressant au prévôt, il paraît que les gens de Montségur ne vous trompaient pas quand ils vous disaient que leur maître était absent, et qu'il se trouvait avec son lieutenant Condorcet.

— Mais êtes-vous bien sûr, demanda le prévôt à l'officier d'ordonnance, que c'était le baron des Adrets en personne qui commandait les hommes de Condorcet?

— J'en suis parfaitement sûr, répondit l'officier; car je l'ai vu moi-même, et je le connais depuis longtemps; puis tous nos gens l'ont vu comme moi, et l'ont entendu sonner la charge avec son cor, que nul autre n'est capable d'emboucher comme lui. Les sons qu'il tire de cet instrument ont quelque chose d'effrayant, et n'ont pas peu contribué à jeter parmi nos soldats la panique qui les a fait lâcher pied; il est vrai que le bruit s'est répandu que des Adrets arrivait avec un secours de plus de huit cents hommes d'armes.

— Et où les aurait-il pris? c'est une invention pour couvrir leur lâcheté. Si cela ne pouvait pas compromettre mes opérations, j'abandonnerais vos soldats au sort qu'a mérité leur couardise; mais je ne veux pas m'exposer à être surpris par derrière pendant que je vais attaquer Montségur. Prenez quatre cents de mes hommes avec vous, et hâtez-vous d'aller ranimer le courage de vos soldats. »

L'officier d'ordonnance s'empressa d'obéir, et dès qu'il fut parti, le lieutenant dit au prévôt : « Cet incident nous a un peu retardés, mais c'est égal; maintenant que je suis sûr que le baron des Adrets n'est pas dans son château, nous avons deux fois plus de monde qu'il ne nous en faut pour nous en emparer. »

La troupe se remit donc en marche, mais en s'avançant avec précaution. Un petit détachement se porta vers la porte principale, ayant en tête le prévôt, qui voulait recommencer la sommation de la veille. Quand il fut à une faible distance, une voix un peu cassée, mais encore assez sonore, lui cria : « N'approchez pas davantage, monsieur le prévôt, ou je vais vous traiter comme j'ai traité autrefois les Suisses à Marignan. » Le prévôt regarda d'où partait cette voix, et il aperçut seulement un bras qui tenait une longue mèche allumée, près de s'abaisser sur la lumière de la coulevrine. Peu soucieux d'être traité comme un Suisse de Marignan, il s'empressa de rétrograder et de se retirer derrière les troupes. Celles-ci avançaient toujours lentement; mais elles ne se dirigeaient pas vers la porte, dont les approches étaient trop bien défendues par ces bouches à feu menaçantes. Le chef de l'expédition ayant remarqué qu'aucun apprêt de défense n'apparaissait sur les flancs de la forteresse, en conclut que toute la petite garnison s'était portée sur le front, qui était, en effet, la partie la plus accessible. Il divisa sa troupe en quatre pelotons de deux cents hommes chacun; l'un de ces pelotons fila sur le flanc gauche de la forteresse, un autre sur le flanc droit, un troisième fut désigné pour attaquer le front, et le quatrième forma une réserve sous ses ordres, prête à se porter partout où besoin serait. Ainsi le château se trouvait cerné de trois côtés; le quatrième, protégé par le profond ravin dont nous avons parlé, était inabordable; mais si ce côté était inaccessible aux assiégeants, il n'offrait aucun moyen de retraite aux assiégés, qui ne pouvaient évidemment, croyait-on, ni s'enfuir par là, ni recevoir des renforts.

Tous ces mouvements s'exécutèrent sans rencontrer d'autre obstacle que ceux qu'offrait la nature du terrain. Les deux troupes chargées de l'attaque des flancs s'avancèrent jusqu'au bord du fossé, sans apercevoir un seul défenseur sur les murailles opposées, sans entendre le moindre bruit dans l'intérieur de la place. Même silence régnait aussi sur le front, du côté de l'entrée principale; on eût dit d'un château abandonné. Quelques-uns commençaient à le penser, en effet, et l'on se disait que probablement les gens de des Adrets, se trouvant en trop petit nombre pour pouvoir songer à se défendre, avaient profité de l'obscurité de la nuit pour sortir de la forteresse et se disperser dans les environs. Ce qui confirma encore dans cette pensée, c'est que, quand le signal eut été donné de commencer l'attaque sur les flancs, les deux troupes se mirent à jeter dans le fossé les fascines dont elles étaient munies, sans que personne se montrât pour s'y opposer.

Rassuré par ce silence, le commandant donna l'ordre à la troupe qui devait attaquer le front de la place, et qui s'était tenue jusque-là à couvert, de s'avancer sur l'esplanade, et de chercher à combler aussi le fossé de ce côté. Cette démonstration, pensait-il, suffirait, s'il restait encore quelqu'un dans la place, pour le déterminer à en ouvrir les portes; et, dans le cas contraire, elle n'offrait toujours aucun danger. Cette troupe s'avança, comme les autres, jusqu'au bord du fossé, sans découvrir aucun signe de défense. Les canons mêmes des arquebuses, qui se montraient la veille à travers les meurtrières des tours, avaient disparu. Le chef de la troupe, avant de commencer l'attaque, fit sonner de la trompette, et adressa, de sa voix la plus forte, une nouvelle sommation à tout homme qui se trouverait dans le château, d'avoir à en ouvrir les portes immédiatement et à le rendre aux soldats du roi, sinon il serait traité comme rebelle et pendu aux créneaux de la forteresse. Un profond silence suivit cette sommation, et l'officier s'écria en riant : « Bah! je n'ai parlé qu'à des murailles, et il paraît qu'ici les murs n'ont pas d'oreilles. » Il donna ensuite l'ordre d'apporter une échelle, de la descendre dans le fossé, de l'appliquer contre une embrasure assez basse par laquelle des hommes pourraient s'introduire dans l'intérieur, ouvriraient la porte, abattraient le pont-levis, ce qui permettrait à la troupe entière de pénétrer dans le château, sans avoir recours à l'escalade. Cet ordre fut aussitôt exécuté; une dizaine d'hommes descendirent dans le fossé avec des échelles, les attachèrent ensemble, de manière à atteindre à la hauteur de l'embrasure; ils les appliquèrent ensuite contre le mur, et commencèrent à monter. Dans le même moment, une opération à peu près semblable s'exécutait sur les flancs de la forteresse; des échelles étaient dressées contre les murailles, et déjà quelques soldats s'apprêtaient à y monter, tandis que l'officier disait d'un ton goguenard : « Ces gens-là auraient dû au moins avoir la délicatesse de laisser quelqu'un pour nous ouvrir la porte, afin de nous épargner la peine de monter par les fenêtres. » Aussitôt il entendit une voix qui semblait sortir de l'intérieur de l'embrasure dont ses gens tentaient l'escalade, et qui lui criait : « Patience, mon officier; c'est moi qui suis le portier, et je vais vous envoyer les clefs. »

Au même instant, les sons retentissants d'un cor se firent entendre du haut du donjon. A ce signal la même voix cria : « Les voilà, mes clefs! » Et en même temps l'embrasure s'éclaira d'un jet de flamme; une explosion terrible éclata; l'échelle déjà couverte d'hommes fut renversée dans le fossé; un boulet siffla aux oreilles de l'officier, et alla tuer plusieurs hommes derrière lui. Dans le même moment, toutes les meurtrières des tours se garnirent d'arquebuses, sur les flancs comme sur le front du château; et un feu meurtrier, parti de tous côtés, porta la mort dans les rangs des assaillants. L'artillerie du père Marignan surtout faisait merveille; en un instant ses deux fauconneaux et sa coulevrine eurent balayé l'esplanade, et l'attaque du front fut promptement abandonnée. Le commandant des troupes royales, revenu de sa première surprise, tenta de continuer l'attaque sur les flancs, supposant les côtés moins bien défendus que le front: il y envoya sa réserve au secours des premiers assaillants; mais la défense y était organisée d'une manière aussi formidable que sur le front, et les abords en étaient plus difficiles.

Après quelques vains efforts, le commandant reconnut qu'il fallait battre en retraite. Ses soldats étaient démoralisés et paraissaient frappés de stupeur, moins encore par l'effet de la surprise que leur avait causée cette résistance inattendue, que par les sons effrayants de ce cor qui dominaient le tumulte du combat, et par l'apparition de ce redoutable baron des Adrets qui s'était battu le matin même à douze kilomètres de là, et qui se retrouvait tout à coup comme par enchantement au milieu de son château; car, il n'y avait pas à en douter, c'était bien lui qui du haut de son donjon, semblable au génie ou plutôt au démon de la guerre, planait sur les combattants des deux partis. Il était facile à reconnaître à sa haute stature, à ses traits prononcés, et surtout à cet instrument guerrier, dont les sons différemment modulés lui servaient à encourager les siens, à les diriger, et à leur indiquer les endroits où ils devaient porter leurs coups.

L'attaque du côté gauche fut abandonnée la première après celle du front. Ceux qui attaquaient le côté droit tinrent un peu plus longtemps. Des Adrets, pour les forcer à imiter leurs camarades, fit sortir une vingtaine d'hommes par une poterne, se mit à leur tête, et, gagnant la crête du fossé, il fondit sur les assaillants en sonnant du cor, tandis que ses gens poussaient des cris terribles. Les soldats royaux ne les attendirent pas, et redescendirent de toute la vitesse de leurs jambes vers le gros de leur troupe. Une dizaine d'entre eux, séparés de leurs camarades, cherchèrent à fuir du côté du ravin. Les gens de des Adrets les poussèrent dans la direction de cette pelouse fatale dont nous avons parlé; les fuyards s'y engagèrent sans se douter du danger, et à peine y eurent-ils fait quelques pas, qu'ils furent entraînés et disparurent dans l'abîme.

Cet épisode termina le combat. Des Adrets et ses gens rentrèrent au château, et les soldats du lieutenant de Lamotte-Gondrin dans leur camp.

Le pauvre de Bury était déconcerté et furieux. Il avait été battu deux fois sur deux points différents dans le même jour, ou plutôt dans la même matinée, — car l'attaque du château avait commencé avant midi et n'avait pas duré une heure, — par le même homme, qui s'était trouvé dans ces deux endroits, pour ainsi dire, à la fois. C'était à n'y rien comprendre. De plus, il était évident qu'il était parvenu à introduire un renfort dans son château; car la veille il ne s'y trouvait assurément pas vingt hommes, et aujourd'hui, à en croire certains rapports, il y en avait plus de deux cents. Ceci paraissait exagéré au commandant, et l'était en effet. Dans tous les cas, se disait-il, n'eût-il introduit que quarante hommes, que vingt même, par où les a-t-il fait entrer? par où est-il entré lui-même? A l'heure où des Adrets se battait à douze kilomètres d'ici, j'avais investi toutes les avenues de son château, et une souris n'aurait pu y pénétrer sans être aperçue. Il faut donc qu'il y ait quelque issue secrète, qui donne de l'autre côté du mamelon, probablement dans le ravin qui le sépare du plateau; toute la difficulté est de trouver cette issue, mais avec de la persévérance et de la patience j'y parviendrai.

Tandis que leur chef faisait ces réflexions sur les événements de la matinée, ses soldats faisaient aussi leurs commentaires sur les mêmes événements et les expliquaient à leur façon. Pour eux, il était clair que tout ce qui était arrivé était le fait de la magie. Le baron des Adrets était un sorcier, connu depuis longtemps pour tel; il se faisait transporter où il voulait, à l'aide de ses enchantements; avec son cor, il convoquait les démons, car ce n'étaient pas des hommes, mais une légion de diables qui avait défendu son château. « Qu'on nous mène tant qu'on voudra nous battre contre des hommes en chair et en os, disaient-ils, nous marcherons sans crainte; mais nous ne sommes pas de force à lutter contre les esprits infernaux. » A partir de ce jour, les soldats n'appelèrent plus le châtelain de Montségur « le baron », mais « le démon des Adrets ».

On connaît l'esprit de superstition de cette époque. Ces idées furent facilement accueillies par ces hommes ignorants et grossiers, et produisirent sur eux une telle impression, que si dans ce moment des Adrets se fût montré seulement avec quelques-uns de ses gens, il eût été capable de mettre en déroute le camp tout entier.

Le commandant, informé des dispositions de ses soldats, essaya de combattre leur frayeur par le langage de la raison. Il leur expliqua comment des Adrets avait pu s'introduire dans son château, leur assura qu'avant la fin du jour il aurait découvert cette issue, et qu'une fois qu'il en serait maître il aurait bientôt réduit la forteresse aux abois. Il demanda seulement vingt hommes de bonne volonté pour aller explorer le ravin, et ce n'est pas sans peine qu'il les trouva; il donna le commandement de ce détachement à l'officier à qui le vieux Marignan avait envoyé les clefs du château sous la forme d'un boulet de sa coulevrine. C'était un des plus braves de l'armée, et qui ne craignait ni les sortiléges ni les magiciens.

L'exempt, — car tel était le grade de cet officier, — se mit gaiement en route, avec un guide du pays, qui ne consentit à marcher qu'à force de menaces, et sous l'appât d'une bonne récompense.

Après un détour de quatre kilomètres au moins, on arriva à l'entrée d'un sombre défilé par où débouchait le ravin, immense fossé naturel, formé probablement par quelque ancien cataclysme qui avait ouvert la montagne en cet endroit, et avait séparé le mamelon sur lequel était bâti Montségur du reste du plateau. Dans le fond du ravin coulait un ruisseau, qui, à la fonte des neiges ou à la suite d'une pluie d'orage, se transformait en un torrent impétueux, bondissant de rocher en rocher, et formant des cascades dont le bruit sourd s'entendait au loin dans la campagne; l'accès du ravin était alors impossible; mais dans le moment où les soldats royaux s'y présentèrent, un mince filet d'eau coulait inoffensif à la place du torrent.

L'officier et ses hommes s'y engagèrent résolûment, leur guide en tête. Rien d'abord n'arrêta leur marche; mais bientôt il fallut gravir des roches en escalier irrégulier, et dont les marches étaient quelquefois de la hauteur d'un homme. A mesure qu'ils avançaient, la gorge se rétrécissait et ses parois semblaient augmenter de hauteur, de sorte qu'on n'apercevait le ciel que comme du fond d'un puits. Parfois le passage était si étroit, qu'à peine une personne pouvait s'y engager; rarement il était assez large pour deux hommes à la fois. La marche était en outre retardée, tantôt par des fondrières remplies d'un sable mouvant dans lequel on entrait jusqu'à mi-jambes, tantôt par des amas de cailloux et des blocs de rochers roulés par le torrent, et qui encombraient le passage. Après plus d'une heure de marche à travers ces obstacles qui se renouvelaient sans cesse, le guide annonça enfin qu'on approchait des environs du château de Montségur. L'officier alors, tout en continuant sa marche pénible, explorait avec attention les parois des deux côtés de l'abîme, pour tâcher de découvrir quelque ouverture par laquelle il eût été possible de communiquer avec l'intérieur du château; mais partout il n'aperçut que des rochers abrupts, dont les anfractuosités étaient sans profondeur et sans issue. Il était évident pour lui que jusqu'ici il n'y avait aucun moyen de communication du château avec le fond du ravin, et plus on avançait, plus, en se rendant compte de la situation des lieux, il était convaincu qu'une pareille communication était impossible. Et d'ailleurs, à quoi aurait-elle pu servir? A descendre dans le fond de la gorge où il se trouvait; mais alors comment en sortir? Par la route qu'il venait de suivre; mais il était clair que ce ne pouvait être par là que le baron des Adrets et les hommes qu'il avait emmenés avec lui avaient pénétré dans le château, car ils eussent été obligés de faire un détour de plusieurs lieues, et de passer en vue du camp des assiégeants. Le moyen le plus simple, au premier coup d'œil, pour établir une communication du château au plateau opposé, eût été de lancer un pont par-dessus le ravin lui-même; mais comment établir ce pont? Dans la partie supérieure, et surtout aux approches du château, le ravin s'élargissait tellement, qu'il eût fallu un pont de plusieurs arches pour le franchir. Une pareille construction eût exigé des travaux d'art qu'on n'avait jamais songé à exécuter. Un pont volant était impossible, et d'ailleurs il eût laissé des traces qu'on n'apercevait nulle part.

Tout en faisant ces réflexions, l'officier et ses compagnons continuaient à avancer, quand tout à coup le guide qui les précédait revint brusquement sur ses pas en disant qu'il venait de rencontrer plusieurs cadavres sur le chemin. L'exempt s'avança aussitôt, et, après avoir franchi un coude que faisait le ravin en cet endroit, il se trouva en présence d'une dizaine de cadavres encore sanglants, brisés, défigurés, qui encombraient le passage. Les hommes qui le suivaient arrivèrent aussitôt, et reconnurent les corps de leurs camarades, qui après l'assaut du matin, poussés par les soldats de des Adrets, étaient tombés dans l'abîme. A la vue de ce triste spectacle, tous éprouvèrent une douloureuse impression; on ne songea pas à aller plus loin, car il eût fallu passer sur le corps de leurs compagnons d'armes. L'officier parla de leur rendre les derniers devoirs; mais comment faire? Impossible de les enterrer sur place, impossible également de les transporter hors de ce gouffre. Pendant qu'ils délibéraient, un quartier de rocher détaché du haut du ravin tomba au milieu du groupe, écrasa deux hommes et en blessa deux autres. Au même instant des pierres énormes, lancées évidemment par des mains ennemies mais invisibles, en blessèrent deux ou trois autres. Tout le reste de la troupe, abandonnant les blessés et les tués, se mit à fuir de toute la vitesse de ses jambes. Les pierres continuaient à pleuvoir comme la grêle, et à tuer et à blesser quelques-uns des fuyards. Les autres ne couraient que plus vite, comme si les flancs de la montagne allaient se refermer sur eux et les engloutir tout vivants. En moins d'une demi-heure, les plus agiles eurent franchi l'espace qu'ils avaient mis plus de deux heures à parcourir; mais, quand ils arrivèrent à l'entrée de la gorge, ils n'étaient plus que huit: douze des leurs avec l'officier étaient restés dans le ravin. Le guide avait disparu. Les soldats échappés au désastre regagnèrent tristement le camp. Avant d'y arriver, ils furent rejoints par deux de leurs camarades blessés au bras et à la tête; ceux-ci annoncèrent que l'officier et deux autres blessés étaient aussi parvenus à sortir du ravin, mais qu'ils ne pouvaient aller plus loin, si l'on ne venait les chercher. Les soldats valides revinrent sur leurs pas, et ramenèrent avec eux ces trois nouveaux blessés.

Ce triste cortége rentra au camp à la tombée de la nuit. Bientôt le bruit de leur funeste aventure circula de toutes parts. La frayeur des soldats ne connut plus de bornes, et une grande partie déserta pendant la nuit.

Des Adrets, instruit de ce qui se passait par ses espions, — dont faisait partie le guide qui avait conduit le détachement dans le ravin, — sut habilement tirer parti de la terreur qu'il inspirait à ses ennemis. Il envoya à Condorcet l'ordre de profiter des ombres de la nuit pour s'avancer, avec toutes ses forces, le plus près qu'il pourrait du camp qui faisait le siége de Montségur, et de l'attaquer brusquement dès le point du jour, au signal qui lui en serait donné du haut du donjon. Condorcet n'avait avec lui que cent cinquante hommes; car des Adrets lui en avait pris cinquante la veille pour les ramener au château. C'étaient eux qui, joints aux quinze hommes composant la garnison, avaient si bravement repoussé l'attaque des soldats royaux, et s'étaient en apparence tellement multipliés, que leur nombre s'était au moins triplé aux yeux de leurs ennemis. Malgré l'infériorité du nombre, malgré les troupes chargées de les tenir en échec, Condorcet n'hésita pas. D'ailleurs ses soldats étaient pleins d'ardeur et ne demandaient qu'à en venir aux mains; ils voulaient même s'ouvrir un passage de vive force pour arriver plus tôt au rendez-vous; mais Condorcet, dans la crainte de donner l'éveil à l'autre camp, s'y opposa. Il leur fit faire un long détour, par des chemins impraticables pour tous autres que pour eux qui les avaient souvent parcourus, et, après trois heures d'une marche pénible, ils arrivèrent à l'endroit indiqué une demi-heure avant le lever de l'aurore. Un feu allumé sur une colline voisine annonça à des Adrets leur présence au rendez-vous.

Dès que les premières lueurs de l'aurore permirent de distinguer les objets, Condorcet aperçut au sommet du donjon la bannière de des Adrets, accompagnée d'une grande flamme rouge flottant au vent: c'était le signal de se préparer au combat. Un second signal, qui ne se fit pas attendre, devait indiquer le moment: c'est le père Marignan qui fut chargé de le donner en mettant le feu à sa coulevrine. « Tiens, Marcelline, dit-il en approchant la mèche de la lumière, souhaite-leur poliment le bonjour. » Une formidable détonation retentit aussitôt, et, répétée par les échos des montagnes voisines, elle roula comme un éclat de tonnerre. En même temps le boulet lancé par la longue pièce vint tomber au milieu du camp ennemi, et tuer quelques hommes encore endormis sous une tente. Les soldats et les chefs, réveillés par ce bruit, étaient à peine revenus de leur surprise, que des coups d'arquebuse et des cris tumultueux se firent entendre sur la droite du camp. C'était Condorcet qui, à la tête des siens, attaquait vigoureusement ce côté du camp ennemi, renversant tout ce qui s'opposait à son passage. Le commandant et ses officiers, s'apercevant du petit nombre d'ennemis à qui ils avaient affaire, rallièrent à la hâte leurs plus braves soldats, et marchèrent résolûment contre les assaillants. Mais une nouvelle détonation, ou, comme le disait Marignan, un nouveau salut de Marcelline accompagné d'un boulet, qui vint encore porter la mort dans les rangs des assiégeants, modéra un peu cet élan. Presque au même instant, le son bien connu du cor de des Adrets se fit entendre du côté du château, et bientôt le terrible baron lui-même, à la tête de sa brave garnison, descendant de la montagne comme une avalanche, fondit sur la partie du camp opposée à celle qu'attaquait Condorcet. Cette apparition subite, les détonations répétées de l'artillerie du vieux Marignan, — qui maintenant ne tirait qu'à poudre de peur d'atteindre les siens, — le redoublement d'ardeur des soldats de Condorcet, jetèrent une panique indicible parmi les troupes royales. Cette fois il n'y eut plus d'hésitation : tous s'enfuirent dans le plus grand désordre, entraînant leurs officiers, abandonnant leurs tentes, leurs bagages et leurs armes pour courir plus vite. Des Adrets les fit poursuivre quelque temps, non pour faire des prisonniers, mais bien pour assurer leur déroute et la rendre plus complète. Puis, ayant rallié les siens, il se porta au-devant du détachement le plus voisin, qui, disait-on, venait au secours du camp. Mais il ne rencontra personne, et bientôt il acquit la certitude que les autres troupes qui tenaient la campagne, instruites de ce qui s'était passé par les déserteurs et les fuyards du camp principal, s'étaient elles-mêmes débandées et avaient fui dans toutes les directions.

Certain maintenant que le siége était abandonné, il reprit gaiement la route de son château, à la tête de tous ses hommes réunis. Après avoir partagé entre eux les dépouilles des vaincus, il fit une entrée triomphale dans Montségur, au bruit de l'artillerie du vieux Marignan et des acclamations de ses soldats.

Au moment où, ayant franchi le pont-levis, il s'engagea sous la porte, le contemporain de François Ier s'avança en faisant le salut militaire. « Ah! dit des Adrets en l'apercevant, te voilà, mon vieux camarade! Tu t'es bravement comporté, et, en récompense de tes services, je te nomme mon grand maître de l'artillerie.

— Merci, Monseigneur! dit le vétéran en essuyant une larme de joie; je n'ai jamais éprouvé autant de bonheur depuis le jour où Bayard m'a appelé son camarade. »

CHAPITRE XI

VENGEANCES ET CRUAUTÉS DE DES ADRETS

Le siége du château de Montségur eut un grand retentissement dans le Dauphiné et dans les provinces voisines. Les soldats qui y avaient pris part ne manquèrent pas, — les uns peut-être avec conviction, les autres pour cacher la honte de leur défaite, — de raconter sur ce siége, et surtout sur le *démon* des Adrets, les choses les plus merveilleuses et les plus incroyables; et leurs récits, par cela même qu'ils étaient merveilleux et incroyables, n'en trouvèrent que plus de crédit dans le peuple. Dès lors l'histoire du baron des Adrets passa à l'état de légende, et alimenta souvent la conversation des chaumières et même des châteaux.

Lamotte-Gondrin était furieux. Il ne parlait de rien moins que de rassembler une armée, et d'aller lui-même mettre à la raison le châtelain rebelle. Mais un événement inattendu vint modérer son zèle. Cet événement était la mort de François II, arrivée après dix-sept mois de règne de ce prince, avant qu'il eût atteint sa dix-septième année, et l'avénement de Charles IX, son successeur, enfant âgé alors de dix ans et demi.

A une majorité imaginaire succédait, comme l'observent les historiens contemporains, une minorité véritable; » et les gouvernants, quels qu'ils fussent, ne pouvaient plus se cacher derrière un fantôme de roi. Cette minorité devait être la plus orageuse qu'eût vue la France; il ne s'agissait point, comme au temps de Charles VIII, d'un simple choc d'ambitions individuelles; les ambitions privées s'identifiaient ici avec les forces vives de la nation; la société tout entière était engagée dans la querelle, et les masses du peuple, remuées jusque dans leurs dernières profondeurs, n'attendaient pour s'entre-heurter que le signal des grandes factions qui se partageaient la France.

Les Guises, qui avaient gouverné le feu roi, étaient remplacés auprès du roi nouveau par une mère, qui passait d'une longue dépendance à un pouvoir longtemps ambitionné. Largement pourvue d'esprit, d'application et d'activité, mais manquant de cœur et de caractère, Catherine de Médicis était fort au-dessous d'un rôle auquel n'eût peut-être pas suffi la force d'âme d'une Blanche de Castille.

En voyant les Guises déchus de leur pouvoir absolu, leurs partisans tremblèrent, leurs ennemis se réjouirent, les uns et les autres s'attendant à des changements considérables, et à une sorte de révolution dans les emplois, qui allaient, croyait-on, passer des premiers aux seconds. Mais tout le monde fut trompé. Le partage du pouvoir fut réglé entre Catherine de Médicis et Antoine de Bourbon, roi de Navarre, comme si l'une eût été régente et l'autre lieutenant général du royaume; mais on évita de se servir de ces titres. Le connétable de Montmorency recouvra la direction des affaires militaires qu'avait eue le duc de Guise; le conseil privé prit le maniement des finances, que s'était arrogé le cardinal de Lorraine; les Guises conservèrent leur place au conseil, et le duc François resta grand maître de la maison du roi. A cela près, chacun garda ses honneurs et ses emplois, dans toutes les parties de l'administration, tant à Paris que dans les provinces.

Cette transaction, comme cela ne résulte que trop souvent du recours aux moyens termes, mécontenta presque tout le monde. Les partisans des Guises voyaient avec peine au pouvoir le roi de Navarre et le connétable; leurs ennemis étaient outrés de ce qu'on leur laissait encore une part d'autorité dans le gouvernement.

Ces événements, comme on le pense bien, avaient suspendu les hostilités entre Lamotte-Gondrin et le baron des Adrets. Mais le premier songea à les reprendre, quand il apprit qu'il était confirmé dans ses fonctions de lieutenant général du roi, pour la province du Dauphiné.

De son côté, le baron avait écrit à la reine mère pour lui représenter le danger qu'il y avait pour elle à laisser dans leurs emplois les créatures des Guises, pour lui rappeler ses promesses d'une autre époque, et lui demander, maintenant qu'elle jouissait de l'autorité qui lui était due, l'accomplissement de ses promesses et de celles du feu roi, son époux. Il avait chargé son ami du Tilleroy de présenter sa requête, et d'en poursuivre activement l'admission. Celui-ci lui répondit au bout de quelque temps que la reine mère était toujours favorablement disposée pour lui, mais que le moment n'était pas encore venu de lui accorder ce qu'il demandait; qu'elle l'engageait à patienter, etc. etc.

La patience n'était pas une qualité de des Adrets; elle fut mise à une trop rude épreuve, quand il apprit que le lieutenant du roi menaçait de recommencer contre lui les poursuites entamées avant la mort de François II. Cependant, ne voulant pas prendre ouvertement les armes contre le représentant de l'autorité royale, qu'il ne pouvait plus appeler « le lieutenant du duc de Guise, » il lui suscita mille embarras, à l'aide du parti protestant, qui dans ce moment levait un front menaçant dans tout le midi de la France, et avec lequel des Adrets entretenait des relations suivies, sans vouloir toutefois, comme il le répétait toujours, embrasser cette religion.

Lamotte-Gondrin, ne pouvant réduire son ennemi par la force, tenta plusieurs fois de s'en emparer par la ruse. Il se servit, une fois entre autres, pour une tentative de ce genre, de l'officier qui avait été envoyé à la découverte de quelque issue secrète du château de Montségur par le fatal ravin où il avait été blessé. Cet officier tenait à prendre sa revanche, et il répondait au gouverneur du succès de son entreprise. Seulement, au lieu de rechercher cette issue en suivant la pente, il prétendait la trouver par le plateau même que le chemin creux séparait du mamelon du château.

Il prit avec lui quelques hommes de confiance, et vint s'établir dans un village sur ce plateau, à deux kilomètres du château. Là il se tint caché pendant plusieurs jours, épiant avec soin ceux qui tenteraient de pénétrer par le ravin dans l'intérieur de la forteresse. Plusieurs fois il visita les bords escarpés du précipice,

A peine a-t-il fait quelques pas, qu'il glisse, tombe et roule dans l'abime qui avait englouti tant de victimes.

s'approchant avec précaution, pour tâcher de découvrir quelque ouverture, quelque pont peut-être, servant à communiquer d'un bord à l'autre.

Sa présence dans le village ne tarda pas à être connue du baron des Adrets, et il en devina bientôt le motif. Il résolut sur-le-champ de punir sa curiosité téméraire. Il expliqua en quelques signes son plan à Paolo, qui fit comprendre qu'il l'avait saisi et se mit promptement en devoir de l'exécuter.

Quelques instants après, le muet parut sur le bord du ravin du côté du plateau, sans qu'on aperçût par où il y était parvenu. Il s'avança avec un air de précaution, comme s'il eût craint d'être observé; puis, arrivé à un certain point, il prit sa course vers un village voisin. Un des hommes de l'officier le suivit à distance, le vit donner un papier à un cavalier qui semblait l'attendre, et qui partit aussitôt au grand galop. Le muet revint en toute hâte sur ses pas; lorsqu'il fut dans le voisinage du ravin, il ralentit sa marche, s'approcha avec les mêmes précautions de l'endroit où il s'était montré d'abord, et disparut derrière un buisson touffu. Ce jour-là et le jour suivant, il renouvela à plusieurs reprises le même manége. L'officier, après l'avoir attentivement observé dans chacune de ses allées et venues, le voyant paraître et disparaître toujours derrière le même buisson, fut convaincu que là se trouvait l'entrée du passage mystérieux qui conduisait au château. Il résolut de s'en assurer, et d'aller explorer avec soin ce buisson et ses alentours. Il attendit, pour exécuter ce projet, un nouveau voyage du muet. Pendant que celui-ci portait au village ses dépêches, qui, pensait l'officier, étaient des correspondances de des Adrets avec les chefs des mécontents, il alla se cacher, avec deux de ses hommes, derrière un rocher qui s'élevait de quelques mètres, à vingt pas du buisson. Après un quart d'heure d'attente, ils virent Paolo revenir, regarder avec soin autour de lui, s'approcher lentement du buisson, en écarter les branches, puis disparaître comme s'il se fût enfoncé dans quelque excavation pratiquée au centre. Ils attendirent encore, et au bout de quelques minutes ils aperçurent le muet de l'autre côté du ravin, montant sur une terrasse et se dirigeant vers le château.

Plus de doute; il venait de traverser le ravin sur quelque pont pratiqué non sur le haut des bords, mais au milieu même de ses flancs. C'était déjà la conjecture qu'il avait formée quand il avait pour la première fois visité le fond de cet abîme; maintenant il allait s'en assurer d'une manière positive. Quittant l'endroit où ils se tenaient cachés, les trois hommes s'approchèrent du buisson, en écartèrent les branches, comme avait fait Paolo, et ils aperçurent une ouverture suffisante pour un homme seul. L'officier s'y engagea résolûment en invitant un de ses compagnons à le suivre, et en ordonnant à l'autre de rester en haut jusqu'à leur retour, ou jusqu'à ce qu'il l'appelât.

La descente de cette espèce de puits était facile, des saillies de roc formant une sorte d'escalier assez régulier. Il n'était d'ailleurs pas très-profond, et l'officier arriva promptement au bas. Là il remarqua une ouverture donnant du côté du ravin; il y entra, et bientôt il arriva sur le haut d'une pelouse verte et fleurie, qui descendait en pente vers le ravin. Il chercha des yeux s'il découvrirait quelque trace de pont ou de moyen quelconque de franchir l'espace d'un côté à l'autre. Il aperçut une excavation perpendiculaire, pratiquée sur le flanc opposé, et il remarqua une espèce de large poutre ou de plateau qui sortait de cette ouverture et devait probablement avoir un point d'appui vis-à-vis, du côté où il se trouvait: ce devait être là le trait d'union entre le mamelon et le plateau. Mais de l'endroit où il était, il ne pouvait apercevoir ce point d'appui, auquel on devait parvenir par cette pelouse assez rapide qui se trouvait devant lui, et qui paraissait le seul chemin qui y conduisît. Il s'y lance donc, et il ne tarde pas à reconnaître la vérité de ses conjectures. Cette poutre ou ce plateau est bien un pont volant qui s'appuie sur la plate-forme d'un rocher saillant, situé en face, dans la partie la plus étroite du ravin. On doit pouvoir le retirer à volonté, quand on veut interrompre toute communication. Après avoir fait rapidement ces calculs dans son esprit, il veut traverser la pelouse pour gagner cette espèce de plate-forme; mais à peine a-t-il fait quelques pas qu'il glisse, tombe et roule, en jetant un grand cri, dans l'abîme qui avait englouti tant de victimes le jour de l'assaut du château de Montségur. — Le malheureux avait deviné juste; mais sa découverte lui coûtait la vie. — Seulement ce qu'il n'avait pas deviné, c'est qu'au fond de l'espèce de puits dont l'ouverture se trouvait au milieu du buisson, il existait une porte secrète, qui donnait entrée à une galerie couverte, par laquelle on parvenait sans danger à la plate-forme qui servait de point d'appui au pont volant. L'autre ouverture n'était qu'un piége, destiné à conduire sur le gazon fatal ceux qui auraient l'imprudence de s'y engager.

Le soldat, témoin de l'accident arrivé à son officier, remonta, pâle d'effroi, rejoindre son compagnon, et lui raconta ce qui venait de se passer sous ses yeux. Tous deux s'empressèrent de quitter ces lieux sinistres, et de regagner Valence, où ils rendirent compte au gouverneur du triste résultat de leur mission.

Cet événement, qui fit grand bruit, ajouta un trait de plus à la légende, et augmenta la crainte qu'inspirait le baron des Adrets.

Au mois de janvier 1562, la reine mère, ou plutôt le chancelier de l'Hôpital, publia un édit, appelé de « pacification, » dans lequel on accordait aux protestants le droit d'exercer leur culte, mais avec certaines restrictions. Ce prétendu édit de pacification fut la cause ou le prétexte de la plus horrible guerre civile des temps modernes. Les catholiques, indignés de ce que le gouvernement détruisait l'unité du culte de la nation, jurèrent de s'opposer de toutes leurs forces à l'établissement légal de l'hérésie en France; ils ne demandaient qu'un chef pour chasser et au besoin exterminer les huguenots. Ce chef, chacun le nommait et l'appelait de ses vœux: c'était le duc de Guise. Les protestants, de leur côté, trouvaient insuffisantes les concessions accordées, et ils voulaient être traités sur le même pied d'égalité que les catholiques. Leurs chefs étaient Condé, l'amiral de Coligny, d'Andelot, son frère, etc.

L'exaspération était égale de part et d'autre, et il ne fallait qu'une étincelle pour faire éclater une épouvantable explosion. Le duc de Guise, alors absent de Paris, y était attendu pour se mettre à la tête du parti catholique, qui formait l'immense majorité du peuple de Paris, comme du reste de la nation. Il se rendait dans cette ville, à la tête d'une nombreuse escorte, lorsqu'en passant par Vassy ses gens se prirent de querelle avec les protestants de cette ville; il y eut une collision sanglante, dans laquelle périrent une soixantaine de ces derniers.

La nouvelle de cet événement, connu sous le nom de « massacre de Vassy, » excita une irritation terrible parmi les religionnaires. Théodore de Bèze et un autre de leurs députés vinrent trouver le roi et la reine mère au château de Monceaux en Brie, où ils résidaient alors, et leur demander justice contre les violateurs de l'édit de janvier; le prince de Condé appuya cette requête avec véhémence, et offrit cinquante mille hommes à Catherine au nom des réformés.

La crise se précipitait. Catherine tâcha d'abord d'amener Guise à suspendre son retour, puis à se rendre à Monceaux plutôt qu'à Paris. Le duc François n'en continua pas moins sa route sur Paris, où il fit son entrée, le 16 mars, à la tête de deux mille chevaux. Le prévôt des marchands et les échevins vinrent recevoir Guise avec une grande pompe, à la porte Saint-Denis;

le peuple l'accompagna « comme envoyé de Dieu et cria par les rues : Vive Guise ! comme on crie : Vive le roi ! quand le roi vient dans sa capitale. »

Catherine de Médicis, en proie à de cruelles perplexités, tremblait de voir les Guises lui arracher l'autorité, objet de son ambition, et de retomber sous la dépendance des deux frères, comme elle y était sous le règne éphémère de son fils aîné. Elle songea alors à s'appuyer sur le parti protestant pour combattre l'influence des princes lorrains ; elle conduisit le roi de Monceaux à Melun, pour être à portée de gagner Orléans, où les partisans de la réforme l'engageaient à se retirer avec ses fils. Elle correspondait secrètement avec Condé, lui recommandait « les fils et la mère, » l'autorisait à prendre les armes, mais sans savoir bien encore à quoi se résoudre.

Ce fut alors que cette reine se ressouvint du baron des Adrets et de la haine qu'il avait vouée aux Guises. Elle lui écrivit une lettre, que l'histoire a conservée, et qui porte en substance : « qu'il lui ferait plaisir de « s'attacher à détruire en Dauphiné l'autorité du duc « de Guise ; que tous les moyens étaient bons, pourvu « que l'affaire réussît : qu'il pouvait prendre parmi les « protestants des forces pour lui opposer ; que ce n'était « point ici une affaire de religion, mais de politique ;

« que l'Église y était moins intéressée que le roi ; qu'en-« fin elle prenait tout sur elle, et le soutiendrait par-« tout[1]. »

En même temps qu'il recevait cette lettre de la reine mère, le baron des Adrets en recevait une autre qui lui annonçait que le roi et la reine étaient tombés au pouvoir des Guises, qui les retenaient en quelque sorte prisonniers à Paris ; mais que le prince de Condé s'était emparé d'Orléans, que là il avait convoqué une réunion des principaux seigneurs du royaume, parmi lesquels on comptait les la Rochefoucauld, du Poitou ; les Rohan, de Bretagne ; les Duras, de Guienne ; les Grammont, de Gascogne, etc. Tous s'étaient associés et avaient juré, « devant Dieu et ses anges, » de demeurer unis jusqu'à la majorité du roi, » pour maintenir l'honneur de Dieu et de son pur service, » la liberté du roi et de la reine, l'observation des édits, et d'obéir au prince de Condé, leur chef et conducteur ! Des Adrets s'empressa d'envoyer au prince son adhésion pleine et entière à cette association, et il reçut en retour le titre de lieutenant du prince pour la province de Dauphiné, avec des instructions qui confirmaient celles qu'il avait reçues de la reine.

[1] *Voyez* Bayle, article *Beaumont des Adrets ;* Mezerai, etc.

Le parti huguenot, qui comptait dans son sein tant de gentilshommes et de gens de guerre, s'était constitué, — dès son premier synode tenu, comme nous l'avons vu en 1559, — de manière à pouvoir transformer au premier signal son organisation religieuse en organisation politique et militaire. Les lettres de Condé, comme celle qu'il venait d'adresser au baron des Adrets, furent ce signal; on eût dit une traînée de poudre embrasant cent mines à la fois; les explosions se succédèrent coup sur coup: en peu de semaines, les protestants furent levés en masse par toute la France. A la réception des premières lettres écrites par le prince, les huguenots s'étaient saisis de Tours, de Blois, du Mans, d'Angers. Rouen se déclara le 15 avril, et entraîna le Havre, Dieppe, Pont-Audemer, Caen, Bayeux, Coutances, Falaise, Vire, Saint-Lô, Carentan. Poitiers, la plupart des villes d'Angoumois et de Saintonge, et les îles de la côte d'Aunis, s'armèrent pour « la religion. » Bourges et Saumur furent occupés, quoique le parti protestant fût peu nombreux dans les contrées du centre: la moitié au moins du Languedoc et bon nombre de places de Guienne et de Gascogne avaient, depuis le commencement de l'hiver, rejeté violemment le catholicisme.

Le Dauphiné, grâce au baron des Adrets, ne resta

pas en arrière de ce mouvement général. La lettre de la reine mère et celle du prince de Condé l'avaient comblé de joie. — Enfin, s'écria-t-il en les lisant, je vais pouvoir donner un libre cours à ma vengeance! — Sans perdre de temps, il écrivit à tous les gentilshommes protestants de la province, pour leur faire part de sa nomination comme leur chef, et les convoquer en toute hâte à son château de Montségur, qu'il fixa comme lieu de rendez-vous.

Parmi ceux qui accoururent des premiers, étaient Montbrun et Mouvans, ses anciens lieutenants, qui venaient avec joie se ranger sous les ordres de leur ancien chef. Montbrun, altéré de vengeance, amenait avec lui une troupe fanatique, choisie à Genève même parmi les disciples les plus exaltés de Calvin. Ils ne se promettaient rien moins que de détruire tous les signes de l'idolâtrie papiste, et d'égorger tous les prêtres et les moines idolâtres Mouvans avait toujours sa petite troupe de quarante à cinquante hommes, à mines peu avenantes, à figures de bandits, mais tous vifs, alertes, intrépides.

Quand son ami Blacons le vit arriver, il lui dit: « Sois le bienvenu, mon cher ami; M. le baron ne comptait pas sur toi; il te croyait encore dans les montagnes de la Savoie.

— Troun-de-l'air! moi ne pas répondre à l'appel de mon ancien colonel! Il aurait donc fallu que je fusse mort, ou du moins incapable de mettre un pied devant l'autre. D'ailleurs il n'y avait pas grand'chose à gagner dans ce pays-là. J'y étais allé simplement pour nous entretenir la main, tout en soutenant ces pauvres diables de Vaudois, que voulait vexer leur duc Philibert-Emmanuel; mais nous avons si bien donné du fil à retordre à ses soldats, que le duc a été obligé de faire la paix avec les Vaudois ses sujets, et de leur laisser leur liberté religieuse [1]. En descendant des hautes Alpes, je voulus essayer en Provence un mouvement comme il en a éclaté dans le Languedoc et la Guienne; j'avais même l'assentiment du comte de Tende, le gouverneur, et je me croyais enfin sur le point de gagner le château que je rêve depuis si longtemps; mais ne voilà-t-il pas que le comte de Sommerive, le propre fils du comte de Tende, se met à la tête des catholiques, qui sont malheureusement les plus nombreux en Provence; il s'empare de toutes les places les plus importantes, et me force d'abandonner encore une fois mon petit domaine, au moment où je croyais si bien le tenir.

[1] La révolte des Vaudois piémontais, l'intervention de Mouvans et de sa bande, et la paix signée par Philibert-Emmanuel, eurent lieu dans l'été de 1561.

Mais je n'abandonne pas pour cela la partie, et j'espère bien que maintenant je suis sur la bonne voie.

— Comment! sur la bonne voie? Est-ce donc en Dauphiné que tu prétends trouver ton château de Provence?

— Et pourquoi pas, mon bon? Tout chemin mène à Rome, comme disent ces canailles de papistes. »

Dès qu'il eut rassemblé un corps de troupes suffisant, des Adrets marcha sur Valence. Malgré les efforts de Lamotte-Gondrin, la ville ne put résister à l'attaque furieuse du nouveau lieutenant de Condé. Lamotte-Gondrin, en combattant, fut percé d'un coup de hallebarde; mais des Adrets voulut encore assouvir sa vengeance sur son cadavre, et le fit pendre aux fenêtres de son hôtel.

Des Adrets fut alors proclamé gouverneur du Dauphiné. Le premier usage qu'il fit de son autorité fut d'établir à Valence la liberté de religion. Après avoir fait sa place d'armes de cette ville, il marcha sur Lyon. Les protestants de cette grande ville se soulevèrent à l'approche de leurs coreligionnaires; d'Agoult, comte de Sault, lieutenant du duc de Nemours au gouvernement de Lyonnais, facilita l'entreprise par sa connivence. La bande fanatique de Montbrun et les soldats pillards de Mouvans se signalèrent par les dévastations qu'ils commirent, dans cette grande cité, contre ce qu'ils appelaient les monuments de l'idolâtrie. Cette rage de dévastation s'exerçait d'ailleurs dans le même moment par toute la France. A Orléans, à Blois, à Angers, comme à Lyon, et dans une foule d'autres villes, presque le même jour, presque à la même heure, commença l'œuvre de dévastation, qui devait dépouiller la France de cette antique parure que les âges modernes ont bien su détruire, mais n'ont pas su réparer encore.

Ce fut comme un coup de trompette infernale qui éveilla partout l'esprit de destruction, auxiliaire du fanatisme, et cette fureur délirante qui s'accroît et s'enivre de ses propres excès. La hache retentit d'un bout de la France à l'autre; « ce qui avait été bâti en quatre cents ans, était détruit en un jour. » La rage iconoclaste envahit à la fois Rouen, Poitiers, Caen, Bourges, Tours, Lyon, toutes celles de nos villes qui étaient tombées entre les mains des calvinistes. Sans entrer dans des détails sur les autres villes, nous nous bornerons à dire que les protestants ruinèrent le chœur splendide de l'église Saint-Jean, « construit de marbre avec colonnes de jaspe et de porphyre, et tout figuré dedans et dehors des histoires du Vieux Testament. » On démolit les vénérables basiliques de Saint-Just et de Saint-Irénée, berceau de l'Église lyonnaise. Les crucifix et les « Notre-

Dame » étaient traînés dans la boue, les fonts baptismaux prostitués aux plus vils usages; les restes du grand saint Irénée, arrachés de la châsse magnifique qui les renfermait et où depuis tant de siècles ils étaient exposés à la vénération des fidèles, furent brûlés, et les cendres en furent jetées dans le Rhône.

Des Adrets ne commandait pas ces dévastations, mais il les laissait s'accomplir; il eût même été impuissant à s'y opposer. Un jour qu'il remarqua un soldat de Montbrun qui, grimpé sur une échelle, travaillait à jeter bas une statue, chef-d'œuvre de sculpture, il lui ordonna de descendre; le soldat continua tranquillement son œuvre de destruction, sans paraître faire attention à l'ordre de son chef. Des Adrets, irrité, saisit une arquebuse, le coucha en joue, menaçant de faire feu s'il n'obéissait. — « Monsieur, lui cria ce fanatique, ayez patience que j'abatte cette idole; vous me tuerez après si vous voulez! » — Des Adrets abaissa son arme, et comprit qu'avec de pareils hommes il pouvait commander tout le mal possible, mais non chercher jamais à l'empêcher.

Quant aux soldats de Mouvans, plus ardents à piller les ornements et les trésors des églises qu'à en briser les statues, ils firent à Lyon un immense butin. Ils le vendirent publiquement, avec l'autorisation d'un ministre protestant; ce fait indigna Calvin lui-même, qui en adressa des reproches au ministre[1]. « Il est curieux ton vieux Jehan Cauvin[2], disait à ce sujet Mouvans à son ami Blacons; mes gens n'ont pas d'autre solde, et maintenant il voudrait les empêcher de battre monnaie avec des reliques! Il y a longtemps que je te l'ai dit, mon bon; tous nos grands apôtres de la réforme sont de bien petits saints, et, si ce n'était la perspective de gagner enfin mon château, il y a longtemps que je leur aurais brûlé la politesse. »

De Lyon, des Adrets revint sur Grenoble et Vienne, dont il s'empara sans résistance. Le culte catholique fut interdit alors dans tout le Dauphiné, sauf à Embrun et à Briançon. Le prêche se tint, à Grenoble, dans l'église des Jacobins convertie en temple. Des Adrets, qui gardait rancune au parlement de ce qu'il l'avait ajourné sur la réquisition de Lamotte-Gondrin, lui fit d'abord subir une certaine épuration; puis il le força, ainsi que la cour des comptes, de l'accompagner en corps au prêche, non qu'il eût l'intention de faire lui-même acte de protestantisme, mais uniquement pour obliger le

[1] Lettre de Calvin aux ministres de Lyon, tome II, page 465, du Recueil des lettres de J. Calvin.

[2] Véritable nom de Calvin, que celui-ci, selon l'usage du temps, latinisa en *Calvinus*, d'où vient le nom de Calvin.

parlement à faire une sorte d'acte public de soumission et presque de servilité envers un homme qu'il avait menacé de poursuites deux ans auparavant.

Les deux chefs catholiques de la province, le comte de Suze et Maugiron, ne purent tenir un instant devant des Adrets, qui parcourait avec une rapidité extraordinaire les distances les plus éloignées. Maugiron fut rejeté en Savoie; le comte de Suze n'attendit pas son terrible adversaire, et alla rejoindre en Provence l'armée du comte de Sommerive, qui luttait victorieusement contre les protestants de ce pays. Rapide comme l'oiseau de proie, des Adrets volait en quelques jours de la Saône à la Durance, des Alpes aux montagnes d'Auvergne, portant partout la terreur et la mort. Après avoir refoulé Maugiron et de Suze, il revient comme la foudre sur Grenoble, et passe par Lyon pour aller ravager et conquérir le Forez. Ses bandes dévastatrices poussèrent jusqu'en Auvergne, où elles pillèrent l'abbaye de la Chaise-Dieu, et jusqu'au Puy-en-Velay, où elles voulaient ruiner un lieu fameux de pèlerinage mais elles furent repoussées par l'Auvergne levée en masse. Pendant ce temps-là, d'autres bandes de son armée, peut-être celles de Mouvans, saccageaient la grande Chartreuse près de Grenoble, et la fameuse métropole monastique de Cluny; la magnifique bibliothèque de Cluny fut brûlée, comme l'avait été autrefois celle d'Alexandrie par les farouches Arabes d'Amrou. Le fanatisme se ressemble dans tous les temps et dans tous les pays.

Tandis que des Adrets poussait ses succès du côté de l'Auvergne, le comte de Sommerive se réunit à Fabrizio Serbelloni, parent du pape et commandant d'un corps italien rassemblé dans le comtat Venaissin, et tous deux attaquèrent et emportèrent d'assaut la ville protestante d'Orange, qui appartenait en toute souveraineté au prince Guillaume de Nassau, quoique entièrement enclavée dans le Comtat. D'horribles cruautés souillèrent leur victoire, en représailles de celles que les protestants exerçaient contre les catholiques. A la nouvelle de cet événement, des Adrets accourt, entre dans le Comtat, et immole les garnisons de trois ou quatre forteresses à la vengeance des protestants d'Orange.

« A Mornas, entre autres, où environ deux cents catholiques qui avoient composé de rendre la ville s'estoient retirés au château, estimant que la capitulation leur seroit tenue, de sortir la vie et les bagages sauves ; néantmoins, sans avoir esgard à la foy jurée et publique, le baron des Adrets les fit cruellement précipiter du haut du château, disant que c'étoit pour venger la cruauté faite à Orange. Aucuns de ceux qui furent précipités, et jettés par les fenestres, où il y a infinies toises de haut, se voulans prendre aux grilles, ledict baron leur fit couper les doigts avec une très-grande inhumanité.

« Il y eut un desdicts précipités qui, en tombant du haut en bas du château, qui est assis sur un grand rocher, se prit à une branche, et ne la voulut jamais abandonner; quoi voyant, luy furent tirés infinis coups d'arquebuse et de pierres sur la tête, sans qu'il fût possible de le toucher. De quoi ledict baron estant esmerveillé, lui sauva la vie, et réchappa comme par miracle. — J'ai esté, continue le chroniqueur à qui nous empruntons ce passage, voir le lieu depuis avec la reine, mère du roi, estant en Dauphiné; celui qui fut sauvé vivoit encore [1]. »

Montélimart, Pierrelatte, le Bourg, Boulène, etc., furent successivement le théâtre des exploits et des fureurs du baron des Adrets; il semblait s'enivrer de sang. Notre plume se refuse à retracer le tableau de tant d'horreurs; nous citerons seulement ce qui se passa à la prise de Montbrison, et dont le souvenir est resté dans la mémoire des gens du pays. Ses troupes s'étaient em-

[1] Mémoires de Castelnau, tome XXXIII de la Collection de Petitot. — Cette exécution, selon de Thou et d'Aubigné, aurait été ordonnée par Montbrun; quant à celle de Montbrison, dont nous allons parler, elle appartient incontestablement à des Adrets.

parées de cette ville, et l'avaient inondée du sang des habitants; il restait un fort où s'étaient retirés ceux qui avaient échappé au carnage. Il l'attaqua immédiatement, et quelques-uns des siens furent tués par les assiégés, entre autres son lieutenant Condorcet. Cependant, voyant l'impossibilité de prolonger la défense, les assiégés demandèrent à capituler. Pendant l'espèce de suspension d'armes qui eut lieu pour entamer les négociations, des Adrets s'empara par surprise de la forteresse. Il fit couper la tête à une partie des soldats de la garnison, et en réserva cinquante pour subir le même supplice qu'avaient enduré ceux de la garnison de Mornas. Il se fit servir à dîner sur le haut de la plate-forme d'une tour très-élevée, et, pour égayer son repas, il fit monter successivement les prisonniers, et leur ordonna de se précipiter eux-mêmes en sa présence. Un seul dut son salut à une repartie qui a été conservée. Cet infortuné prit deux fois son élan d'un bout de la plate-forme à l'autre, comme pour mieux sauter, et deux fois il s'arrêta sur le bord du précipice. « Allons donc, lui dit le baron, je n'ai pas de temps à perdre; voici déjà deux fois que tu te reprends.

— Monsieur le baron, repartit le soldat, je vous le donne en dix. »

Des Adrets ne put s'empêcher d'admirer la force

d'esprit d'un homme qui pouvait plaisanter dans un danger si pressant, et il lui accorda sa grâce.

Le bruit de ces sanglantes exécutions se répandit par toute la France, et fit à des Adrets la plus lugubre renommée, au milieu de tant d'autres cruautés qui se commettaient de toutes parts; « car, dit Castelnau, la guerre civile étoit comme une rage et un feu qui embrasoit toute la France. »

Les chefs du parti protestant furent eux-mêmes effrayés des conséquences que pourrait avoir pour leur parti l'implacable fureur de des Adrets, qui, suivant l'expression d'un historien, « moitié fou, moitié grand capitaine, semblait toujours animé de l'ivresse sauvage des anciens guerriers scandinaves. » Soubise fut envoyé à Lyon, en qualité de lieutenant général du prince de Condé, pour adresser des reproches au baron des Adrets. Ce fut le commencement de la décadence de son autorité. Il ne put dissimuler son mécontentement de voir un autre revêtu d'un titre qui devait appartenir à lui seul. Soubise s'efforça pourtant de ménager sa fierté, et il tenta de l'adoucir et de l'exhorter à faire dorénavant la guerre avec plus de modération, et à ne pas traiter si rigoureusement ceux qui se rendaient. Des Adrets s'excusa en prétendant qu'il n'avait fait qu'user de justes représailles, et il soutint que pour relever le nom et la réputation des protestants, qu'on regardait comme un parti vil et abattu par les outrages, il avait fallu quelque action d'éclat et quelque châtiment capables d'inspirer de la terreur à ceux qui n'avaient eu jusqu'alors que du mépris pour les réformés.

Malgré ces excuses, on l'accusa bientôt d'avoir compromis les intérêts des protestants par ses excès, par des lenteurs, et enfin de les avoir trahis. La première accusation était fondée. La seconde était injuste; car jamais général ne déploya plus d'activité que des Adrets. Quant à la troisième, elle est ordinaire aux partis qui éprouvent des défaites, et dans ce moment une terrible réaction s'opérait contre les huguenots, dont les fureurs avaient excité l'indignation générale, même celle d'un grand nombre d'hommes disposés naguère à seconder les novateurs quand ils ne parlaient que de réformer des abus. Une partie des gens du peuple, qui avaient participé aux profanations par entraînement et par esprit de désordre, eurent bientôt horreur de leur ouvrage. La masse catholique, formant l'immense majorité de la nation, commença bientôt à s'organiser. Les nouvelles devinrent moins bonnes pour les huguenots : Angers, Blois, Tours, le Mans, furent repris par les catholiques dès le mois de juillet.

Un arrêt du parlement de Paris, du 13 juillet 1562, autorisa tous les manants des villes, bourgs et villages, à prendre les armes contre tous ceux qui saccageaient les églises ou « faisoient des conventicules illicites. » Les populations des campagnes répondirent à l'appel du parlement par une levée en masse; des bandes de paysans se soulevèrent de toutes parts, vengeant la dévastation de leurs églises par le meurtre des ministres, des nobles huguenots et de tous les réformés qu'ils pouvaient atteindre.

En peu de temps, quoique les chances de la guerre variassent de province à province, il devint évident qu'elles tournaient ou qu'elles ne tarderaient pas à tourner contre le parti le plus faible en nombre. A la fin de la campagne, les protestants ne se soutenaient guère que dans quelques parties de la Normandie, de la Guienne, dans le Languedoc et dans le Dauphiné. Mais les mauvaises nouvelles se succédaient de jour en jour; et les calvinistes, qui avaient obtenu d'abord par surprise, de tous côtés, de si rapides succès, au lieu de reconnaître la véritable cause de leurs défaites actuelles, aimaient mieux, par un amour-propre ordinaire à l'esprit de parti et souvent aux nations elles-mêmes, les attribuer à la trahison. C'est ainsi que des Adrets fut accusé d'abord de trahison par les siens, à une époque où certainement il ne pensait nullement à se séparer de leur parti.

Des Adrets, plus irrité qu'abattu de cette accusation, continua encore quelque temps de servir de son courage et de son génie la cause qu'il avait embrassée. Les catholiques provençaux ayant combiné leurs opérations avec leurs coreligionnaires languedociens pour enlever Montpellier aux protestants, des Adrets accourut au secours de cette ville, fit échouer l'attaque concertée contre elle, surprit et défit les comtes de Sommerive et de Suze près de Saint-Gilles. Mais, au lieu de poursuivre sa victoire, il fut rappelé en toute hâte à cause du danger que courait Lyon, menacé par le duc de Nemours à la tête d'une nombreuse armée.

Malgré quelques échecs, des Adrets parvint à couvrir Lyon, et à empêcher Nemours de bloquer complétement cette grande cité : les catholiques furent forcés de lever le siége de Grenoble, et les protestants demeurèrent assez forts en Dauphiné et en Languedoc pour tenir des états provinciaux à Valence et à Nîmes dans le courant de novembre.

Les troupes du duc de Nemours, épouvantées du nom de des Adrets, se retiraient avec tant de précipitation à son approche, que leur marche avait l'air d'une fuite. Le duc de Nemours, jugeant qu'il était plus sûr et plus expédient pour le service du roi de gagner ce général que de le combattre, entra en négociation avec lui. La circonstance était favorable; les désagréments qu'il éprouvait depuis quelque temps augmentaient chaque jour. Soupçonné par quelques-uns, haï de plusieurs, envié par les autres, on le craignait, on lui marquait de la défiance. Ses anciens lieutenants eux-mêmes, Montbrun et Mouvans, s'étaient déclarés contre lui. Montbrun lui reprochait de n'avoir pas franchement embrassé la religion réformée, et de soutenir moins l'intérêt du calvinisme que ses vues particulières de vengeance contre le duc de Guise. Mouvans se plaignait de ce qu'il n'y avait plus de calices ni de reliques à prendre, et de ce qu'on ne songeait pas à lui faire obtenir le château de ses rêves. Blacons seul lui restait fidèle, et l'encourageait même en particulier à abandonner le parti calviniste. De son côté, des Adrets se sentait dégoûté de servir un parti qui lui devait tous ses succès, et qui ne le payait que par l'ingratitude; mais, d'une autre part, retenu par la considération de tout ce qu'il avait fait contre les catholiques, il flottait dans une pénible indécision.

Le duc de Nemours était instruit de toutes ces particularités; de plus il connaissait « l'humeur du baron, et il savoit, dit Castelnau, qu'il n'avoit pas tant d'affection à la religion des huguenots, comme il montra depuis, qu'à son profit particulier, » et de plus, « le connoissant pour capitaine, et qui avoit beaucoup de crédit et de réputation, pensa que c'étoit le plus sûr expédient pour le service du roi de le gagner que de le combattre par force; ce qu'il fit si dextrement avec belles promesses et douces paroles, comme c'estoit un prince fort persuasif, et qui a toujours sçu attirer les hommes par son gentil naturel, que depuis les huguenots n'ont eu en ce pays-là un plus grand ennemi que ce baron, qui commença dès lors à pratiquer contre les huguenots : lesquels, comme fort vigilants en leurs affaires, en furent advertis; aussi ont-ils toujours eu des espions partout[1]. »

Dès que les chefs du parti protestant, le prince de Condé et le cardinal de Châtillon, furent instruits de la trahison de des Adrets, ils ordonnèrent son arrestation et sa mise en jugement. Ses deux anciens lieutenants, Montbrun et Mouvans, furent chargés de l'exécution de cet ordre.

[1] Mémoires de Castelnau, chap. XI.

CHAPITRE XII

RUSE ET CONTRE-RUSE

Les ennemis de des Adrets eurent soin de répandre dans l'armée protestante le bruit de sa trahison, afin de détacher les soldats de sa cause; sans cette précaution, il eût été impossible de s'emparer de sa personne. En un instant le vide se fit autour de lui; ses serviteurs mêmes, qui lui paraissaient le plus attachés, l'abandonnèrent, à l'exception de Blacons et de son muet Paolo.

Instruit des projets de ses ennemis, et se voyant sur le point d'être arrêté, il partit secrètement, suivi de ces deux fidèles serviteurs, et se dirigea rapidement dans la partie de la province où étaient situés les domaines de sa famille. Là il trouverait un asile assuré, soit dans un de ses propres châteaux, soit dans quelques-uns de ceux qui appartenaient à ses parents. Il voulut d'abord gagner Montségur, qui lui offrait une retraite où il pourrait défier les recherches les plus actives. Après trois jours d'une marche pénible à travers des chemins détournés et difficiles que lui seul connaissait, — et qu'il avait préférés à la route ordinaire afin de mieux cacher ses traces à ceux qui seraient tentés de le poursuivre, — il arriva dans les environs de Montségur. Déjà il gravissait péniblement la montagne sur le haut de laquelle s'élevait son manoir de prédilection ; la tête penchée sur sa poitrine, il se livrait à de pénibles réflexions en laissant aller à son gré son cheval haletant de fatigue. Quelle différence de son retour d'aujourd'hui avec son départ d'il y a neuf mois à peine! Alors il quittait Montségur à la tête d'une armée brillante, pleine d'ardeur, d'enthousiasme et de confiance en lui! Maintenant il revenait presque seul, proscrit, poursuivi comme un criminel par ceux qui l'acclamaient à cette époque!

Il fut tiré tout à coup des réflexions dans lesquelles il était plongé par une rencontre à laquelle il était loin de s'attendre. C'était le père Antoine qui descendait du château par le même chemin, et qui à la vue du baron poussa une exclamation de surprise. « Comment! vous ici, Monseigneur! Est-ce que vous vous rendez à Montségur?

— Telle est mon intention.

— Vous ne savez donc pas que votre château est occupé depuis ce matin par vos anciens lieutenants Montbrun et Mouvans, qui y sont arrivés ce matin même, comptant vous y rencontrer et vous arrêter? Ils ne veulent pas croire que vous n'y soyez pas, et ils sont dans ce moment occupés à le fouiller partout, depuis les souterrains jusqu'aux faîtes des bâtiments. Ils sont aidés dans leurs recherches par une dizaine de vos anciens soldats, qui en connaissent, à ce qu'ils disent, tous les endroits les plus secrets.

— Mais comment se sont-ils introduits à Montségur? Comment le vieux Marignan leur a-t-il ouvert les portes?

— Hélas! le pauvre Marignan est couché sur son lit de douleur, et je crains bien qu'il ne se relève pas de la maladie dont il est atteint et pour laquelle je le soigne depuis quelque temps. La garde de la porte était confiée à un jeune homme, qui, connaissant Montbrun et Mouvans pour vos lieutenants, n'a fait aucune difficulté de leur ouvrir, surtout quand ils lui ont déclaré qu'ils venaient de votre part. Une fois entrés dans le château, ils ont placé un de leurs hommes à la porte, et se sont mis à le fouiller, comme je vous l'ai dit. J'ai été instruit de ces particularités en faisant tout à l'heure ma visite habituelle au vieux Marcel, et, comme j'avais eu connaissance par la voix publique de l'ordre lancé contre vous par les chefs de l'armée protestante, j'ai pensé que, vous méfiant de la visite que ces messieurs feraient au château de Montségur, vous aviez cherché une retraite dans quelque autre résidence. »

Blacons et Paolo, qui marchaient à quelques pas derrière le baron, s'étaient rapprochés de lui quand il avait rencontré l'ermite. Des Adrets, se tournant de leur côté, dit à Blacons :

« Vous avez entendu ce que vient de me dire le bon père?

— Oui, Monsieur, répondit Blacons, et je reconnais bien là l'activité de vos anciens lieutenants. Ils ont pensé l'un et l'autre que le château de Montségur, qu'ils connaissent parfaitement, était de tous vos manoirs celui qui vous offrirait le plus de sécurité, et par conséquent celui où vous vous rendriez tout d'abord. Seulement ce qui m'étonne, c'est qu'en voyant la facilité avec laquelle ils s'y étaient introduits, ils aient pu penser que vous les y aviez devancés et que vous vous y teniez caché. Comment ont-ils pu s'imaginer que, si vous étiez réellement dans cette résidence, on leur en eût si facilement ouvert les portes?

— C'est bien l'observation que je leur ai faite, reprit le père Antoine, quand ils m'ont fait venir devant eux et m'ont interrogé; mais l'un d'eux, le plus jeune, je crois, m'a répondu: « Bah! bah! c'est une ruse du baron, pour faire croire qu'il n'est pas ici, et nous le faire chercher ailleurs; mais nous savons qu'il y a ici une cachette qu'il croit introuvable, et nous la trouverons malgré lui. » Puis il a ajouté un juron provençal que je crois inutile de vous répéter. « En nous refusant l'entrée du château, a dit l'autre, c'eût été nous faire connaître positivement sa présence; mais, comme il sait que nous avons pour y pénétrer des moyens auxquels il ne pourrait résister, il a préféré probablement dissimuler sa présence; c'est ce dont nous voulons nous assurer avant de le chercher ailleurs. »

— Voilà bien ce que j'avais pensé moi-même, reprit le baron en s'adressant à son écuyer, et j'allais faire à votre question une réponse à peu près semblable à celle que vous venez d'entendre de la bouche de ce bon père; seulement la mienne n'eût été que conjecturale, tandis que celle-ci est positive. Je sais maintenant à quoi m'en tenir sur les dispositions de ces messieurs; je reconnais que je ne puis lutter par la force avec eux, car, ajouta-t-il en poussant un profond soupir, je n'ai pour tous défenseurs que vous, mon cher Blacons, et mon pauvre Paolo; mais je puis encore lutter de ruses, et sur ce terrain je ne m'avoue pas encore vaincu. Mon père Antoine, continua-t-il en s'adressant à l'ermite, demain, quand vous retournerez à Montségur visiter le pauvre Marignan, si quelqu'un vous interroge sur mon compte, répondez que vous avez entendu dire que j'étais au château de la Frette, où je vais me rendre effectivement; mais ne faites cette réponse que dans le cas où l'on vous adresserait la susdite question; autrement évitez autant que possible de parler de moi. Quant à notre rencontre actuelle, je n'ai pas besoin de vous demander le silence le plus absolu. »

A ces mots, il tendit la main au père Antoine, serra cordialement celle de l'ermite, et, tournant bride avec ses deux compagnons, il se dirigea vers le château de la Frette. Ils y arrivèrent au milieu de la nuit, et s'y reposèrent pendant quelques heures des fatigues de la veille.

Le matin, il dit à Blacons : « Nous ne sommes ici qu'en passant, et nous en repartirons peut-être avant la fin de la journée; mais il faut donner à croire que j'y ai établi ma principale résidence. Vous êtes connu de la plupart des tenanciers de ce domaine; allez en trouver aujourd'hui un certain nombre, sous prétexte de faire des provisions pour mon séjour au château. Je me montrerai moi-même à quelques-uns sur lesquels je puis compter; de cette manière il sera bien constaté que j'habite la Frette, et le bruit en sera bientôt répandu dans le pays. »

Dès que Blacons se fut éloigné pour exécuter les ordres qu'il venait de recevoir, des Adrets s'adressa à son muet, et lui donna dans le langage usité entre eux des instructions bien autrement importantes et surtout bien plus délicates. Il s'agissait de l'envoyer au château de Montségur; nous allons voir dans quel but.

Paolo saisit avec sa sagacité ordinaire les intentions de son maître, et lui fit comprendre qu'il exécuterait sa mission avec son dévouement accoutumé.

Il partit sur-le-champ pour Montségur, feignit en arrivant d'être surpris d'y trouver des soldats de Montbrun et de Mouvans, et voulut revenir sur ses pas; mais plusieurs soldats, qui le connaissaient depuis longtemps pour être attaché à des Adrets, le poursuivirent, l'arrêtèrent, le ramenèrent au château et le conduisirent à Montbrun et à Mouvans. C'était précisément ce que désirait le muet.

Les anciens lieutenants de des Adrets furent enchantés de cette capture, qui, pensaient-ils, leur ferait facilement découvrir le maître. Depuis longtemps ils avaient l'habitude de s'entretenir avec Paolo, non à la manière de des Adrets, mais à l'aide de signes et d'une pantomime expressive, dont le langage employé aujourd'hui par les sourds-muets élevés dans les écoles spéciales peut nous donner une idée. Quoique ce langage n'eût pas la perfection de celui qu'enseignent les disciples de l'abbé de l'Épée et de l'abbé Sicard, il était suffisant pour exprimer des idées assez compliquées. En conséquence, ils firent subir au muet un interrogatoire que nous allons traduire en langage ordinaire, nous dispensant de décrire les signes employés de part et d'autre. Ils lui demandèrent d'abord où était son maître? « Au château de la Frette, répondit-il. — Depuis quand y est-il? — Depuis hier. — N'est-il pas venu à Montségur avant de s'y rendre? — Non. — Pourquoi n'a-t-il pas préféré Montségur à la Frette? — Parce qu'il sait que vous connaissez toutes les issues, tous les passages secrets de Montségur, et qu'il n'aurait pu s'y soustraire à vos recherches.

— Pourquoi t'a-t-il envoyé aujourd'hui à Montségur? »

Ici le muet parut hésiter; il fit une réponse embarrassée, qui ne satisfit point les interrogateurs; ils le pressèrent de nouveau de s'expliquer franchement, et Montbrun lui lança un regard foudroyant en portant la main sur le manche de sa dague. Paolo, paraissant effrayé de cette menace, fit signe qu'il allait dire la vérité. Alors il donna à entendre que son maître l'avait envoyé chercher une certaine somme d'argent enfermée dans une cachette qui n'était connue que du baron et de lui. Cet argent, ajouta-t-il, lui était nécessaire pour pouvoir vivre en Savoie, où il allait se retirer afin d'éviter les poursuites dont il était l'objet en France.

Montbrun et Mouvans se regardèrent après cette explication, et celui-ci s'écria: « Eh! troun-de-l'air! je vous l'avais bien dit, mon cher Montbrun, qu'il y avait une cachette que nous n'avions pas encore trouvée, et que c'était peut-être bien là que l'oiseau se tenait enfermé; mais il paraîtrait qu'à défaut du personnage nous y trouverons ses écus. Il faut commencer par nous en emparer; ce sera un moyen de couper les vivres à l'ennemi, puisqu'il comptait là-dessus pour aller en Savoie. »

Montbrun fit signe qu'il était de cet avis; et tous deux alors obligèrent le muet à les conduire à la cachette désignée. Paolo parut obéir avec répugnance; mais enfin il obéit. Il les mena dans la chambre dont nous avons parlé au commencement du chapitre VI, où des Adrets avait fait transporter les sommes d'argent qu'il apportait de Paris. Montbrun et Mouvans connaissaient cette chambre, et l'avaient même visitée plusieurs fois depuis leur arrivée; car ils soupçonnaient que là devait se trouver l'ouverture mystérieuse de quelque cachette ignorée. Paolo, sans hésiter, poussa un bouton caché dans les moulures d'une boiserie, et l'un des panneaux, s'ouvrant aussitôt, donna entrée dans une chambre basse, un peu moins grande que la précédente, et qui n'était éclairée que faiblement par le haut. Cette pièce est celle que nous avons désignée sous le nom de *trésor*, et qui servait effectivement à des Adrets à cacher son argent. Mais il n'y avait en ce moment qu'une bien faible somme; car le baron n'était pas avare, et presque tout l'argent qu'il avait pu ramasser depuis deux ans avait été largement dépensé dans ses expéditions. La somme était donc minime, mais cependant suffisante à remplir l'objet auquel, suivant Paolo, la destinait des Adrets. Mouvans parut contrarié de trouver un magot si léger; il fouilla tous les coins et recoins de la chambre, sonda les murs, creusa le sol, le tout en pure perte. « C'est égal, dit-il à Montbrun quand il eut terminé ses investigations, nous avons toujours fait une fameuse découverte. C'est évidemment ici la retraite où comptait se réfugier des Adrets, et que sans ce muet nous n'aurions jamais soupçonnée. »

Après avoir remis les choses en état, ils se firent expliquer par Paolo le mécanisme de la fermeture de la porte et se retirèrent. Bientôt les rapports de leurs espions leur confirmèrent la vérité de la déclaration de

Paolo sur la présence de son maître au château de la Frette. Ils partirent aussitôt pour cette résidence, emmenant Paolo avec eux pour leur servir de guide et d'otage, et escortés d'un nombre suffisant d'hommes d'armes. Ils y arrivèrent au milieu de la nuit, placèrent des sentinelles à toutes les issues, et attendirent le jour pour pénétrer dans le château. Les portes leur en furent ouvertes sans difficulté; mais les gens du baron déclarèrent que leur maître était parti la veille pour son château de Malmont. Ils n'en fouillèrent pas moins le manoir jusque dans ses réduits les plus secrets, qu'ils forcèrent Paolo de leur découvrir. Ces investigations minutieuses ne servirent qu'à leur prouver l'absence réelle du baron.

Que faire? iront-ils à Malmont recommencer une semblable perquisition, et qui sera probablement tout aussi inutile? Après avoir délibéré quelque temps, ils décidèrent que Mouvans resterait à la Frette avec quelques hommes de l'escorte, tandis que Montbrun, le reste et Paolo se rendraient à Malmont, pour s'assurer si effectivement il avait paru dans cette résidence. Comme ils approchaient de ce château, ils aperçurent à une grande distance deux cavaliers qui en sortaient, et qui se dirigeaient au galop du côté de la montagne. Nul doute : c'était des Adrets et Blacons, que Montbrun, malgré la distance et l'obscurité qui commençait à couvrir la terre, avait parfaitement reconnus. Il confia aussitôt la garde de Paolo à deux de ses hommes, avec ordre d'attendre son retour au château, et avec les six autres il se mit à la poursuite des deux fugitifs. Au bout d'une demi-heure d'une course pénible, il arriva au bord d'un torrent qui lui barra le passage. Leurs traces l'avaient bien conduit jusque-là; mais avaient-ils franchi le torrent plus haut ou plus bas? car ici il n'était pas guéable : c'est ce qu'il ne pouvait savoir. Tandis qu'il réfléchissait, et que deux de ses hommes avaient mis pied à terre pour chercher un gué, il aperçut à une faible distance, de l'autre côté de la rivière, les deux fugitifs près d'entrer dans un bois de sapins, où l'on ne pourrait les suivre, quand même on trouverait un gué; car l'obscurité devenait de plus en plus profonde. Il leur cria alors de s'arrêter, ou qu'il allait faire feu sur eux; les deux cavaliers ne parurent tenir aucun compte de cette injonction, et continuèrent tranquillement leur marche. Aussitôt six coups d'arquebuse partirent presque en même temps; mais des Adrets et son compagnon disparurent presque au même instant derrière les premiers arbres de la forêt.

Jugeant sa poursuite inutile, Montbrun revint sur ses pas, se reposa avec ses gens au château de Malmont, et rejoignit le lendemain matin son collègue à la Frette.

Après qu'il eut raconté à celui-ci le résultat de son expédition, Mouvans lui dit : « Un de nos espions m'apprend une singulière nouvelle ; il prétend que pendant que nous cherchons au loin le baron des Adrets, il a profité de notre absence de Montségur pour s'introduire furtivement dans cette place, où il croit sans doute se tenir mieux caché que partout ailleurs. Il serait assez plaisant que notre gibier fût revenu à son gîte ; il serait curieux de nous en assurer.

— Cela ne me paraît guère possible, reprit Montbrun ; car c'est bien lui que j'ai vu hier soir, et il y a trop loin de l'endroit où j'ai perdu ses traces jusqu'à Montségur pour qu'il ait pu atteindre cette résidence dans la nuit, et que la nouvelle vous en soit déjà parvenue.

— Mais il y a dans la montagne des sentiers de traverse qui abrégent beaucoup le chemin, et le baron connaît parfaitement toutes ces routes. Du reste, feignons de ne pas croire à cette nouvelle, laissons-lui même la facilité d'y rentrer si cela lui convient ; maintenant que, grâce à Paolo, nous connaissons sa véritable cachette, nous irons le prendre dans son propre piége. »

Montbrun adopta cette idée. Ils parcoururent encore pendant un jour ou deux les résidences où ils supposaient que des Adrets aurait pu chercher un asile ; puis ils regagnèrent Montségur.

La première chose qu'ils firent en arrivant fut, comme on le pense bien, de visiter la fameuse cachette ou la chambre du *trésor*. Ils n'y découvrirent rien. Tout était dans le même état où ils l'avaient laissé quelques jours auparavant. « Allons, s'écria Mouvans, il nous fait perdre sa piste ; mais, troun-de-l'air ! je la découvrirai, ou j'y perdrai mon nom ! »

Ils recommencèrent dès lors leurs recherches avec une nouvelle ardeur ; des Adrets déroutait toujours leurs poursuites. Il était évident pourtant qu'il n'avait pas quitté la contrée ; on l'avait vu à plusieurs reprises dans différents endroits ; mais les paysans le redoutaient si fort, que nul d'entre eux n'eût osé indiquer le lieu de sa retraite.

Après deux mois d'investigations inutiles dans tout le pays, Montbrun et Mouvans finirent par reconnaître que la véritable retraite du baron des Adrets était le château de Montségur lui-même, comme ils l'avaient soupçonné dès le principe. Ils en acquirent à plusieurs reprises la preuve certaine, car plusieurs fois ils avaient traqué de si près le baron qu'il lui avait été impossible de trouver d'autre refuge que le château ; mais au moment où ils croyaient le saisir, il disparaissait comme une ombre. Ils eurent beau garder toutes les issues secrètes qu'ils connaissaient eux-mêmes, recommencer pour la centième fois la visite du château du haut en bas, ils ne purent rien découvrir.

« Évidemment, dit un jour Mouvans à Montbrun, ce satané muet nous a fait une fausse confidence, d'accord sans doute avec son maître, quand il nous a révélé le secret de la chambre du *trésor*. Je suis convaincu que ce Paolo, à qui nous avons laissé beaucoup trop de liberté depuis quelque temps, correspond avec son maître, et lui fait part de tous nos projets. Il faut absolument qu'il parle, à sa manière bien entendu, ou...

— Ou qu'il meure, interrompit Montbrun de sa voix caverneuse. En attendant laissons-le encore jouir d'une certaine liberté, et épions-le avec plus de soin que jamais ; ce sera, je crois, le moyen le plus sûr de découvrir son secret. »

Ils tentèrent ce moyen encore pendant quelques jours ; mais le muet semblait être plus que jamais sur ses gardes, et défier toutes leurs ruses inquisitoriales. A la fin Montbrun, impatienté, lui fit comprendre qu'il était instruit de la présence de son maître dans le château, et il le menaça de le percer de sa dague s'il n'indiquait pas sa retraite. Paolo resta impassible ; alors Montbrun, irrité, le poignarda sans miséricorde.

Après cette exécution, les deux officiers n'en furent pas plus avancés. Les jours, les semaines se passèrent sans qu'ils entendissent parler de des Adrets. Ils voulaient démolir le château pour découvrir cette retraite introuvable; mais une telle entreprise était au-dessus de leurs forces, et ils y renoncèrent après quelques tentatives infructueuses. Enfin ils reçurent l'ordre de retourner à l'armée, où leur présence était plus utile qu'à poursuivre un homme insaisissable. D'ailleurs des négociations pour la paix étaient ouvertes en ce moment, et s'il y avait un traité, il est probable qu'il ne serait pas donné suite aux poursuites dirigées contre des Adrets. Ils abandonnèrent aussitôt Montségur, et retournèrent en maugréant vers les leurs, qui ne manqueraient pas de les accabler de sarcasmes pour avoir si bien réussi dans leur entreprise.

CHAPITRE XIII

LA CONVERSION

Quelques jours après la signature de l'édit d'Amboise (mars 1563), qui mit fin à la première guerre civile, le vénérable père Antoine venait de célébrer la messe pour rendre grâces à Dieu de la paix qu'il avait accordée à la France, lorsqu'il vit entrer dans son petit ermitage un homme d'une taille élevée, à la barbe longue et inculte, aux joues pâles et creusées par la souffrance; il semblait marcher péniblement, en s'appuyant sur un bâton noueux. Ce personnage s'arrêta un instant sur la porte, et, regardant l'ermite, il lui dit : « Je suis donc bien changé, mon père, que vous ne me reconnaissez pas?

— Monsieur le baron des Adrets! s'écria l'ermite; je vous demande pardon, mon cher maître, de ne vous avoir pas reconnu immédiatement; vous êtes, en effet, bien changé, et vous paraissez souffrir beaucoup.

— Oui, je souffre beaucoup, et je suis venu vers vous pour obtenir quelque soulagement à mes douleurs. Mais mes souffrances physiques ne sont rien à côté des tortures morales que j'endure. Je me suis vu abandonné de tous mes serviteurs; deux seulement m'étaient restés fidèles; ils ont péri de la main de ceux qui m'ont trahi. Aujourd'hui que la pacification d'Amboise suspend leurs poursuites, et me permet de me montrer sans crainte à la lumière du jour, je ne saurais jouir de la liberté qui m'est rendue; car je ne puis retrouver le calme que j'ai perdu, ni l'espoir de me venger de ces traîtres.

— Allons, mon cher maître, mettez pour le moment toute pensée de vengeance de côté, et ne songez qu'à vous guérir de la fièvre brûlante qui vous dévore. Reposez-vous quelque temps sous mon humble toit, où je voudrais pouvoir vous garder tout le temps nécessaire à votre guérison; malheureusement je ne pourrais vous soigner ici d'une manière convenable; mais aussitôt que vous serez un peu mieux, je vous ferai transporter à votre château de Montségur...

— Non, non, pas à Montségur, interrompit vivement le baron; car ce lieu me rappelle de trop cruels souvenirs, et je n'y remettrai jamais les pieds. Faites-moi plutôt conduire à la Frette ; c'est là que je suis né, que ma mère est enterrée, et c'est là que je veux mourir. »

L'ermite le fit coucher sur son propre lit ou plutôt sur son grabat, après y avoir étendu quelques brassées de bruyères pour le rendre moins dur. Puis il lui fit prendre une potion calmante, qui lui procura quelques heures d'un sommeil assez paisible.

Pendant qu'il dormait, le père Antoine alla chercher quelques paysans en nombre suffisant pour pouvoir porter leur maître au château de la Frette, car il lui eût été impossible de marcher jusque-là ; il était même étonnant qu'il eût pu faire le trajet de Montségur à l'ermitage.

Le bon ermite accompagna le baron, et ne le quitta plus pendant la longue maladie qui fut la suite de tant de privations et de souffrances physiques et morales qu'il avait endurées depuis plusieurs mois.

Quand des Adrets fut en pleine convalescence, le père Antoine entreprit la guérison de son âme, bien plus malade, comme il le lui disait, que son corps. Il lui citait souvent l'exemple de Blacons, son ancien écuyer, sur le sort duquel des Adrets revenait souvent.

Ici nous rappellerons à nos lecteurs cette arquebusade que Montbrun avait fait tirer sur les deux fugitifs au moment où ils allaient entrer dans la forêt. Il crut n'en avoir atteint aucun; mais Blacons avait été grièvement blessé. Cependant il avait eu la force de se tenir à cheval jusqu'à l'ermitage, où des Adrets l'avait conduit. Le père Antoine lui avait en vain prodigué tous les soins de son art; la blessure, aggravée par l'excès de la fatigue, était devenue mortelle. L'ermite, n'ayant plus d'espoir de sauver la vie de son patient, entreprit de sauver son âme. Il lui parla de la religion catholique, dans laquelle il avait paru disposé autrefois à rentrer; l'écuyer l'écouta avec attention; il finit par abjurer le protestantisme, et par témoigner le désir le plus vif de rentrer solennellement dans le giron de l'Église, si Dieu lui faisait la grâce de recouvrer la santé. Le bon père entendit alors sa confession, et lui administra les derniers sacrements. Blacons les reçut avec une foi vive et une piété sincère. Jusqu'au moment de rendre le dernier soupir, il ne cessa d'exprimer un profond regret de ses fautes et de ses erreurs passées, d'offrir à Dieu en expiation le sacrifice de sa vie, et d'implorer son infinie miséricorde. Pénétré de ces sentiments, il mourut avec calme, en paix avec Dieu et avec lui-même.

Le père Antoine ne cessait donc de rappeler au baron les détails de cette mort, qu'il n'hésitait pas à appeler sainte. Il lui faisait remarquer surtout que Blacons, après avoir remis longtemps au lendemain à s'occuper de sa conversion, n'avait pu l'accomplir qu'à sa dernière heure : c'était là évidemment un miracle de la grâce, sur lequel il serait plus que téméraire de compter; mais Dieu avait voulu sans doute lui tenir compte de ses bonnes intentions, et avait eu peut-être égard aux circonstances dans lesquelles il s'était trouvé, et qui l'avaient empêché de songer plus tôt à sa conversion.

« Blacons, objecta des Adrets, était protestant, et moi je ne le suis pas; je n'ai jamais abjuré ma religion, je n'ai donc pas besoin de me convertir.

— Vous n'avez pas abjuré votre religion d'une manière positive et solennelle, c'est vrai; mais vous avez fait pis, peut-être...

— Oh! ne me le rappelez pas, père Antoine; je ne sais que trop ce que j'ai fait, et pendant les longues nuits d'insomnie que j'ai passées, combien de fois n'ai-je pas vu les cadavres sanglants des victimes que j'ai immolées se ranimer et se redresser contre moi en me menaçant! Quand je suis sorti de ma retraite de Montségur pour me rendre à votre ermitage, il y avait plus de trois semaines que je n'avais aperçu un être vivant. Toutes les personnes que j'ai rencontrées sur mon chemin fuyaient à mon approche en se signant, comme si elles avaient rencontré le démon; il semble que mon front, comme celui de Caïn, soit marqué d'un signe réprobateur, qui doit me rendre l'horreur des hommes, et m'annoncer que je suis indigne du pardon de Dieu même.

— Gardez-vous, mon cher maître, s'écria l'ermite avec force, gardez-vous de vous laisser aller à ces coupables pensées; n'ajoutez pas le désespoir à vos fautes, et rappelez-vous qu'un des plus grands crimes que l'homme puisse commettre, c'est de douter de la miséricorde de Dieu. Oui, fussiez-vous coupable de tous les péchés que les hommes ont pu commettre depuis la création du monde, vous n'auriez pas encore épuisé les trésors de la miséricorde divine, parce que cette miséricorde est infinie. Le plus grand criminel qui ait jamais existé est sans contredit Judas, l'apôtre apostat, le traître à son maître et à son Dieu; eh bien! son plus grand crime n'est pas d'avoir trahi l'Homme-Dieu et de l'avoir livré à ses bourreaux: c'est d'avoir désespéré de la miséricorde de Dieu. »

Cet exemple parut frapper le baron des Adrets. Le père Antoine s'en aperçut, il redoubla ses instances, et, à force de prières à Dieu et d'exhortations adressées à ce grand pécheur, il parvint à le toucher. Le fier baron des Adrets humilia son orgueil; il s'agenouilla humblement aux pieds du pauvre ermite, du ministre de Jésus-Christ, lui fit l'aveu de ses fautes, et prit l'engagement de les expier par la pénitence et par un changement complet de vie.

On peut dire qu'il tint parole; car, si pendant les longues années qu'il vécut encore il ne fut pas exempt de tout reproche, jamais il ne retomba dans les excès coupables qui avaient souillé sa vie passée.

Le reste de la vie de des Adrets n'offre rien qui soit comparable à la première partie, et surtout aux neuf mois pendant lesquels il était à la tête des protestants du Dauphiné, et où il s'était signalé par des faits d'armes si extraordinaires qu'on n'avait point d'exemple d'une telle activité; son nom fut connu de toute la France, autant, il est vrai, pour ses cruautés que pour ses exploits guerriers. « Jamais homme, dit le Laboureur, ne s'acquit tant de réputation en si peu de temps, et jamais grand capitaine n'en déchut plus tôt. » Si l'on veut en croire Brantôme, il devait pousser la fortune, et ne point abandonner un parti où il s'était fait un si grand nom; « car depuis, ajoute-t-il, il ne fit jamais si bien « pour le parti catholique comme pour le parti hugue- « not. » Il est certain que depuis cette époque le baron n'a plus, comme auparavant, joué le premier rôle; mais peut-on lui faire un crime d'être rentré dans son devoir? et ne doit-on pas, au contraire, lui savoir gré d'avoir sacrifié la position élevée, mais fausse, qu'il s'était faite en se mettant à la tête d'un parti hostile à sa religion et à son roi, pour prendre un rang secondaire parmi les défenseurs de sa foi et de son souverain?

Lorsque les troubles se rallumèrent dans toute la France, et que la seconde guerre de religion éclata (1566), le roi voulut mettre à profit le changement de des Adrets, et il rétablit pour lui la légion du Dauphiné, sous le nom de *bandes françaises*. Le baron, à la tête de cette nouvelle troupe, se montra aussi brave, aussi résolu qu'il l'avait jamais été dans d'autres temps; il devint la terreur des protestants, comme il l'avait été des catholiques; et il disait souvent, en se rappelant ses anciennes victoires, « qu'il avait fait les huguenots, mais qu'il voulait les défaire. »

Cependant il ne tarda pas à ressentir l'effet de la défiance qui poursuit toujours les hommes lorsque, dans les temps de trouble et de guerre civile, ils abandonnent un parti, après l'avoir ardemment servi, pour embrasser le parti contraire. Des envieux le peignirent à la cour comme un homme dangereux, qui avait trop fait à la tête des protestants pour s'être complétement détaché d'eux. Il fut en conséquence arrêté et conduit à Pierre-Encise.

Deux amis lui restèrent fidèles pendant sa captivité, et firent tous leurs efforts pour la faire cesser : c'était le père Antoine et le notaire du Tilleroy. Le premier, qui depuis plus de vingt ans n'avait pas quitté un seul jour ses montagnes de Dauphiné, n'hésita pas à faire le voyage de Paris, et à venir trouver son ancien maître, Ambroise Paré, en grand crédit auprès de Charles IX, pour le prier d'intercéder en faveur du baron. En même temps le vieux notaire s'adressait à Catherine de Médicis, à qui, en différentes circonstances, il avait eu l'occasion de rendre des services assez importants. Ces démarches obtinrent un plein succès; et lors de la publication de la paix, au commencement de 1571, le baron fut rendu à la liberté.

Des Adrets accourut en toute hâte à Paris, et vint d'abord serrer la main à son vieil ami en le remerciant chaleureusement de ce qu'il avait fait pour lui.

Il eût bien désiré remercier aussi le père Antoine; mais dès que celui-ci avait appris la mise en liberté de son maître, il s'était hâté de quitter la cour, « dont l'air, disait-il, lui était malsain, » pour retourner à son ermitage.

Le baron, d'après les conseils de son ami, sollicita et obtint une audience de Catherine de Médicis, à qui il rendit grâces de ce qu'elle avait eu la bonté de faire pour lui, et la pria, pour mettre le comble à ses faveurs, de vouloir bien lui faire accorder une audience du roi en son conseil, afin qu'il pût se disculper, devant ce prince et toute la cour, des accusations portées contre lui.

Sa demande fut agréée; et au jour indiqué des Adrets, accompagné du notaire du Tilleroy, se rendit au Louvre, où il fut reçu par le roi en présence de tout son conseil. Après avoir obtenu la permission de parler, il s'exprima ainsi: « Sire, je suis venu vers Votre Majesté pour lui rendre compte de mes actions durant les premiers et les seconds troubles; je n'entends point m'aider ni me servir du bénéfice des édits de pacification pour éviter aucune sorte de punition, au cas où je serais trouvé m'être départi de la fidélité qu'un sujet doit à son roi. » Puis, après une courte pause, il ajouta: « Non, Sire, je ne demande ni ne veux point de grâce; la seule faveur que j'implore de Votre Majesté, c'est qu'elle me permette de soutenir soit en jugement devant son parlement, ou devant tels juges qu'il lui plaira ordonner, soit par les armes contre quiconque se présenterait, — on voit qu'il n'avait pas abandonné ses idées de duel judiciaire, — que j'ai été faussement et méchamment calomnié. » Le roi lui répondit en peu de mots « qu'il demeurait bien content et satisfait des informations qu'il avait prises; qu'il le tenait pour homme « de bien, pour fidèle serviteur et sujet, hors de tout « soupçon. »

Les frères du roi, le duc de Lorraine, le cardinal de Guise et le duc de Nemours étaient présents à cette espèce de désaveu et de solennelle réhabilitation. Le notaire du Tilleroy en dressa aussitôt un acte authentique que le roi signa de sa main, et qui fut enregistré en la chambre des comptes de Dauphiné.

Cette démarche pleine de fierté, et le succès dont elle fut suivie, calma les inquiétudes du baron et fit taire ses ennemis. Bientôt le roi le chargea de marcher vers le marquisat de Saluces, et de réprimer les entreprises du duc de Savoie. Cette nouvelle faveur de la cour parut réveiller son ambition, et il dit à son ami du Tilleroy en le quittant: « Allons, je vais peut-être trouver en Savoie mon bâton de maréchal de France.

La reine Catherine de Médicis m'en a donné l'espérance.

— Ne vous y fiez pas trop, répondit le notaire, et rappelez-vous la promesse qui vous fut faite autrefois du gouvernement de Dauphiné.

— Tu as raison, mon vieil ami, reprit des Adrets d'un ton mélancolique; il ne faut jamais se fier aux promesses de cour; il n'y a que l'amitié d'un homme comme toi qui ne trompe jamais, et celle-là, j'en ai la certitude, ne me fera jamais défaut. »

En disant ces mots, il serra avec effusion les mains du notaire dans les siennes, et lui fit ses adieux avec un attendrissement qui n'était pas ordinaire dans un homme comme des Adrets. On eût dit qu'il avait le pressentiment de ne jamais revoir son ami.

Il se rendit immédiatement à son poste, et, tant qu'il resta sur les frontières de la Savoie, le duc vit échouer toutes les entreprises qu'il tenta contre la France.

Il était encore dans ces contrées, quand il apprit le massacre de la Saint-Barthélemy. On sait que dans cette épouvantable catastrophe des actes de vengeance personnelle ou de cupidité furent exercés contre des gens qui n'appartenaient point au parti huguenot et même qui étaient bons catholiques. Au nombre de ces victimes se trouvait le notaire du Tilleroy, le vieil ami du baron des Adrets. Son affection bien connue pour le baron avait même été le prétexte dont s'étaient servis les égorgeurs, en disant que l'ami de l'ancien chef si redoutable des protestants ne pouvait être lui-même qu'un protestant dangereux.

En apprenant cette nouvelle, des Adrets, accablé de douleur, dégoûté du monde, demanda son rappel, sous prétexte qu'épuisé de fatigues, et atteint déjà des infirmités de la vieillesse, il ne pouvait plus continuer un service devenu trop pénible pour lui. Dès qu'il eut obtenu sa demande, il se retira dans son château de la Frette, où il passa le reste de sa vie dans la plus profonde retraite, ne recevant d'autres visites que celles du vénérable père Antoine, resté son unique ami, son conseil et son consolateur. Grâce aux avis de ce saint homme, des Adrets trouva dans la pratique régulière et fervente de la religion un calme inconnu jusqu'alors à cette âme si longtemps agitée par les plus fougueuses passions. Il mourut le 2 février 1586, et fut enterré dans la chapelle du château de la Frette, à côté de sa mère.

Jamais capitaine ne porta plus loin que lui l'intrépidité, l'activité et les autres vertus guerrières; mais aussi jamais gentilhomme français ne poussa si loin la vengeance. Il ne connaissait ni obstacles, ni dangers. Son âme est peinte dans la devise qu'il s'était choisie : *Impavidum ferient ruinæ*. Il avait pour maxime, selon la Popelinière, « que le mal rend presque tous les hommes plus traitables, et mieux reconnoissant leurs devoirs en toutes choses, que toutes les vertus dont on sauroit user en leur endroit. » Le désintéressement, chose assez rare dans le siècle où il vécut, fut une des qualités incontestables de des Adrets. Né avec une fortune médiocre, il n'augmenta point le patrimoine de ses pères ; c'est le témoignage que lui rendent les historiens des deux partis.

On doit, à la vérité, remarquer que, quelque effrayant que soit le tableau de ses cruautés, il a encore été chargé par quelques historiens, qui lui ont imputé des crimes qu'il n'a pas commis. Ce qui a véritablement noirci des Adrets aux yeux de la postérité, c'est d'avoir violé les capitulations en faisant précipiter du haut d'une tour ou d'un rocher escarpé les soldats des garnisons de Mornas, de Pierrelatte et de Montbrison : il est prouvé qu'il n'était pas à Mornas, place emportée en son absence par son lieutenant Montbrun ; de Thou justifie aussi le baron de l'expédition de Pierrelatte : reste Montbrison. Ce que nous en avons rapporté passe pour constant, et n'a jamais été contredit. Cet événement, transmis de bouche en bouche, a servi de canevas à une foule d'histoires forgées sur son compte. N'y eût-il que ce seul trait, il en restera toujours assez pour condamner des Adrets, et l'on doit souhaiter, pour le bonheur de l'humanité, qu'il ne naisse pas souvent de tels hommes. Trois siècles écoulés n'en ont point affaibli la mémoire; aujourd'hui même, en Dauphiné, on ne prononce son nom qu'en frémissant[1]. Des Adrets semblait avoir prévu cet arrêt de la postérité; et, pendant les dernières années de sa vie, il disait parfois avec amertume au père Antoine, qui l'encourageait à persévérer : « J'aurai beau faire, mon père, mon nom n'en est pas moins en horreur à mes contemporains, et ma mémoire n'en sera pas moins flétrie dans la postérité.

— Eh! que vous importent, lui répondait le bon père, les jugements des hommes de votre temps et des temps à venir? Ce sont les jugements de Dieu seuls qui ont de l'intérêt pour vous et qu'il faut redouter. Travaillez à vous les rendre favorables, c'est là l'essentiel; quant à l'opinion que les hommes ont aujourd'hui ou conserveront de vous par la suite, ne vous en occupez pas, ou plutôt offrez à Dieu l'humiliation qu'elle vous cause.

[1] Tremeuil, *Notice sur le baron des Adrets.*

Priez-le de l'accepter comme un des moyens d'expiation de vos péchés; de cette manière la flétrissure qui vous est si pénible à supporter en ce moment, tournera un jour à votre avantage. »

FIN

APPENDICE

LES MYSTÈRES DU CHATEAU DE MONTSÉGUR

En recueillant les souvenirs historiques et légendaires qui se rattachent au baron des Adrets, et que nous avons rassemblés dans cet ouvrage, nous avons trouvé des détails curieux sur le château de Montségur, tel qu'il existait encore au siècle dernier, et sur la fameuse cachette construite par un mécanicien milanais, sans autres aides que le baron lui-même et son muet Paolo [1]. C'était là que des Adrets se tenait renfermé quand il était poursuivi par ses ennemis; lui seul et son muet en connaissaient le secret, qui ne fut jamais révélé ni par l'un ni par l'autre.

Jamais peut-être ce secret n'eût-il été découvert, sans un événement tragique arrivé dans les premières années du dernier siècle, événement qui est resté dans la mé-

[1] Voir plus haut, chap. V.

moire des habitants du Dauphiné, et qui lui-même est passé à l'état de légende comme l'histoire à laquelle il se rattache. Nous pensons qu'on lira avec plaisir cette histoire, ou plutôt ces deux histoires fort intéressantes par elles-mêmes et par les détails qu'on y trouvera sur *les mystères* du château de Montségur.

Au commencement du XVIIIe siècle, le château de Montségur appartenait à la famille de Pracontal, alliée par la femme à la maison de Beaumont, de laquelle les Pracontal avaient hérité ce manoir. Il était habité, en 1715, par Mme veuve de Pracontal et sa fille, Lucie, jeune personne de dix-sept à dix-huit ans, lorsque le mariage de cette dernière fut arrêté avec M. de Quinsonnas, l'aîné d'une des familles les plus considérables du Dauphiné. Toute la noblesse des environs fut invitée aux noces. Le château pouvait à peine contenir l'affluence des convives. Une foule de jeunes demoiselles formait le cortége de la mariée, dont les magnifiques habits relevaient encore la rare beauté. Parmi ces atours on remarquait principalement un collier de perles auquel pendait une croix de diamants, dont personne ne connaissait la valeur. Ce riche bijou, rapporté de l'Orient par les ancêtres de Mme de Pracontal, s'était transmis de femme en femme depuis cinq siècles.

Au sortir de l'église, toute l'assistance rentra au château, accompagnée de la foule des paysans, auxquels des valets faisaient d'abondantes distributions de vin et de comestibles. Comme l'heure du festin se trouvait encore éloignée, la mariée désira, en attendant, manger quelques fruits; elle eut l'idée, pendant ce léger repas, de casser un noyau d'abricot avec le manche de son couteau; le coup, mal dirigé, alla frapper l'anneau nuptial qui était passé depuis quelques instants seulement au doigt de la main gauche. Cet anneau, brisé en plusieurs morceaux, tomba sur le parquet: funeste présage! chacun l'interpréta de différentes manières.

La mariée, voulant apporter quelque diversion aux sinistres pensées que cet incident pouvait faire naître, entraîna ses compagnes hors du salon, sous prétexte de leur montrer les fleurs de son jardin, fleurs qu'elle cultivait de ses mains avec un soin infini; les unes et les autres se répandirent dans le parterre et dans les vertes allées. Une heure après, la cloche sonna pour l'heure du banquet; les personnes de la noce, disséminées dans les bosquets, rentrèrent par groupes, les jeunes demoiselles également; une seule manquait: c'était l'héroïne de la fête. On court dans ses appartements, elle ne s'y trouve pas. Mme de Pracontal, épouvantée, s'élance dans les jardins, en parcourt toutes les allées en appelant sa fille à grands cris; les échos seuls répondent à sa voix. Hommes, femmes, valets se dispersent dans toutes les directions; leurs recherches demeurent infructueuses. Tout à coup la mère pousse un cri déchirant: une affreuse réflexion vient de frapper son esprit; elle songe à cette pelouse que nous avons décrite au chapitre V de cette histoire, et dont la pente rapide a causé de si funestes accidents; sa fille doit avoir glissé dans l'abîme...! Mme de Pracontal se dirige rapide-

20

ment vers ce lieu maudit; elle tombe évanouie en voyant deux croix de bois qu'on y avait plantées en souvenir des malheurs dont cet endroit a été le funeste théâtre. Chacun devina la fatale vérité; une foule empressée descend péniblement par tous les côtés au fond du précipice, avec l'espoir d'en retirer la mariée encore vivante. M. de Quinsonnas, dont le désespoir ne saurait se dépeindre, marche le premier. Les uns et les autres arrivent... O surprise! on ne retrouve au fond de l'abîme ni le corps de Mlle Lucie, ni les moindres vestiges de ses vêtements; le petit ruisseau, qui coulait au fond de cette gorge resserrée, était presque à sec, circonstance ordinaire au mois de juin où l'on se trouvait. Les eaux n'auraient donc pu entraîner une personne jeune et agile.

M. de Quinsonnas, accompagné de nombreux domestiques portant des flambeaux, passa la nuit entière à parcourir le ravin dans toute sa longueur, sans oublier d'en fouiller les diverses cavités, d'en examiner les parois du haut en bas; il ne rencontra pas le plus léger indice. Plusieurs parents firent en même temps explorer par des ouvriers experts les puits et la citerne du château; leurs efforts n'amenèrent aucune découverte.

Le lendemain, des paysans racontèrent qu'une bande de Bohémiens avait rôdé dans le canton pendant plusieurs jours; la voix publique accusait ces misérables de voler des enfants quand le butin leur manquait; ils avaient pu s'introduire dans le jardin, y surprendre la mariée et l'enlever rapidement, afin de s'emparer de ses riches bijoux et principalement de la croix de diamants. Cette pensée, toute cruelle qu'elle dût paraître, fit concevoir de l'espérance aux deux familles éplorées. M. de Quinsonnas, escorté par une vingtaine de cavaliers, s'élança sur les traces des Bohémiens, qui s'étaient dirigés vers la Savoie. On les atteignit au bout de quelques jours dans des lieux écartés, car ces gens évitent les grandes routes : Mlle de Pracontal n'était pas avec eux. Les domestiques venus de Montségur fouillèrent dans les besaces de ces vagabonds, espérant y recueillir quelques lambeaux des vêtements de leur jeune maîtresse : les besaces ne contenaient que des guenilles immondes. Cette expédition eut en définitive un résultat assez singulier. Les Bohémiens n'avaient point enlevé Mlle de Pracontal, comme on le supposait; mais ils avaient dérobé, en traversant le Mâconnais, deux petites filles de trois ans et les portaient cachées au fond des hottes. Ces misérables s'imaginèrent que les cavaliers qui couraient après eux étaient les parents de ces enfants; ils les tirèrent de leur cachotte et les présentèrent à M. de Quinsonnas, afin d'obtenir grâce par une restitution volontaire : les deux petites filles furent rendues à leurs mères au bout de quelque temps.

On ne pouvait donc accuser les Bohémiens du rapt de la mariée. En dépit de l'évidence, les paysans persistaient à soutenir qu'une autre bande de ces vagabonds avait exécuté le hardi coup de main. Mme de Pracontal adopta cette opinion, qui lui laissait une lueur d'espérance. Durant plusieurs années, des émissaires envoyés par elle parcoururent le Languedoc, l'Espagne, la Savoie et l'Italie; leurs recherches demeurèrent infructueuses, et pourtant elles coûtèrent des sommes considérables. L'impuissance de ces longs efforts ramena Mme de Pracontal à l'idée première, que sa fille avait glissé sur la pelouse attenant au château, et qu'en tombant au fond de cette gorge l'infortunée était devenue la proie de plusieurs bêtes féroces, qui l'avaient entraînée dans quelque repaire impénétrable. Ce qui la désolait encore au milieu de son affliction, c'était de ne pouvoir recueillir les dépouilles mortelles de son enfant pour leur rendre les honneurs de la sépulture. Elle fit élever sur le lieu présumé de cette catastrophe une croix de fer avec cette inscription : *Lucie de Pracontal, 25 juin* 1715, date de sa mort; néanmoins l'inscription ne portait pas le mot *décédée;* puis elle fit construire derrière cette croix une petite muraille, qui, formant une sorte de parapet, devait rendre désormais impossibles les accidents de ce genre.

Mme de Pracontal, inconsolable, ne voulut plus habiter son grand château; elle se retira dans une modeste maison attenant à l'église de la paroisse : là elle passa dans la prière et dans les larmes de longues années, jusqu'à ce qu'un événement fort extraordinaire vînt lui faire connaître la cause réelle de la mort de sa fille, et lui donner la triste consolation de pouvoir rendre à ses restes mortels les honneurs funèbres.

Trente ans s'étaient écoulés depuis la disparition encore inexpliquée de Mlle de Pracontal. Le château n'était habité que par un concierge et sa famille, et n'était visité que de loin en loin par des étrangers qui désiraient voir cette demeure favorite du fameux baron des Adrets. En 1745, quatre jeunes gentilshommes, appartenant à de nobles familles du Dauphiné et du Lyonnais, Paul de Causans, Louis de Crussol, Maurice de Rabasteins, et un quatrième dont j'ai oublié le nom, avaient entrepris un pèlerinage au château de Montségur. Après en avoir obtenu la permission de Mme de Pracontal, ils allèrent trouver le concierge, qui s'empressa de les conduire dans diverses parties du château; il leur raconta, chemin faisant, toutes les histoires ou plutôt toutes les légendes que la tradition avait conservées sur le baron des Adrets. Arrivé sur le haut du donjon, d'où l'on découvrait la fameuse pelouse de lugubre mémoire, il n'oublia pas de leur faire le récit de la catastrophe arrivée à Mlle de Pracontal, le jour même de son mariage. En descendant de la tour, il les introduisit dans un salon hexagone, appelé la *Salle d'armes*. On y voyait encore étalés quelques vieux casques, des lances vermoulues et des épées rouillées. Quelques armures complètes étaient assez bien conservées, entre autres une richement damasquinée, et dont la cuirasse était bossuée par les coups de lance et les balles d'arquebuse qu'elle avait reçus [1]; au côté gauche de cette armure, était suspendu un petit cor en ivoire, garni d'argent ciselé. « Est-ce là, dit un des jeunes gens à leur cicérone,

[1] Cette armure se voit au musée d'artillerie, place Saint-Thomas-d'Aquin, à Paris.

le fameux cor ou olifant dont vous nous avez parlé, et dont les sons qu'en tirait des Adrets étaient entendus à plus de dix lieues à la ronde?

— Non, Messieurs, répondit le concierge; ceci n'est qu'un instrument de parade ou qui ne servait tout au plus qu'à la chasse; quant au véritable olifant, on ne l'a jamais retrouvé. »

Après leur avoir indiqué sommairement l'ensemble des bâtiments, le concierge laissa nos quatre jeunes gens en leur disant qu'ils pouvaient se promener partout, et aussi longtemps que cela leur ferait plaisir. Là-dessus il se retira, et alla rejoindre sa famille.

Nos jeunes visiteurs se mirent alors à parcourir les jardins, les cours et toutes les parties extérieures du vieux manoir. Puis, le temps s'étant mis à l'orage, ils rentrèrent dans l'intérieur, et s'imaginèrent, pour occuper leurs loisirs, de jouer à un véritable jeu d'écoliers, c'est-à-dire à cache-cache, — ce qui n'a rien d'étonnant, car le plus âgé n'avait pas vingt ans. — Rien n'était plus facile que de se cacher dans ce dédale de pièces, de cabinets, d'armoires, d'escaliers; mais rien aussi ne devait être plus difficile que la tâche de celui qui serait chargé de chercher les autres.

Ce rôle échut d'abord à Paul de Causans; ses trois compagnons s'élancèrent aussitôt dans toutes les directions : depuis bien longtemps il ne s'était fait autant de fracas dans le château de Montségur. Nous ne suivrons qu'un seul de nos étourdis dans leur course vagabonde, Maurice de Rabasteins, le héros de l'aventure que nous allons raconter.

Après s'être séparé de ses camarades, il traversa plusieurs appartements, et s'arrêta dans une pièce assez vaste, mais éclairée par une seule fenêtre. La muraille était couverte par une tapisserie de cuir gaufré, partagée par de larges baguettes dorées allant de haut en bas : cette belle tapisserie, dont le genre était du goût des seigneurs du moyen âge, tombait en lambeaux. On pouvait croire d'après cet indice, et en voyant le délabrement du plancher, que cette pièce n'avait jamais été restaurée, et qu'on ne l'avait pas habitée depuis plusieurs siècles; elle paraissait occuper une des extrémités du château. Une porte peinte en gris, à moitié détachée de ses gonds, se trouvait dans l'angle voisin de la fenêtre. Maurice la poussa du pied; elle lui livra passage dans un corridor, lequel aboutissait à un petit escalier; il le descendit, soit pour mieux se cacher, soit par un mouvement bien naturel de curiosité. Au bas de l'escalier, il fut arrêté par une porte fortement verrouillée; il l'ouvrit avec assez de peine, et se trouva sur la partie supérieure de la pelouse qui menait au ravin par une pente insensible. Il distingua à quelques pas de lui la croix de fer élevée en l'honneur de Mlle de Pracontal; le triste récit du concierge lui revint alors à l'esprit. Il s'avança et franchit même le petit mur pour voir de plus près le monument funèbre, et son attention se fixa principalement sur la date : 25 juin 1715. Pendant qu'il se livrait à cette investigation, son camarade de

Crussol l'appela. Maurice tourna la tête, et aperçut son ami, qui, placé à une lucarne de la vieille tour, lui faisait signe de rentrer, s'il ne voulait pas être trop facilement découvert par de Causans. Maurice regagna la terrasse, et remonta précipitamment l'escalier, sans songer à fermer la porte. Nous verrons tout à l'heure quelles furent les suites de cette négligence.

Il rentra dans la pièce dorée. La voix éclatante de de Causans qui se faisait entendre à peu de distance détermina Maurice à se blottir dans un angle obscur formé par la muraille et la saillie d'une formidable cheminée supportée par deux cariatides. A mesure que la voix approchait, il se roidissait sur lui-même pour cacher le bout de ses pieds, de sorte que son dos s'appuyait fortement contre la tapisserie. Quel fut son étonnement lorsqu'il sentit que la muraille cédait sous ses efforts ! Ayant détourné la tête, il aperçut une espèce de placard ouvert à moitié ; les fentes de la porte se trouvaient merveilleusement masquées par les baguettes de la tapisserie ; elle se fermait par le bas au moyen d'un bouton qu'il avait pressé sans le vouloir en se pelotonnant. A l'aspect de cette issue qui semblait donner sur un couloir fort étroit, il conçut le projet de s'y réfugier pour échapper aux recherches de de Causans. Il se glissa promptement par cette voie, et se trouva bientôt dans un passage très-resserré et fort obscur; car la porte était retombée sur elle-même sans causer la moindre secousse. Il s'enfonça, pour ainsi dire, involontairement dans ce corridor noir et fort peu large; car il touchait les deux côtés avec le bras. Ayant posé au hasard ses mains sur la muraille, l'un de ses doigts s'engagea dans une petite cavité ovale dont le fond semblait céder à la pression. Il imprima une certaine énergie au mouvement, et, le loquet s'étant levé, une porte s'ouvrit: ce n'était pas celle qui lui avait donné entrée dans ce défilé; cette nouvelle porte paraissait assez lourde; elle résistait comme si quelqu'un s'opposait par derrière à ce qu'elle s'ouvrît. Il passa la tête dans l'entrebâillement, et découvrit une chambre peu spacieuse, éclairée faiblement par le haut. Au milieu de cette pièce se trouvaient une table et un fauteuil en cuir; plus loin, un casque semblait avoir roulé sur le plancher. Ces divers objets excitèrent l'attention du jeune homme; il lui prit envie de pénétrer dans cette chambre; mais, en entrant, son pied glissa sur les deux ou trois marches qu'il fallait franchir; il trébucha, et, pour éviter une chute, il abandonna la porte dont il avait toujours tenu le bord. Elle se referma aussitôt avec un bruit sinistre qui lui causa un mouvement d'effroi. Il se retourna précipitamment pour la rouvrir; sa main ne rencontra ni loquet, ni poignée. La porte, recouverte d'une feuille de tôle, s'adaptait à son cadre d'une manière si exacte, que les joints paraissaient à peine; il déchira ses ongles en essayant de les introduire dans ces interstices resserrés.

Il eut un instant d'épouvante, qui ne tarda pas à se calmer, en pensant qu'il lui suffisait de crier un peu fort pour qu'on vînt à son secours; mais il ne voulut pas employer tout d'abord ce moyen, dans la crainte de s'attirer les railleries de ses compagnons, qui ne manqueraient pas de le comparer au renard tombé dans le piége. Il résolut donc de prendre quelque relâche, ne doutant pas de parvenir à recouvrer sa liberté sans le secours d'autrui. Il voulut, en attendant, visiter le réduit où l'avait conduit une curiosité bien naturelle à son âge.

Cette pièce recevait le jour par deux ouvertures de trente-cinq centimètres de long, ayant la forme d'un soupirail de cave, lesquelles ouvertures touchaient au sommet du mur. Un troisième soupirail placé de l'autre côté ne donnait qu'une faible lumière; mais il servait à établir un courant d'air assez fort pour chasser l'humidité d'un lieu aussi étroit. Cependant il s'y exhalait une odeur nauséabonde, qui le força à respirer un flacon de sels qu'il portait heureusement sur lui.

Cette chambre lui avait paru bien sombre en y entrant; toutefois sa vue s'y accoutuma peu à peu, et l'obscurité sembla diminuer insensiblement, au point qu'il put distinguer les objets, surtout ceux placés au côté droit, que la lumière des soupiraux éclairait davantage. Il vit donc un casque et un cor de chasse, en forme d'olifant, comme ceux dont les anciens chevaliers se servaient au milieu des batailles; il était suspendu à la muraille par un gros clou. Serait-ce, se disait-il, le fameux cor du baron des Adrets, dont nous parlait le concierge et qu'on n'a pu retrouver? Alors ce serait ici la merveilleuse cachette qui servait de refuge au farouche guerrier quand ses ennemis le serraient de trop près. Cette pensée l'effraya d'abord ; mais il se rassura bientôt en réfléchissant que le baron sortait à volonté de cette retraite, et qu'il pourrait bien en faire autant.

Ses investigations étant achevées de ce côté, il tourna ses regards dans la direction opposée. Un objet volumineux, dont il ne pouvait bien distinguer la forme, remplissait en entier l'autre angle, au fond duquel la lumière pénétrait beaucoup moins. Il s'approcha, et reconnut un de ces grands fauteuils de cuir à dos renversé dont les convalescents font usage; dans ce fauteuil était étendue une femme dont les pieds reposaient sur une escabelle; sa tête nue était penchée comme celle d'une personne endormie. Il pensa d'abord que c'était une des filles du concierge qui était venue se reposer en ce lieu pendant la chaleur du jour, et qu'en se réveillant elle lui indiquerait le moyen de sortir; cette réflexion le fit rougir de la panique dont il avait été saisi quelques instants auparavant. Il appela doucement cette fille pour l'éveiller; elle ne répondit point. Impatienté, et craignant d'être en retard, il s'approcha pour la secouer dans son fauteuil. Mais au moment où sa main allait saisir son bras, il recula terrifié : cette femme endormie était un cadavre! Aussitôt il s'élance vers la porte et renouvelle ses efforts pour l'ouvrir. Il promène sa main sur toute la surface, dans l'espoir d'y découvrir un bouton, un loquet mystérieux qui lui livrera passage; au bout d'une heure de recherches, de tâtonnements infructueux, il s'arrêta convaincu de son impuissance.

Le jour baissait rapidement; alors, sans se soucier des plaisanteries dont ses compagnons allaient l'accabler, il se mit à crier de toutes ses forces; mais sa voix, concentrée dans un espace resserré, n'avait aucune extension; ses essais répétés n'attestèrent que trop l'insuffisance de ce moyen. Son effroi commençait à renaître, quand une idée lumineuse vint réprimer cette nouvelle panique. Il saisit le cor de des Adrets, le fameux instrument dont le son se faisait entendre à quarante kilomètres; les voûtes du château, pensait-il, vont en être ébranlées; quelle terreur je vais causer aux habitants! Il embouche aussitôt le monstrueux olifant, que ses bras peuvent à peine supporter; mais, ô déception! le cor ne rendit pas le moindre son. Le métal, oxydé par l'humidité du mur contre lequel il était appuyé depuis près de deux siècles, était percé d'une infinité de petits trous qui réduisaient à néant la valeur de cet instrument jadis si merveilleux.

Cependant les heures s'écoulaient avec rapidité; quoiqu'on fût en plein été, la nuit se faisait déjà dans ce sombre cachot. Il se mit à crier une seconde fois, sans plus de succès; en revanche, son oreille distinguait très-bien un tumulte de voix dont le bruit confus s'approchait et s'éloignait tour à tour; ce tumulte était évidemment produit par une réunion de gens employés à sa recherche. Alors il se jeta comme un furieux contre la porte; il s'y cramponna avec les mains et même avec les dents; il éprouvait une sorte de délire; il frappait à coups redoublés de ses pieds, ne doutant pas que ce bruit n'attirât l'attention des habitants de la maison. Il s'attacha à cette idée, qui était certainement la plus raisonnable; il employa plusieurs heures à cet exercice, que le désespoir rendait encore plus fatigant. Exténué de lassitude, il abandonna cette tâche inutile, et se roula par terre en poussant des hurlements plutôt que des cris. En ce moment, l'horloge du château se fit entendre; elle frappa dix coups. C'était l'heure où Maurice, élevé par une pieuse mère dans des sentiments religieux, avait coutume de faire sa prière avant de se coucher. Aussitôt il s'agenouilla, et adressa à Dieu une ardente prière.

L'accomplissement de ce devoir de piété rendit le calme à son âme; mais en compensation une soif ardente le tourmentait; comment apaiser un besoin aussi impérieux? Une circonstance providentielle vint y pourvoir: il pleuvait à verse depuis plusieurs heures; il s'avança près de la lucarne; l'eau coulait au dedans du réduit et glissait le long de la muraille, dont la partie supérieure se terminait en glacis. Il plaça son mouchoir de manière à former un obstacle au courant: l'expédient réussit; l'eau refluait à l'encontre de cette frêle digue, de telle sorte que sans trop de difficulté il put étancher sa soif.

Ce succès ranima sa confiance; il remercia Dieu du bienfait qu'il venait de lui accorder, et se résigna à passer la nuit dans sa prison, espérant que la journée du lendemain éclairerait sa délivrance. Une circonstance inattendue vint jeter un nouveau trouble dans son âme, qui commençait à se calmer. Le temps s'était remis au beau, et la clarté de la lune, ayant de nouveau dissipé l'obscurité de son cachot, lui fit apercevoir de nouveau ce cadavre dont il avait presque oublié la présence. A cette vue, son cœur se serra; il se dirigea à reculons vers un autre fauteuil vide qui touchait la table; il s'en empara et s'y assit, en ayant soin de tourner le dos à l'angle dans lequel gisait le cadavre.

A l'âge qu'avait Maurice, la nature ne perd jamais ses droits; aussi, malgré les pénibles émotions qu'il avait éprouvées, accablé de lassitude, il ne tarda pas à s'endormir d'un profond sommeil. Quand il se réveilla, l'obscurité la plus profonde régnait encore dans son cachot; ses paupières s'ouvrirent péniblement, et ses regards rencontrèrent deux yeux flamboyants fixés sur lui, et placés dans l'angle opposé de la chambre. Une sueur froide se répandit sur son visage qu'il couvrit de ses deux mains, et il apercevait toujours les mêmes yeux lumineux et immobiles. Longtemps il les considéra sans pouvoir deviner à quel être ils appartenaient; car l'intensité des ténèbres ne lui permettait pas de le distinguer. Cependant le crépuscule perçait à travers les soupiraux, et à mesure que sa faible clarté se répandait dans la pièce, le brillant de ces deux yeux s'affaiblissait; enfin, la lumière étant devenue plus vive, il reconnut un gros chat qu'il avait remarqué la veille sous la cheminée du concierge du château. La vue de cet être vivant dans ce séjour de mort lui rendit l'espérance; il s'avança vers l'animal pour le caresser; mais celui-ci ne lui en laissa pas le temps : s'étant levé lestement, il grimpa après le mur et s'échappa par un des soupiraux. La rapidité avec laquelle il exécuta ce mouvement prouvait que cet exercice lui était familier.

Cet incident tira Maurice de sa torpeur. Il commença par prier Dieu pour implorer sa miséricorde, et, s'étant relevé, il essaya encore d'ouvrir la porte de son cachot, et s'épuisa en vains efforts pour l'ébranler. Cependant, se disait-il, il est évident que ce lieu servait de refuge au baron des Adrets; mais ce guerrier en sortait fréquemment, puisqu'il déjoua pendant longtemps les poursuites de ses anciens lieutenants Montbrun et Mouvans, et qu'il mourut plus de vingt ans après dans son château de la Frette; je finirai par trouver le moyen dont le baron se servait pour s'ouvrir un passage, comme j'ai trouvé le moyen de pénétrer ici. Ces réflexions lui rendirent son courage.

Il s'était tenu jusque-là le dos constamment tourné au cadavre. Dominé cependant par un sentiment de curiosité irrésistible, il se rapprocha de cet objet dont l'aspect seul l'avait fait frissonner d'épouvante, et il se mit à considérer avec attention ces restes inanimés.

La tête, penchée sur l'une des oreilles du fauteuil, était à l'état de squelette; la lèvre supérieure, contractée par le rétrécissement des muscles, laissait à découvert une rangée de dents fort blanches et menues, ce qui dénotait la jeunesse dans le sujet. Quelques floches de cheveux pendaient près du crâne; les mains étaient momifiées et assez bien conservées; aucun des doigts ne portait de bague.

Les souliers de satin blanc s'étaient pourris sur les pieds. La robe de soie bleu clair était comme brûlée dans la partie qui enveloppait le buste; la putréfaction des viscères et des chairs avait produit cet effet; les mêmes traces se remarquaient aux genoux et aux coudes; le reste de l'étoffe était assez bien conservé. Le cou, formé de cartilages, avait mieux résisté à l'action dissolvante de la corruption: il s'était desséché sans se déformer.

A mesure qu'il avançait dans ces observations anatomiques, la curiosité avait remplacé chez lui la frayeur qu'il éprouvait auparavant. Ses regards s'attachaient au moindre détail; ils s'arrêtèrent enfin sur un objet qu'il n'avait point aperçu d'abord, un collier de perles, lesquelles, blanches dans leur état primitif, avaient pris une teinte noirâtre par le contact des chairs putréfiées. A ce collier pendait une croix de diamants, dont une épaisse couche de poussière interceptait l'éclat; il essaya d'enlever cet obstacle en soufflant dessus ces pierres précieuses, mais il ne put y parvenir. La vue de cette croix, du signe de notre rédemption, lui inspira un profond respect; il s'agenouilla une seconde fois, et pria pour lui-même et pour le repos de l'âme de celle dont il avait les restes mortels devant les yeux.

Pendant qu'il contemplait les tristes dépouilles de cette femme, il se rappela le récit de la disparition de Mlle de Pracontal, le jour même de son mariage, récit qu'il avait souvent entendu de la bouche de différentes personnes, et la veille encore du concierge de Montségur, et dans lequel on parlait d'une robe de soie bleu clair, d'une croix de diamants, d'une main privée de l'anneau nuptial par suite d'un accident fortuit. Plus de doute, il avait devant les yeux le corps de Mlle de Pracontal, de cette infortunée qu'une mère inconsolable avait fait chercher dans tout le midi de l'Europe, sans se douter que sa fille gisait dans un caveau à quelques pas d'elle...

Nous ferons grâce à nos lecteurs des réflexions auxquelles se livra Maurice après cette découverte... Bientôt un besoin auquel il n'avait pas songé jusque-là se fit sentir; il eut faim. Heureusement il avait emporté la veille un morceau de pain dans sa poche, dans l'intention de s'en servir pour collationner au besoin. Il mangea avec délices la moitié de ce morceau, et fut assez sage pour réserver l'autre moitié.

Comme il achevait ce frugal repas, un bruit confus de voix se fit entendre à l'extérieur; des recherches plus actives que les précédentes se dirigeaient de son côté. Il revint au projet d'attirer l'attention en faisant le plus de fracas possible. Il commença à lancer le casque contre la porte afin de l'ébranler et de produire un retentissement considérable; cet exercice violent n'eut d'autre effet que de le fatiguer outre mesure. Il alla s'asseoir sur son fauteuil, qui était moins large que celui de Mlle de Pracontal. Là il se livra à un inventaire détaillé des objets que renfermait sa prison.

La pièce avait six pas de long et cinq de large; l'élévation était loin d'être proportionnée à ces dimensions; cinq mètres au moins séparaient le plafond du plancher. Nonobstant cette élévation, les deux lucarnes suffisaient pour éclairer l'intérieur, car les rayons du soleil y pénétraient sans rencontrer d'obstacles; vraisemblablement aucun bâtiment ne se trouvait en face, et les soupiraux devaient déboucher sur une terrasse. Le grand fauteuil servait probablement de lit au baron des Adrets, quand la nécessité le contraignait à passer plusieurs nuits dans ce réduit. Une boiserie couvrait le mur d'un seul côté; de l'autre, la muraille était enduite de chaux: c'est là qu'était suspendu le cor de chasse. Une table en bois dur, très-élégante dans la forme, occupait le milieu de la pièce; plusieurs objets remarquables étaient rangés avec une sorte de symétrie sur cette table; au centre, un gros livre in-4° relié avec des couvertures en bois d'ébène, à la mode du XVIe siècle; un magnifique fermoir en argent rehaussait le prix de cette reliure; devant l'in-4° était posé un sablier intact, et sur la même ligne, à droite, un groupe de ces longues épingles noires dont les femmes se servent pour soutenir leur coiffure; à gauche, un poignard à gaîne d'ivoire et à riche monture. La vue de cette arme suggéra à Maurice une idée qu'il mit à exécution sur-le-champ. Il saisit avec empressement ce poignard, et courut en introduire la lame dans la fente de la porte, qui ressemblait à celle d'un coffre-fort; il parvint à peine à l'ébranler; il put se convaincre qu'elle tenait par le bas, par le haut et par le milieu. A coup sûr un mécanisme secret faisait mouvoir les trois gâches; l'espérance rentra aussitôt dans son âme, car l'homme est aussi prompt à se réjouir qu'à s'alarmer. Pendant qu'il pesait fortement sur la lame, elle se cassa par le milieu ; il essaya de se servir du tronçon; le fer se rompit une seconde fois près du manche.

Un grand découragement succéda à cet élan de joie : il regagna tristement la table, et ouvrit machinalement le livre placé devant lui. C'était une bible fort ancienne et assez difficile à lire; il se mit à l'étudier, et cette lecture ramena un peu de calme dans son âme. Bientôt il se sentit pressé par le besoin de manger; il dévora la moitié du pain qui lui restait, et un nouvel orage, accompagné d'une forte pluie, lui permit encore d'étancher sa soif comme la veille.

La seconde nuit de sa captivité ramena chez lui un lourd sommeil, interrompu par de fréquents soubresauts. A son réveil, il vit encore en face de lui les deux yeux étincelants. Loin d'en être effrayé comme la veille, il éprouva une sorte de satisfaction de la présence de ce singulier hôte. Il voulut s'en approcher encore pour le caresser; mais sa main put à peine toucher son long poil soyeux, et l'animal s'enfuit par le soupirail aussi prestement que la première fois.

Dès que le chat eut disparu, Maurice commença sa journée par une fervente prière. Un nouveau bruit de personnes qui le cherchaient se fit entendre à son oreille. Il lança encore une fois le casque contre la porte, afin d'attirer l'attention des gens du château sur ce point. Cet exercice le fatigua bientôt outre mesure; il éprouvait une défaillance extrême; ses genoux fléchissaient sous lui; il se rapprocha de la table pour s'y appuyer, et s'assit de nouveau dans le fauteuil. Le bruit du dehors continuait à se faire entendre, et semblait parfois se rapprocher de lui; mais, ne se sentant pas la force de tenter par des cris ou par d'autres moyens d'attirer l'attention, il se mit à lire quelques passages du livre saint, pour calmer l'impatience qui le dévorait.

A la fin, ses yeux se fatiguèrent de cette lecture, il ferma le livre et en examina machinalement la couverture, qu'il essuya machinalement aussi avec la manche de son habit. Tout à coup il crut apercevoir des lignes tracées sur l'ébène poli; il examina avec plus d'attention ces caractères, qui avaient été évidemment formés avec un poinçon, ou plutôt avec une de ces longues épingles à cheveux qui se trouvaient sur la table; mais la poussière s'était logée dans le creux des caractères et empêchait de les lire; à l'aide d'une de ces épingles, il parvint à enlever la poussière, et à rendre aux lettres leur forme primitive. Alors il put lire distinctement ces mots :

« O malheureux que la fatalité a plongé tout vivant « dans cet abîme, élevez votre âme à Dieu, demandez-lui « pardon de vos fautes, résignez-vous au sacrifice de votre « vie ; vous ne sortirez pas de ce tombeau. »

LUCIE DE PRACONTAL, 28 juin 1715.

Rien n'était plus clair que le sens de cette inscription. Alors, pour la première fois, les dangers de sa position apparurent à Maurice dans toute leur gravité. La tragique aventure de Mlle de Pracontal se déroulait à ses yeux avec sa péripétie; on avait cru Lucie tombée au fond du ravin qui longe le château; si une mère désolée se fût imaginé que sa fille existait encore dans ce caveau, l'ancienne demeure de Montségur eût été démolie pierre par pierre. On pouvait facilement commettre à son égard la même erreur. Il relut l'inexorable sentence: elle disait 28 *juin*, et l'inscription placée sur la croix de fer portait le 25. Lucie avait donc vécu plus de trois jours après être venue dans ce cachot, puis... elle y était morte de l'horrible supplice de la faim! supplice dont lui-même commençait à éprouver les atteintes.

Sa tête s'exalta; son ancienne énergie sembla se réveiller, comme pour lutter contre l'arrêt de mort qui venait d'être prononcé contre lui. Il se leva subitement, marcha comme un insensé en poussant des hurlements épouvantables. Il résolut alors de tenter un dernier expédient. Il traîna tout près de la muraille la table sur laquelle il plaça le fauteuil, et se hissa sur cet échafaudage afin d'atteindre au soupirail, dans l'espérance que sa voix serait entendue. Il ne tarda pas à s'apercevoir qu'il était encore trop éloigné de la lucarne. Il essaya de grimper après la muraille, à l'exemple du chat du concierge; loin de réussir, cette tentative ne servit qu'à lui causer une vive douleur aux doigts, dont les bouts se meurtrirent horriblement en s'engageant dans les fentes du mur. En ce moment un dernier rayon de soleil, ayant pénétré par le soupirail, éclaira en entier sa prison, et ses regards se portèrent par hasard sur la tête du cadavre, dont les lèvres contractées laissaient voir les dents : il lui sembla que Lucie riait de ses efforts, et cette vision, qui n'était qu'un jeu de son imagination exaltée, acheva de bouleverser toutes les facultés de son âme.

Il descendit, remit avec beaucoup de peine le fauteuil et la table à leur place; une extrême lassitude, des bâillements répétés avaient succédé à cet accès de désespoir. Il souffrait horriblement de la soif; il suça à diverses reprises son mouchoir encore humide de la veille; sa bouche, véritable fournaise, y puisa quelque fraîcheur. Les heures s'écoulèrent plus rapidement qu'on ne se l'imaginerait au milieu de tant d'angoisses. Quand l'obscurité de la nuit commença à se répandre autour de lui, il se jeta à genoux et essaya de fléchir la colère de Dieu. Cette prière calma un peu ses sens agités; il lui semblait que l'ardeur de la soif était diminuée; il éprouva un affaissement inexprimable. Il lutta quelques instants contre le sommeil, dont le besoin se faisait sentir d'une manière impérieuse; il craignait, s'il s'y abandonnait, qu'il n'y eût plus pour lui de réveil. Il y succomba cependant; mais quel sommeil pénible et agité!

Enfin l'aurore, la dernière peut-être qu'il dût voir, répandit dans sa demeure une clarté incertaine. Il revint à la vie...; il voyait encore; ses regards, appesantis par la somnolence, distinguaient cependant tous les objets. Le chat, constant dans ses habitudes, occupait le même coin;

il dormait profondément. Cette fois sans doute la présence d'un étranger en ces lieux ne le surprenait plus; il fermait les yeux, sa vigilance se trouvait en défaut. Maurice le considéra quelque temps sans bouger; alors une idée lumineuse, qu'il crut inspirée de Dieu même, surgit en son esprit, et il la mit sur-le-champ à exécution. Il se leva le plus doucement possible, son mouchoir entre les dents, et se précipita sur le chat. Celui-ci, aussi prompt que l'éclair, bondit pour s'échapper; mais Maurice le saisit en l'air; l'animal se débattit dans ses bras en poussant des miaulements effrayants, en enfonçant ses dents et ses griffes dans les chairs de son adversaire; mais le désespoir du malheureux captif l'emportait sur la douleur physique; il parvint, après des efforts inouïs, à nouer fortement son mouchoir au-dessus du jarret de l'animal furieux, puis il le rejeta loin de lui. Le chat, rendu à la liberté, s'élança d'un bond sur la muraille, y grimpa avec une nouvelle agilité, et disparut par le soupirail comme les jours précédents. Quant au pauvre Maurice, il se jeta à genoux pour remplir le premier devoir de la journée d'un chrétien, et remercier Dieu de lui avoir inspiré cette idée, qui était sa dernière planche de salut; puis, par suite de son abstinence et de sa terrible lutte contre cet animal, qui était d'une nature si intraitable qu'on l'avait nommé *Farouche,* il éprouva une telle faiblesse, qu'il s'évanouit en terminant sa prière...

Au moment où le chat sortait par le soupirail qui débouchait sur une petite terrasse, le jeune fils du concierge furetait dans les gouttières pour dénicher des oiseaux. Le chat le heurta en passant; l'enfant, surpris de voir le matou traîner un linge après lui, se mit à sa poursuite; le fuyard, ayant traversé la première cour, vint se réfugier dans la salle basse où il passait ses journées. La famille du concierge s'y trouvait réunie depuis quelques instants. La vue de ce chat ainsi accoutré excite la surprise; on ferme la porte et l'on s'empare de l'animal, non sans une nouvelle lutte avec lui. Une des filles s'empressa de détacher le mouchoir; et, guidée par cette exquise intelligence apanage ordinaire de son sexe, elle se prit tout d'abord à regarder la marque M. R. On réfléchit un moment; puis ces femmes s'écrièrent ensemble : « *Maurice de Rabasteins!* Ce jeune homme n'est pas tombé dans le ravin, comme nous l'avons tous cru depuis trois jours, et comme pourraient le faire supposer le rapport de M. de Crussol, qui l'avait vu près de la croix de Mlle Lucie, et surtout la porte restée ouverte par laquelle il était parvenu au bord de la pelouse. Il sera tombé dans quelque souterrain inconnu du château; mais il vit encore, puisqu'il a noué fortement, il n'y a que quelques instants, son mouchoir à la patte du chat pour faire appel à votre pitié. »

Le concierge applaudit, et ordonna à son fils de le conduire au soupirail d'où il avait vu sortir l'animal; l'enfant le mène sur une petite terrasse que le père ne connaissait point; puis, s'étant couché à plat ventre pour mieux voir par la lucarne, il s'écria: « Père, j'aperçois un homme étendu par terre. » Le concierge s'assura par lui-même de la vérité du fait; il retourna au pavillon, ferma la porte extérieure, et défendit à sa femme de laisser entrer personne et de rien ébruiter avant que l'opération fût achevée. Il s'arma de plusieurs instruments de maçonnerie et d'une longue échelle; en homme prudent, il jugea qu'il valait mieux aller droit au prisonnier par la voie la plus courte, que de chercher à parvenir jusqu'à lui par l'intérieur des appartements. Maurice dut la vie à la sagacité de cet homme; car il serait mort au fond du caveau si l'on eût commencé les recherches par un autre côté.

Le concierge, plein d'ardeur, parvint à élargir le soupirail de manière à lui livrer passage; il y fit couler son échelle, descendit dans le réduit, enleva comme une plume le pauvre patient évanoui, et remonta son fardeau sans se donner le loisir de rien examiner, calculant que le moindre retard pourrait compromettre son existence. Les femmes de sa famille se donnèrent des peines infinies pour ranimer les sens du malade; les pulsations prouvaient qu'il vivait encore; néanmoins son évanouissement dura longtemps. Un médecin fut appelé, et, après des soins attentifs et de grandes précautions, le jeune Maurice revint à lui.

Dès qu'il fut remis, il apprit à Mme de Pracontal la découverte qu'il avait faite pendant son séjour dans le caveau. Celle-ci ordonna aussitôt à son concierge de faire pratiquer par des ouvriers une large brèche dans la muraille qui supportait la petite terrasse. On pénétra par cette ouverture dans le fatal caveau; le fauteuil et le cadavre furent enlevés. On les plaça dans la chambre que Lucie occupait le matin même de son mariage; car rien n'avait été changé dans son habitation. Mme de Pracontal reconnut sa fille, et couvrit de larmes ses chères dépouilles; elle recueillit précieusement les dernières boucles de cette magnifique chevelure qui avait été jadis l'objet de son orgueil maternel. Le curé de la paroisse fut invité à venir faire la levée du corps; c'était le même ecclésiastique qui, jeune alors, avait été autrefois chargé d'administrer le sacrement de mariage à Lucie de Pracontal, et qui se voyait obligé, au bout de trente ans, de mettre en terre la jeune vierge dont il avait béni l'union.

Mme de Pracontal voulut que la précieuse croix de diamants ne quittât point les restes de sa fille; elle décida également que le corps serait enseveli dans la même place où, par la volonté de Dieu, il était resté gisant trente années. Ce caveau fut transformé en une chapelle, avec la permission de l'autorité diocésaine; et, en attendant que ce changement fût opéré, le corps de Lucie, renfermé dans un double cercueil, demeura déposé dans sa chambre sous la garde de plusieurs ecclésiastiques.

On se mit sur-le-champ au travail; des ouvriers experts furent appelés à Montségur. Maurice dut leur servir de guide pour pénétrer dans le réduit par l'intérieur des appartements, puisque désormais on ne devait y venir prier que par ce chemin. Il lui fut aisé de découvrir la première porte du couloir; mais il fallut chercher longtemps avant de trouver la petite cavité ronde sur laquelle sa main s'était posée au hasard et avait fait mouvoir le fatal loquet; enfin il descendit de nouveau ces trois marches qui lui avaient été si funestes; la porte se referma avec le même fracas; il ne put s'empêcher de frissonner en entendant ce bruit qui lui rappelait de si pénibles souvenirs, et il ne fallut pour le rassurer rien moins que la présence des cinq ou six personnes qui l'accompagnaient.

Lorsque l'architecte, qui se trouvait au nombre de ces personnes, eut fini de prendre les dimensions et de donner les instructions nécessaires au maître maçon, on voulut sortir de cette pièce par la porte qui s'était refermée; mais ces hommes réunis ne purent parvenir à l'ouvrir. Enfin, après avoir perdu une heure en vains efforts, ils durent se résigner à sortir par la brèche qu'on avait faite pour enlever le fauteuil et le corps de Lucie.

L'architecte s'empressa de rapporter cette particularité à Mme de Pracontal, qui ordonna d'anéantir pour toujours ce terrible obstacle. Il se mit bientôt à l'œuvre, aidé de sept ou huit ouvriers serruriers munis d'instruments très-solides. Tous ces hommes ne purent trouver le secret pour ouvrir la porte; ils furent obligés de la briser. Alors on découvrit un appareil formidable de chaînes, de poulies, de poids et de contre-poids énormes. Ces chaînes étaient scellées par le bas dans les fondations des bâtiments et tenaient par le haut à de grosses poutres de chêne. On ne pouvait se lasser d'admirer ce travail aussi vaste que compliqué. La porte était donc brisée; mais on n'en obtint pas pour cela la solution du problème; pas un ouvrier, après comme avant cette opération, ne put découvrir le moyen dont le baron des Adrets se servait pour ouvrir le loquet de l'intérieur. Une pareille épreuve satisfit l'amour-propre de Maurice, qui cessa dès lors de s'accuser de maladresse, comme il l'avait fait avant l'expédition de l'architecte.

La chapelle fut consacrée solennellement par l'évêque de Saint-Paul-Trois-Châteaux. Le cercueil renfermant le corps de Lucie y fut placé, et un service funèbre y fut célébré chaque année, jusqu'à la révolution de 1789. Cette chapelle et tous les bâtiments de l'ancien château de Montségur ont été détruits en 1793 [1].

[1] La fin tragique de Mlle de Pracontal et la manière dont son corps fut découvert sont l'objet d'une légende qui se raconte depuis longtemps en Dauphiné; plusieurs écrivains l'ont recueillie, et entre autres M. Al. Mazas, dans son *Histoire du dernier des Rabasteins*. C'est dans son récit que nous avons puisé les principaux détails du nôtre.

FIN DE L'APPENDICE.

NOTES

ET

ÉCLAIRCISSEMENTS HISTORIQUES

NOTE A, PAGE 5.

La paix de Cateau-Cambrésis, signée le 2 avril 1559, entre la France et l'Angleterre, et le lendemain 3 entre la France, l'Espagne et le duc de Savoie, mit fin à la lutte qui durait depuis tant d'années entre les Valois et la maison d'Autriche. Par ce traité, un double mariage fut arrêté 1° entre Philippe II, roi d'Espagne, et Élisabeth de France, fille aînée de Henri II, âgée de treize ans; 2° entre le duc de Savoie, Philibert-Emmanuel, et Marguerite de France, fille de François Ier et sœur de Henri II.

Calais, si vaillamment reconquis par le duc de Guise, était le seul objet important du traité entre la France et l'Angleterre. Il fut convenu que le roi de France garderait cette place pendant huit ans seulement, qu'après l'expiration de ce terme il la rendrait aux Anglais; sinon qu'il donnerait, par forme d'indemnité, cinq cent mille couronnes. Il devait fournir des cautions pour le paiement de cette somme; mais si la paix venait à être violée par l'Angleterre, Henri se trouvait délié de tout engagement. Cette dernière clause fournit à la France, sous le règne de Charles IX, un prétexte pour conserver cette possession importante.

Les rois de France et d'Espagne se juraient amitié et se promettaient d'unir leurs efforts pour détruire l'hérésie. Toutes les places qui avaient été conquises de part et d'autre furent rendues réciproquement. Ainsi Henri perdait Thionville, Marienbourg, Yvoi, Damvilliers, Montmédi, Valenza en Milanais, Hesdin et le comté de Charolais, et ne recevait pour dédommagement que Saint-Quentin, Ham et le Catelet.

Henri II renonçait à toutes ses conquêtes en Italie, mais il restait en possession de Toul, de Metz et de Verdun. Cet article fut peu contesté par l'empereur d'Allemagne, quoique la perte de ces trois villes et de leur territoire, — appelé des Trois-Évêchés, — fût un démembrement de l'empire.

Henri II restituait immédiatement au duc de Savoie tous ses États, excepté Turin, Pignerol, Quiers (Chieri), Chivasso et Villanuova d'Asti, que les Français devaient occuper encore pendant un certain temps. La France gardait le marquisat de Saluces; mais elle cédait d'un trait de plume la Savoie, la Bresse, le Bugey et plus de la moitié du Piémont. La France renonçait sans nécessité, sans contrainte aucune, à cette frontière naturelle du mont Blanc et du mont Cenis, qu'elle eût dû défendre au prix des derniers sacrifices; et elle avait dans ce pays une armée aguerrie, commandée par de valeureux chefs, qui depuis longtemps étaient maîtres de la contrée. Quel spectacle ce fut pour tout homme qui aimait sa patrie que de voir rentrer en France les garnisons invaincues de soixante places fortes, « pour la conquête desquelles une mer de sang françois avoit été répandue, les trésors du royaume épuisés, le domaine engagé, le roi endetté de toutes parts. » (Mémoires de Tavannes.) La consternation était générale parmi les gens de guerre et les politiques; les regrets amers de Brissac, le brave gouverneur du Piémont, éclatent avec une singulière énergie dans les mémoires de son secrétaire Boivin du Villars. En apprenant les premières négociations du traité, qui aurait pour effet d'abandonner les importantes conquêtes de François Ier et les siennes, le maréchal fut saisi d'un chagrin violent. Voulant tenter un dernier effort pour empêcher, s'il était possible, la conclusion d'une paix si honteuse, il envoie en France son fidèle secrétaire, en le chargeant d'un message pour le roi. « Cours à Paris, lui dit-il, cours à Cateau-Cambrésis; va trouver le roi, dis-lui qu'on ne rende pas sans coup férir une province qui vaut bien les plus belles villes de France, et dont il tire cinq cent mille écus; dis-lui qu'on n'enterre point ainsi la gloire et la valeur de tant de princes et de gentilshommes; dis-lui que je m'offre à lui conserver le Piémont. Oui, qu'il me mette, moi et mon armée, au ban de la France comme rebelles : si je réussis, Sa Majesté aura conservé un si beau bien; si je succombe dans mon entreprise, moi seul en porterai la peine. Du moins on ne pourra reprocher au maréchal de Brissac d'avoir abusé par de fausses promesses les bannis de Naples, du duché de Milan, de Montferrat, et ces loyaux Siennois dont la situation me déchire le cœur. Rien n'est désespéré, dis-le bien à Sa Majesté, dis-le bien à M. le connétable de Montmorency. Je vendrai ma terre d'Estellan, j'en tirerai cinq cent mille écus, je les prêterai au roi. Quel digne chevalier, quel bon gentilhomme n'imitera mon exemple? »

Du Villars fait diligence. Il arrive à Paris lorsque la paix n'était pas encore conclue. Le connétable venait de partir pour Cateau-Cambrésis. Henri donne audience à l'envoyé du maréchal de Brissac. Le duc de Guise est à côté du roi. Tandis que du Villars rapporte avec une courageuse fidélité les expressions d'un guerrier qui s'alarme pour l'honneur de sa patrie, le roi se trouble, pâlit et pousse des soupirs, indices de sa faiblesse. Le duc de Guise, encore plus désespéré que Brissac, parce qu'il était plus ambitieux, appuya les propositions dont du Villars était l'interprète. « Tout ce qu'éprouve le maréchal de Brissac, s'écria-t-il, mon cœur l'éprouve aussi. Tout ce que nous sommes de bons serviteurs de Votre Majesté, en deçà et par delà des monts, nous vous conjurons d'accepter notre vaisselle, nos terres, nos châteaux, notre vie, plutôt que de signer une telle paix. Oui, Sire, quand les Français auraient à reculer devant l'ennemi pendant trente ans, si ne sauriez-vous perdre ce qu'un seul trait de plume va vous enlever. De tant de places qu'on vous propose d'abandonner, confiez-m'en la plus mauvaise, je saurai ou m'y maintenir ou mourir sur la brèche. Mais qui vous force aujourd'hui à des pensers si ravalants? Sire, envoyez-moi plutôt attaquer cette ville de Saint-Quentin qu'on nous met à si haut prix : je sais les endroits faibles de cette place, et de Douai, et de Cambrai, et de Valenciennes. Mieux vaudra parler de paix quand les Français seront en Flandres. »

Le roi ne trouva d'autre moyen de faire cesser cette conférence qui le fatiguait que d'envoyer du Villars à Cateau-Cambrésis, auprès du connétable : « Allez, lui dit-il, ramentevoir mon compère de faire tout ce qu'il avisera pour le bien de mes affaires d'Italie. » Ce message fut très-mal reçu du connétable, et sans doute le roi s'y attendait. Deux jours après, la paix fut signée, avec les clauses que nous avons rapportées, par le connétable, le cardinal de Lorraine, le maréchal de Saint-André, Morvilliers et l'Aubespine, ministres plénipotentiaires de la France, et par le duc d'Albe, le prince d'Orange, Ruy Gomez et le cardinal de Granville, ministres plénipotentiaires de l'Espagne.

NOTE B, PAGE 16.

DUEL DE JARNAC ET DE LA CHATAIGNERAIE.

François Vivonne de la Châtaigneraie et Guy Chabot, sire de Montlieu, qui depuis porta le nom de Jarnac, nés dans la même province, s'étaient rencontrés dès leur enfance à la cour de François Ier, dont ils avaient été pages. Tous deux se firent remarquer dans les combats; mais durant les exercices de la paix, Vivonne ne s'exerçait qu'aux armes; il avait obtenu dans tous les genres d'escrime une telle renommée, que personne n'osait plus le mettre à l'épreuve. Il abusait de cette supériorité. Montlieu annonçait des penchants plus doux. Vivonne, plus riche que son ami, s'étonna de lui voir faire des dépenses supérieures aux siennes. Il lui demanda un jour, en présence de Henri II, qui était alors dauphin, comment il pouvait soutenir un si brillant équipage, vu la fortune médiocre de son père. Montlieu répondit qu'il avait soin de faire sa cour à sa belle-mère, et qu'il obtenait par elle plus d'argent que son père n'eût voulu lui en fournir. Le dauphin et Vivonne crurent ou feignirent de voir dans cette réponse la révélation d'un commerce incestueux. Vivonne au moins s'abstint de répéter cet entretien; mais le dauphin en fit part à Diane de Poitiers. Celle-ci fut indiscrète à son tour; elle haïssait dans le sire de

Montlieu un partisan de la duchesse d'Étampes. Cette rumeur scandaleuse, après avoir occupé la cour, vint retentir jusque dans le château où vivait le baron de Jarnac. Rempli d'indignation, il mande son fils. Montlieu se jette à ses pieds et désavoue avec tant de force le crime et l'horrible jactance dont on l'accuse, qu'il a le bonheur de dissiper des soupçons si funestes à l'honneur de sa famille.

Le baron de Jarnac et son fils brûlent de venger leur outrage et partent pour la cour. François Ier était à Compiègne. L'offense faite à l'un de ses vieux compagnons lui paraît demander une réparation éclatante. Il permet à Montlieu de déclarer, en présence de toute la cour, que quiconque a dit qu'il entretenait un commerce criminel avec sa belle-mère *en a menti par la gorge.*

Le roi ne pouvait croire qu'un pareil cartel dût avoir des suites. Il y avait une gratuite et odieuse inhumanité à déchirer le cœur d'un vieillard en le forçant de haïr ou sa femme ou son fils. Le dauphin gardait le silence; mais il lisait dans tous les regards que son indiscrétion était condamnée.

Vivonne fut instruit de la scène de Compiègne et de l'espèce d'humiliation que subissait le prince auquel il était attaché; il prend tout sur lui. L'opinion qu'il a de sa force le rend aussi grossier que cruel; il affirme avec une crudité cynique le propos tenu suivant lui par Guy Chabot. Les cartels sont échangés; les deux champions demandent le combat en champ clos. Les ministres du roi pensent qu'il doit leur être accordé. Plus sage que ses conseillers, François Ier le refuse. La chevalerie qu'il voulait maintenir n'était point celle du XIIe siècle; il aimait les tournois et défendait les combats judiciaires. Vivonne et Montlieu reçoivent la défense expresse de vider par les armes un différend que le roi attribuait à leur étourderie réciproque.

Tant que vécut François Ier, ses ordres furent respectés; mais sa mort laissa le champ libre à la haine des deux ennemis. Vivonne pendant deux ans avait enduré le supplice d'être regardé par les dames comme un chevalier déloyal; il lui tardait de se venger sur son adversaire d'un genre de disgrâce dont l'amitié de Henri II ne pouvait le dédommager. Le roi céda aux vœux de son favori, et permit le combat.

Le jour est indiqué. On cherche tout ce qui peut donner un air de magnificence à cet acte de barbarie. Les deux champions s'épuisent en frais pour leur armure et pour leur suite. On prend parti : si plusieurs courtisans se décident pour le champion que favorise le roi, le plus grand nombre reste fidèle à celui dont la cause intéresse les dames. De l'une et de l'autre part on invoque le secours de Dieu, on visite les églises, on fait dire des messes. L'arrogant Vivonne s'est montré bien moins fervent que Montlieu dans ces pratiques pieuses [1]. C'est le seul présage favorable que l'on conçoive pour ce dernier.

La lice est ouverte à Saint-Germain, le 10 juillet 1547. Les nobles des provinces les plus éloignées ont quitté leurs donjons pour assister à ce spectacle si chéri de leurs pères, et qui leur paraissait se renouveler trop rarement. Les balcons sont remplis par des femmes qui toutes ressentent vivement l'outrage fait à la baronne de Jarnac, et qui accusent l'altière favorite du roi. Un magnifique échafaud est dressé pour Henri II et pour les princes. Il aime tant à se produire dans de telles occasions, qu'il oublie entièrement sous quels fâcheux auspices il assiste à ce combat. Le connétable de Montmorency est juge du camp. On croit que ses vœux sont pour Montlieu; mais il ne s'est point opposé à un combat que le roi a voulu, et qui d'ailleurs convient à la rudesse de ses mœurs. Le brillant duc d'Aumale remplit un poste que son ambition vigilante a recherché : c'est celui de parrain d'armes de la Châtaigneraie.

D'autres personnages occupent l'attention des spectateurs : le maréchal de Saint-André, l'un des favoris du roi, guerrier estimé, mais insatiable de présents; Scépeaux de Vieilleville, qui, d'un caractère bien différent, ne demande rien et refuse quelquefois; Cossé de Brissac, en qui les vieux Français retrouvent l'âme et les traits de Bayard; Montluc, capitaine avisé, soldat impétueux, parlant toujours de ses prouesses, et qui fit trop parler plus tard de ses cruautés; le bouillant Tavannes, non moins courageux et tout aussi féroce. Près d'eux, un jeune homme attire tous les regards : c'est Châtillon, le neveu du connétable de Montmorency. Il est calme, intrépide, porté à la réflexion. Une parfaite amitié paraît l'unir au duc

[1] « Car, dit Brantôme, par telle fiance et présomption de soi, il eut peu de souci d'implorer son Dieu et l'appeler à son aide; et même le jour de son combat, passa légèrement par l'église et la messe. »

d'Aumale. Que deviendra-t-elle lorsque l'un sera le grand duc de Guise, et l'autre l'amiral de Coligny?

Le son des tambours et des trompettes, mêlé à celui des cloches, annonce le combat judiciaire. Vivonne s'avance dans la lice d'un air arrogant, Montlieu d'un air modeste. Tous deux affirment par serment que *leur cause est juste; qu'ils ne portent point d'armes défendues, et qu'ils n'ont point eu recours à des enchantements.*

« Laissez-les aller, les bons combattants! » crient les hérauts d'armes. Ce mot dit, ils s'avancent.... Et l'on ne respire plus. On n'eût osé lever les mains au ciel; mais les yeux, les cœurs s'y dressaient.

Ils frappent; la Châtaigneraie se fend, pousse d'estoc et redouble.... En vain Montlieu pare tous les coups de son adversaire; Vivonne, plus habile, revient à la charge par des attaques précipitées. Jarnac paraît plier sous les coups précipités de son adversaire; il semble perdre la tête, et, ne se couvrant plus de sa pointe, il hasarde un coup de tranchant, et décharge son épée sur le jarret de la Châtaigneraie.

Le coup porta si bien, que celui-ci ne saisit pas le moment où Jarnac s'était tellement découvert, et où il eût pu le transpercer. Il chancela et *parut ébloyer*.... Ce qui donna à l'autre facilité de redoubler de telle force et de telle roideur, que cette fois le jarret fut tranché et la jambe pendait.... Il tomba lourdement à terre [1].

Les spectateurs voient avec un sentiment de surprise tomber ce chevalier qui avait cru sa victoire infaillible. Sa vie est à la merci du vainqueur, qui peut traîner trois fois dans la lice ses membres mutilés. Montlieu rougirait d'user de ce droit barbare : « Rends-moi mon honneur! crie Jarnac, et demande merci à Dieu et au roi! » Vivonne garde un silence farouche. Montlieu, le laissant là, traverse la lice et vient se jeter aux pieds de Henri. « Sire, je vous supplie que vous m'estimiez homme de bien!... Je vous donne la Châtaigneraie. Prenez-le, Sire; ce ne sont que nos jeunesses qui sont cause de tout cela. Prenez-le, en considération de votre glorieux père qui nous a nourris tous deux. »

[1] Ce coup inattendu, que Montlieu porta à son adversaire, fut appelé *coup de Jarnac*, et passa en proverbe, pour signifier une atteinte soudaine et qu'on ne songe point à parer.

Le roi ne répondit rien.

Montlieu retourna vers Vivonne, mais sans le menacer de son épée. Il le trouva immobile et perdant son sang. Il se jeta près de lui à genoux, et, de son gantelet de fer se battant la poitrine, il dit et répéta : *Domine, non sum dignus.*

Mais pendant qu'il priait, Vivonne fait un effort pour ressaisir son épée, se lève sur le genou, et se traîne jusqu'à son adversaire. « Ne bouge, ou je te tuerai, lui dit Montlieu. — Tue-moi donc, » reprend Vivonne. Montlieu le regarda avec compassion, et pour la seconde fois retourna au roi, se mit encore à genoux en disant : « Prenez-le, Sire, il est vôtre, je vous donne sa vie, et je demande à Dieu que ce brave chevalier puisse vous servir dans un jour de bataille, comme je voudrais vous y servir moi-même. » Henri se tait encore. Ce refus n'empêche point Montlieu d'user de générosité. « Vivonne, mon ancien camarade, dit-il à son adversaire; Vivonne, implore ton Créateur, et soyons encore amis. » Il n'en obtint aucune réponse. Le roi cèdera-t-il enfin à une nouvelle prière? Montlieu la fait avec toute l'éloquence du cœur. Le roi se rend, accepte Vivonne pour sien. Le connétable et les maréchaux réclament l'usage qui accorde le triomphe au vainqueur; Montlieu le refuse. Henri l'embrasse et lui dit : « Vous avez combattu en César et parlé comme Aristote. » Ces paroles où Aristote est si étrangement cité se trouvent textuellement dans le procès-verbal.

Le duc d'Aumale veut rendre des soins au vaincu; on ne peut calmer sa rage. On se retire; la multitude se jette dans la tente où Vivonne avait fait préparer un festin magnifique pour ses amis, et pille la vaisselle. « Conviant ce jour, dit Brantôme, ses amis et amies à se trouver à la vue du combat, il leur disoit ces propos : *Je vous convie tel jour à mes noces.* »

Vivonne, qui avait déchiré en furieux ses bandages, ne survécut que trois jours à ses blessures. Le duc d'Aumale lui fit ériger un tombeau [1].

[1] Lacretelle, *Guerres de religion*, t. Ier. — Procès-verbal inséré par le Laboureur au 2e tome des additions aux Mémoires de Castelnau.

NOTE C, PAGE 75.

LA FAMILLE DES GUISES.

René II, duc de Lorraine, laissa trois fils : 1° Antoine, qui lui succéda, mourut en 1544, et eut pour successeur son petit-fils, Charles III; 2° un cardinal, mort en 1550; 3° Claude, comte de Guise, qui, ayant eu pour sa part les domaines que sa maison possédait en France, vint s'y établir sous Louis XII, qui lui donna des lettres de naturalisation. Toute sa vie militaire, sous François Ier, n'est qu'une longue suite de succès, depuis la bataille de Marignan jusqu'à la conquête du duché de Luxembourg; aussi le preux monarque érigea en sa faveur la terre de Guise en duché-pairie, et le nomma gouverneur de Champagne. Il mourut en 1550, laissant six fils et une fille : 1° François, dit le Grand, duc de Guise, assassiné en 1562, par Poltrot de Méré; 2° Charles, cardinal de Lorraine; 3° Claude, duc d'Aumale; 4° un cardinal de Guise; 5° un marquis d'Elbeuf; 6° un grand prieur de France; 7° enfin, Marie, qui avait épousé Jacques V, roi d'Écosse, et qui eut de ce mariage Marie Stuart, mariée en premières noces à François II. Des six fils de Claude de Guise, les quatre derniers n'eurent ni les grandes qualités, ni la haute capacité qui distinguèrent les deux aînés. François de Guise possédait non-seulement un de ces courages de chevalerie fréquents alors dans cette vie de tournois et de bons coups d'épée, mais encore la capacité moins générale de diriger les affaires : affable, populaire, le duc de Guise servait avec zèle aux batailles comme aux conseils; aucun chef de parti n'avait de plus belles et de plus hautes conditions de pouvoir. Ce fut une merveilleuse popularité du temps; sa réputation était immense en France et en Europe, et dans les documents espagnols il n'est appelé que *el gran duque de Guisa*, *el gran capitan de Guisa*. Le cardinal de Lorraine, prélat éclairé, d'une administration habile, d'une vaste science, fut une des grandes figures du clergé de cette époque; manquant peut-être de courage et de résolution, il sut toutefois se placer haut dans le mouvement politique qui lutta contre l'action de la prétendue réforme.

NOTE D, PAGE 146.

SUR CHARLES DE MONTBRUN.

« Charles Dupuy de Montbrun, dit *le Brave*, un des plus vaillants capitaines de son temps, naquit vers l'an 1530, au château de Montbrun, dans le diocèse de Gap, en Dauphiné, d'une ancienne et illustre famille. Il fit ses premières armes en Italie, sous les yeux de son père, et servit ensuite avec beaucoup de distinction dans les guerres de Flandre et de Lorraine. De retour dans sa famille, il apprit qu'une de ses sœurs s'était retirée à Genève pour y embrasser la réforme, et il se mit à sa poursuite, décidé à la tuer si elle persistait dans sa résolution. Cette sœur, connaissant le caractère emporté de Montbrun, se tint cachée, et pria Théodore de Bèze d'employer auprès de lui tous les moyens qui étaient en son pouvoir pour l'apaiser. De Bèze vit en effet cet homme opiniâtre, et s'acquitta si bien de sa commission, qu'il finit par l'amener à imiter sa sœur. D'ardent catholique devenu protestant non moins zélé, Montbrun se mi en tête de faire changer de religion à tous ses vassaux, et les violences qu'il employa pour les y contraindre excitèrent de grandes plaintes. Le parlement de Grenoble instruisit contre lui, et Marin Bouvier, prévôt des maréchaux, reçut l'ordre de l'arrêter. Informé de son arrivée, Montbrun marche à sa rencontre, le fait prisonnier, et l'enferme dans le souterrain de son château. Jugeant bien qu'un pareil attentat ne pouvait rester impuni, il leva quelques soldats, et pénétra dans le comtat Venaissin, où Alexandre Guillotin, avocat de Valréas, lui offrait, au nom des calvinistes de Vaison et des environs, l'assurance d'un renfort considérable. Il s'empare de plusieurs villes, profane et pille les églises, établit les prêches et lève des contributions. Le pape, n'ayant aucun moyen de s'opposer aux progrès de ce redoutable aventurier, lui fait demander la paix; et Montbrun revient dans son château, avec la promesse de n'être jamais inquiété pour tout ce qui s'était passé.

« Il reporte alors le théâtr de la guerre en Dauphiné, égorgeant les prêtres partout où il éprouve quelque résistance. Informé que Lamothe-

Gondrin, lieutenant du roi dans le Dauphiné, venait l'attaquer avec deux cents chevaux, il rassemble à la hâte quatre cents fantassins qui lui servaient d'escorte, et vient attendre Gondrin dans un défilé, tombe à l'improviste sur sa troupe et la taille en pièces. Malgré ce succès, il crut que la prudence lui commandait de se retirer à Genève avec sa famille; et pendant son absence son château fut rasé.

« Il revint, en 1562, offrir ses services à des Adrets, chef des protestants du Dauphiné, et il contribua à la réduction de plusieurs villes de Bourgogne et de Provence. Des Adrets ayant abandonné la cause des protestants, il lui succéda dans le commandement, et reprit les armes en 1567, lors de la rupture de la paix. Il assista aux batailles de Jarnac et de Moncontour, où il fit des prodiges de valeur, rentra dans le Dauphiné en 1570, accompagna l'amiral de Coligny en Vivarais, défit l'armée catholique, commandée par le marquis de Gordes, qu'il blessa de sa propre main, et traversa le Rhône à la nage avec sa cavalerie, pour se porter en Provence.

« Après la journée de la Saint-Barthélemy, voyant que les protestants ne pouvaient avoir nulle confiance dans les promesses de la cour, il leva de nouvelles troupes, et soumit plusieurs villes à son parti.

« En 1574, il pilla les bagages de Henri III, qui faisait le siége de Livron; le roi, indigné de cet excès d'audace, donna l'ordre au marquis de Gordes de marcher contre Montbrun, et de le saisir mort ou vif. Catherine de Médicis lui écrivit de se rendre, afin d'apaiser Henri par cette soumission et d'obtenir le pardon de sa faute; mais il répondit qu'il ne se reprochait rien à l'égard du roi, vu que les armes et le jeu rendaient les personnes égales. Sans s'effrayer du nombre de ses ennemis, il ne songea qu'à se défendre. Ayant soutenu dans un jour jusqu'à trois combats, il s'aperçut que ses troupes, exténuées de fatigue, commençaient à se débander: après avoir tenté d'inutiles efforts pour les rallier, comme il se voyait en danger d'être pris, il voulut sauter le canal d'un moulin près de Die; mais il tomba et se cassa une cuisse. Il fut arrêté et conduit à Grenoble; on lui fit son procès, et on le condamna à avoir la tête tranchée. Il fallut, à cause de ses blessures, le porter au lieu du supplice, qu'il souffrit avec beaucoup de constance, le 12 août 1575. Le roi se repentit d'avoir pressé le jugement de Montbrun, et la grâce arriva deux heures après son exécution. Le traité de paix de 1576 réhabilita sa mémoire par un article spécial; et dans la suite toutes les pièces de la procédure furent détruites.

« Lesdiguières, qui avait fait ses premières armes sous Montbrun, lui succéda dans le commandement de l'armée des protestants; mais, fidèle ensuite à son roi et à sa patrie, il fut honoré de la dignité de connétable.»

(*Notice sur Charles Dupuy de Montbrun*, par M. Weiss, Biographie Universelle, tome XXIX, p. 468.)

NOTE E, PAGE 146 ET 150.

THÉODORE DE BÈZE.

Théodore de Bèze, « un des principaux piliers de la réforme », selon l'expression de Bayle, fut à Calvin ce que Mélanchthon fut à Luther, et prouva, par l'immense succès de son apostolat calviniste, combien les hérétiques sont peu délicats sur le choix de leurs chefs et de leurs instruments, et qu'à leurs yeux les talents et l'utilité d'un homme obtiennent le pas sur les bons sentiments et sur les vertus.

Né à Vezelay, dans le Nivernais, au même lieu où saint Bernard avait prêché la croisade, de Bèze fut destiné d'abord à l'état ecclésiastique. Sa famille était riche et noble; il avait fait avec succès les plus brillantes études dans les lettres sacrées et profanes. A peine âgé de vingt-cinq ans, sans avoir encore pris les ordres, il était pourvu de deux ou trois riches bénéfices, entre autres le prieuré de Lonjumeau. «Il était, disent ses contemporains, beau comme Adonis, fort comme Hercule, éloquent, doué de la prestance d'un prince et de l'esprit d'un ange. » Il pouvait prétendre aux premières dignités de l'Église catholique. De bonne heure il fut imbu des principes de la réforme par Melchior Wolkmar (Volmar) de Rothweil, jurisconsulte et helléniste. L'indépendance des nouvelles doctrines convenait merveilleusement à l'esprit fier, fougueux et emporté du jeune Théodore, qui dès son adolescence et sa jeunesse se livra à tous es écarts des plus orageuses passions. Il ne connaissait, dans sa vie privée, d'autre règle que cette loi appelée par les épicuriens *la bonne loi de nature*, et il se livra à ses passions sans frein et ouvertement. C'est dans ce temps qu'il composa des poésies latines extrêmement licencieuses, qui rappellent le mol abandon de Catulle et toute la licence de Pétrone. Il les fit imprimer en 1548, avec son portrait, sous le titre de *Poemata juvenilia*. Cette publication allait lui attirer de la part du parlement de Paris un procès pour attentat aux mœurs et adultère, sur la plainte d'un honnête artisan de Paris, dont il avait séduit la femme. De Bèze s'empressa aussitôt de vendre ses bénéfices et de s'enfuir à Genève, où il fit une abjuration solennelle de la religion catholique, « commençant ainsi, dit Mézerai, par une simonie et par un adultère. » Il s'arrêta fort peu à Genève, et alla trouver, à Tubingue, son ancien maître Wolkmar, pour qui il avait conservé beaucoup d'attachement. Il lui avait dédié, quelques mois auparavant, la première édition de ses *Poemata juvenilia*; ce qui ne donne pas une idée plus édifiante du maître que du disciple.

De Bèze fut nommé, l'année suivante, professeur de langue grecque à Lausanne. Il y passa près de dix ans, pendant lesquels il publia quelques ouvrages qui étendirent sa réputation. Sa tragédie française d'*Abraham sacrifiant*, fut traduite en latin et répandue partout. Pasquier dit qu'elle lui faisait tomber les larmes des yeux. Cet éloge étonnera beaucoup quiconque voudrait essayer de la lire aujourd'hui. Il fit imprimer, en 1556, une version du *Nouveau Testament*, dont il donna depuis un grand nombre d'autres éditions avec beaucoup de changements, souvent contradictoires avec les premiers; mais, de tous ses ouvrages pendant son séjour à Lausanne, le plus remarquable est sans contredit son petit Traité intitulé : *De hæreticis a civili magistratu puniendis*. C'est une apologie du jugement et du supplice de Servet, condamné au bûcher comme hérétique, sur les poursuites de Calvin, par les magistrats de Genève, le 17 octobre 1553. Il est curieux de voir comment de Bèze établit et soutient sa thèse. Il paraît qu'effrayés eux-mêmes des progrès que faisait l'esprit de libre examen qu'ils avaient introduit dans les matières de religion, les prétendus réformateurs s'efforçaient de tout leur pouvoir de lui prescrire des bornes. « Tout ce qu'ils n'avaient pas attaqué, ils voulaient qu'on le regardât comme inviolable. Élever une question nouvelle, c'était menacer l'Église et la religion d'une subversion totale : c'était détruire les choses indispensables au salut : pour mettre la religion et l'Église à l'abri de ces dangers, les princes et les magistrats ne pouvaient déployer assez de sévérité et de supplices contre les novateurs, *parce qu'aucune entreprise ne trouble autant le repos des sociétés que l'hérésie et l'irréligion.* » Les exemples tirés de l'Écriture, les textes de saint Paul, les constitutions de quelques empereurs romains, sont cités pour établir les devoirs des puissances civiles contre les hérétiques, et de Bèze en tourmente le sens pour qu'ils ne signifient que ce qu'il veut. Du reste, en remettant le glaive aux magistrats civils, en les pressant, au nom de Dieu et de la religion, de s'en servir contre les hérétiques et les amis des nouveautés, il fait de ces magistrats les instruments à peu près passifs des pasteurs et des théologiens calvinistes. C'est à ces derniers qu'appartient le jugement de la doctrine, en sorte que l'autorité temporelle a bien le droit de mort contre les hérétiques, mais elle ne peut l'exercer qu'après le jugement et sur la dénonciation des pasteurs. Telie est à peu près la substance du livre de de Bèze. Le succès qu'il obtint alors, l'opinion de Mélanchthon, et la déclaration des principales églises de Suisse sur le supplice de Servet, attestent suffisamment que de Bèze ne fit qu'exprimer les sentiments et la doctrine des hommes les plus importants de son parti.

C'était appliquer, au profit du protestantime, l'inquisition avec toutes ses rigueurs, tant reprochées par les religionnaires aux gouvernements catholiques, qui avaient établi chez eux cette institution pour repousser les innovations en matière de religion, *parce qu'aucune entreprise ne trouble autant le repos des sociétés.*

Ainsi, dès les premiers moments, les chefs de la prétendue réforme refusèrent aux autres la liberté de discussion qu'ils réclamaient pour eux-mêmes. Ils appelèrent hérétiques et blasphémateurs tous ceux qui essayaient de porter plus loin qu'eux les entreprises contre les vérités reçues, et soutinrent fort bien que, si l'on ne s'arrêtait dans la route qu'ils avaient eux-mêmes ouverte, la religion serait bientôt attaquée jusque dans ses fondements.

De Bèze devint dès lors un homme très-important parmi ses coreligionnaires. Il fut chargé, en 1558, d'aller en Allemagne solliciter l'intercession de quelques princes auprès du roi de France, en faveur des protestants de ce royaume. Dans cette mission, ses avantages extérieurs ne le servirent pas moins bien que son éloquence, sa dextérité, son zèle infatigable.

L'année suivante, il quitta Lausanne pour venir s'établir à Genève. Ce changement de résidence fut causé par une affaire scandaleuse dans laquelle de Bèze joua un rôle peu édifiant, et qui prouve que le grand apôtre de la réforme n'avait pas réformé chez lui ces mœurs licencieuses, causes de son bannissement de France. Ses apologistes ont en vain cherché à le laver de cette accusation; elle a été trop bien établie pour qu'on puisse la réfuter victorieusement.

Quoi qu'il en soit, de Bèze, devenu l'ami intime de Calvin, fut, à la sollicitation de ce dernier, reçu bourgeois de Genève et nommé recteur de l'académie fondée récemment dans cette ville (1559).

Vers cette époque, les grands du royaume de France qui avaient embrassé la réforme, sentant qu'ils avaient besoin de l'appui d'un souverain, jetèrent les yeux sur de Bèze pour convertir le roi de Navarre, et conférer avec lui sur des choses importantes. Sa mission obtint un succès complet; le calvinisme fut prêché publiquement à Nérac, où résidaient Antoine de Bourbon et Jeanne de Navarre. Un temple y fut bâti, et l'esprit de prosélytisme ou plutôt d'intolérance y fut poussé à tel point que, dans le courant de l'année suivante (1560), la reine de Navarre ordonna la démolition de toutes les églises et de tous les monastères de Nérac. Théodore demeura dans cette ville jusqu'au commencement de 1561, où il fut appelé au colloque de Poissy.

Cette conférence solennelle, dans laquelle on avait réuni les plus célèbres docteurs des deux communions, pour s'entendre et faire cesser les divisions, se termina sans produire aucun des heureux effets qu'on en attendait. On y montra des deux côtés peu de dispositions conciliantes, et de Bèze, qui y joua un des principaux rôles, fut plutôt rhéteur que théologien. Oubliant le respect dû à une assemblée dans laquelle se trouvaient le roi, la reine mère et tous les princes du sang, il employa, sur la présence réelle, des expressions inconvenantes qui soulevèrent contre lui tous les catholiques, et contribuèrent à envenimer la dispute, et à rendre inutiles toutes les intentions de paix.

Il ne retourna point alors à Genève, et fut retenu en France par le roi de Navarre et le prince de Condé. L'édit de janvier 1562 ayant permis aux réformés l'exercice public de leur culte, de Bèze prêcha souvent à Paris et se distingua dans toutes les occasions par la ferveur de son zèle.

La guerre civile recommença, et de Bèze se trouva à la bataille de Dreux, où les protestants furent défaits, et le prince de Condé fait prisonnier. Il ne cessa ensuite de prendre une grande part aux affaires des protestants, jusqu'à la paix de 1563. Ce fut alors seulement qu'il retourna prendre sa place dans l'académie de Genève.

A la mort de Calvin, en 1564, il succéda à tous les emplois de son ami et de son maître, et fut dès lors regardé comme le chef des protestants en France et à Genève. Il ne revit désormais que rarement la France, et toujours pour l'intérêt des calvinistes. Au synode de la Rochelle, toutes les églises réformées de France lui déférèrent l'honneur de présider l'assemblée. Il fut encore employé à une négociation importante en Allemagne dans l'année 1574, et assista, à différentes époques, à des conférences tenues en Suisse et en Allemagne pour l'éclaircissement de quelques points de doctrine. Il perdit sa femme en 1588, et, quoique âgé de soixante-dix ans, il se remaria peu de mois après avec une jeune personne qu'il appelait sa *Sunamite*. Il conserva jusqu'après quatre-vingts ans une grande activité d'esprit et une santé robuste, et ne discontinua ses leçons qu'en 1600. Il vécut encore cinq années, affaibli par l'âge et les infirmités, mais toujours plein de zèle et de dévouement pour son parti, et le servant encore par ses conseils. Il mourut le 13 octobre 1605, dans sa quatre-vingt-sixième année (il était né le 24 juin 1519).

De Bèze fut un écrivain élégant et un littérateur très-savant. Sa longue vie et l'enthousiasme qu'il inspira à ses partisans le firent appeler le *Phénix de son siècle*. Ses écrits nombreux sont aujourd'hui complétement oubliés, et l'on ne chante même plus, dans les églises protestantes, sa traduction en vers français des *Psaumes de David*, qui avait été commencée par Marot. Dans la discussion orale, de Bèze conservait une certaine dignité, de la grâce, et souvent de la modération; il n'en est pas de même dans ses écrits polémiques. Quel amas d'injures et de trivialités! Avec quelle avidité il recueille et reproduit, en les envenimant, les bruits les plus hasardés qui couraient sur ses adversaires! *Vilain, effronté, misérable, pédant, puant, loup déguisé, serpent, singe*, telles sont les épithètes qui reviennent fréquemment sous sa plume, et ces injures s'adressent ordinairement à des théologiens catholiques, à des évêques et aux papes eux-mêmes. Dans l'entraînement de son zèle, ces injures sont lancées aussi contre des souverains temporels. Antoine de Bourbon, roi de Navarre, étant rentré dans le giron de l'Église catholique, est sous sa plume un *Julien l'Apostat*, Marie Stuart une *Médée*. Ses adulations furent pour la reine d'Angleterre Élisabeth, et pour Jacques Ier, son successeur. Il leur a dédié, à l'un et à l'autre, plusieurs de ses écrits, et l'on a reproché justement à de Bèze, Français de naissance, d'avoir, dans une de ses dédicaces, donné à Élisabeth le titre de *reine de France*. Du reste, aucune philosophie dans ses écrits polémiques, rien qui décèle l'esprit de justice, de sagesse, de charité. La liberté ne s'y montre que sous les traits de la licence; l'obéissance y est servilité. Tout ce qui procède de l'homme et de l'épiscopat n'est qu'infamie, dissolution, prostitution; tout ce qui émane des ministres de Genève et de leurs adhérents est la loi, la raison vivante; il faut se soumettre sans réserve, sans arrière-pensée. Encore si cette loi vivante n'eût pas été en contradiction avec elle-même, on aurait pu, sinon y croire, au moins croire à la bonne foi du législateur; mais quand on voit ces changements, ces variations perpétuelles dans le fond même de la doctrine de de Bèze, on ne peut s'empêcher d'affirmer avec Sturmius, théologien protestant, que Théodore de Bèze pouvait dire avec vérité : *Je ne crois qu'une chose, c'est que je ne crois rien*. On peut dire après cela, comme le sire de Mouvans, que c'étaient de plaisants saints que les apôtres de la réforme.

FIN DES NOTES ET ÉCLAIRCISSEMENTS HISTORIQUES.

TABLE

Tours. — Impr. Mame.

BIBLIOTHÈQUE ILLUSTRÉE DE LA JEUNESSE

3e SÉRIE

12 VOLUMES GRAND IN-8° JÉSUS DE 350 PAGES

ORNÉS DE 4 BELLES GRAVURES D'APRÈS K. GIRARDET

BARON DES ADRETS (LE), Épisode du commencement des guerres de religion du XVIe siècle, par Théophile Ménard.

COMTE DE TYRONE (LE), ou l'Irlande et le Protestantisme au XVIe siècle, par C. Guenot.

ESPAGNE (L'), Mœurs et paysages, histoire et monuments, par l'abbé Léon Godard; illustration par Gustave Doré.

GÉNIE DU CHRISTIANISME, par M. le vicomte de Chateaubriand.

JOSEPH DUPLESSIS, ou le futur Missionnaire en Cafrerie; Souvenirs d'un voyage dans la colonie du cap de Bonne-Espérance, dans le pays des Hottentots, des Boschesmans et des Cafres; par Édouard Desforêts, auteur d'un Voyage dans l'Inde anglaise; publié par J.-J.-E. Roy.

LES PLUS BELLES CATHÉDRALES DE FRANCE, par M. l'abbé Bourassé; gravures sur bois dans le texte et hors texte.

LOUIS DE LA TRÉMOILLE, ou les Frères d'armes, histoire chevaleresque du temps de Louis XI et de Charles VIII; par Théophile Ménard.

MARTYRS (LES), par M. le vicomte de Chateaubriand.

MES VOYAGES AVEC LE DOCTEUR PHILIPS dans les républiques de la Plata (Buenos-Ayres, Montevideo, Banda-Oriental, etc.); par Armand de B***.

QUINZE ANS DE SÉJOUR A JAVA et dans les principales îles de l'archipel de la Sonde et des possessions néerlandaises des Indes Orientales; Souvenirs d'un ancien officier de la garde royale, recueillis et publiés par J.-J.-E. Roy.

RÉVOLTE AU BENGALE (LA) **EN 1857 ET 1858**; Souvenirs d'un officier irlandais, précédés d'une introduction géographique, descriptive et historique; par Arthur Mangin.

STÉPHANIE VALDOR, suivi de la Fille du colon; par Mme la Cesse de la Rochère.

www.ingramcontent.com/pod-product-compliance
Lightning Source LLC
LaVergne TN
LVHW020609110826
845149LV00002B/424